Experimental Policy Research
Methodology for Interest Analysis:
Theory and Application

利益博弈政策实验方法：
理论与应用

李 亚 ◎ 著

图书在版编目(CIP)数据

利益博弈政策实验方法:理论与应用/李亚著. —北京:北京大学出版社,2011.3

ISBN 978 - 7 - 301 - 18827 - 9

Ⅰ. ①利… Ⅱ. ①李… Ⅲ. ①方针政策 - 实验方法 - 中国 Ⅳ. ①D601

中国版本图书馆 CIP 数据核字(2011)第 074209 号

书　　　　名:	利益博弈政策实验方法:理论与应用
著作责任者:	李　亚　著
责 任 编 辑:	胡利国
标 准 书 号:	ISBN 978 - 7 - 301 - 18827 - 9/D·2845
出 版 发 行:	北京大学出版社
地　　　　址:	北京市海淀区成府路 205 号　100871
网　　　　址:	http://www.pup.cn
电 子 邮 箱:	ss@ pup.pku.edu.cn
电　　　　话:	邮购部 62752015　发行部 62750672　编辑部 62765016
	出版部 62754962
印 刷 者:	三河市富华印装厂
经 销 者:	新华书店
	965 毫米×1300 毫米　16 开本　17.75 印张　227 千字
	2011 年 3 月第 1 版　2011 年 3 月第 1 次印刷
定　　　　价:	36.00 元

未经许可,不得以任何方式复制或抄袭本书之部分或全部内容。

版权所有,侵权必究

举报电话:010 - 62752024　电子邮箱:fd@ pup.pku.edu.cn

国家自然科学基金资助
（70503004）

前　言

一

在当今的中国,如何应对政策制定中日益明显的利益冲突,如何科学、公平地协调各方利益,是一个非常重大而紧迫的课题。然而,纵观现实中国的政策研究,除了诸如"要加强利益研究"、"兼顾各方利益"等泛泛的原则外,很难发现专门针对利益问题的可操作方法。

政策研究的主要目标就是满足政策制定需求、服务于决策。利益分析方面的欠缺,不能不说是中国政策研究的一大缺憾。但是,从另外的视角看,它也给政策研究理论和方法的发展带来了契机。

中国的问题并不是总能从国外的理论和方法中找到答案。西方学术界对利益冲突和协调问题有广泛研究,如常用于个人冲突、组织冲突乃至国际冲突中的争端解决(dispute resolution)或冲突解决(conflict resolution),行政立法中的协商式规章制定

(negotiated rulemaking),主要应用于环保或规划等公共领域的协作式政策制定(collaborative policy making)等。这些理论或方法能给我们不少启迪,但是,由于它们主要是针对西方的问题情景,其运用有特定的条件。比如,协商式规章制定和协作式政策制定,均要求各利益相关方能够比较公平地参与政策制定,各方均有较好的组织化机制从而能够产生得到广泛认同的协商代表,参与各方在一定程度上能与官方政策制定者分享决策权。而中国的国情却是,弱势群体缺乏利益表达渠道,利益群体的组织化程度低,非政府组织发展滞后,公共参与不平衡,决策体制近似一元化,行政部门自上而下主导政策制定,等等。更为重要的是,这些体制性障碍很难在短期内根本性地改变。因此,西方国家处理多元利益冲突的一些理论方法,很难简单地移植到中国。

二

针对中国政策制定中利益分析和协调的现实需要,本书试图提供一套新的解决方案,这就是"基于利益博弈和综合集成支持的公共政策实验方法"(简称"利益博弈政策实验方法"或"政策实验方法")。该方法的基本思路是:

第一,转变政策研究者在政策分析中的定位,倡导参与式政策分析范式。利益冲突不同于事实冲突,它没有客观的是非标准,也不能简单地根据人数多寡来决定谁该做出"牺牲"。依照传统的政策分析范式,政策研究者主要在专业判断或实证分析的基础上提出政策建议。但是,一旦涉及较严重的利益冲突,政策研究者的作用就面临严重挑战。这是因为,政策研究者虽然在政策知识和分析能力上较普通公众有优势,但在价值判断上并没有权威性,也不具备代替公众做出价值判断的合法性。

那么,政策研究者在利益冲突和价值冲突中是否就只能无所作为呢?

政策实验方法的对策是,对研究者在政策分析中的作用进行新的定位:不再要求政策研究者主观地做出价值判断和方案建议,而是创造一个实验室平台,由政策研究者引导利益相关方在这个平台上开展对话,使各方公平、深入地表达自己的利益诉求,有序地进行利益博弈,并在此基础上开展协商和利益协调。在此过程中,参与者能够加深对利益格局的认识,探索可以实现各方共赢的创造性政策方案,而政策研究者则通过对这一交互过程的观察和分析,更深刻地理解问题情景,洞察其中的关键利益冲突以及可能的利益协调途径。在此基础上,政策研究者提出更为科学合理、切实可行的问题解决建议。

第二,创建基于实验室的模拟民主平台。由于中国现实中缺乏制度化的利益表达、博弈和协调机制,政策实验方法的本质是创建一个模拟的民主平台——称为"利益博弈政策实验室"(简称"政策实验室"),然后从各相关利益群体中遴选参加人在这个平台上进行利益表达、博弈和协调,探索能够实现共赢的政策方案。在政策实验室中开展政策研究的过程称为政策实验。通过参与政策实验,利益相关者可以获得较现实世界更为理想的利益表达、博弈和协调环境;而通过观察政策实验,政策研究者获得了研究利益问题的宝贵机会。

第三,为各方的利益表达、博弈和协调提供多方面的综合集成的专业技术支持。如果仅仅依靠来自各个利益群体的实验参与者,实验室中利益表达、博弈和协调很可能陷于肤浅。为了深化政策研究,政策研究者需要安排专业团队为各利益群体的参与者提供综合集成的技术支持,帮助其审视形势,分析利益所在,明确观点,检验或强化论据,制定利益表达、博弈和协商的策略。此外,专业团队还应协助各方实验参与者"提取"相应利益群体的观点和论据,增进他们与其所代表群体意见的一致性,从而有助于保障政策实验的外部有效性。

借助于政策实验,政策研究者可望获得下述一些发现:政策制定涉及

利益博弈政策实验方法：理论与应用
Experimental Policy Research Methodology for Interest Analysis: Theory and Application

的相关利益群体的立场和观点有哪些，各方的核心利益何在，群体间的主要利益冲突是什么；各利益群体的主要论据是什么，他们的论据是否有冲突；对于论据冲突，经过专业团队支持下的对抗性的论据检验，搞清楚哪些论据站得住脚，哪些缺乏说服力；可能的政策方案有哪些，各种方案实施的可能后果及对不同群体的影响；如何构建出各方都相对满意的共赢政策方案，等等。可以说，依靠目前其他的政策研究方法，很难获得上述研究成果。

通过观察实验或阅读由政策研究者撰写的实验报告，无疑有利于政策制定者深化关于政策情景的认识，有利于他们更好地驾驭形势，协调各方利益，并最终制定出实现各方共赢的政策方案。

本书名为"利益博弈政策实验方法"，之所以在"政策实验方法"前冠以"利益博弈"，最主要的考虑是突出利益博弈的形式在开展利益分析时的重要作用。当然，这样也便容易与其他一些用于政策研究的实验方法相区别，如实地政策试点方法，随机选择实验组和对照组进行效果比较的社会实验，以及利用数学模型或计算机模型的仿真实验等。

三

本书围绕"利益博弈政策实验方法"展开，采取一种循序渐进的篇章安排形式。

第一章为政策实验方法概述，提纲挈领性地介绍了全书的主要内容。读完此章，读者能够对政策实验方法有基本的了解，把握全书结构和各章的内在逻辑关系。

随后的十章划分为三部分。第一部分为方法基础篇。首先在第二章分析当前中国政策制定面临的挑战，这也是本书方法所针对的问题情景。第三章介绍政策实验方法的整体框架，突出方法的关键思路，并逐一介绍这些思路的理论渊源。第四章阐述政策实验过程，着重分析政策实验的若干关键环节，以强化方法的可操作性。方法基础篇的三章，顺序递进，从理论层面描绘了政策实验方法的主体内容。

第二部分是方法应用篇，分别讨论政策实验方法在三个领域的应用前景。其中，第五章分析当前政策研究模式在利益分析上存在的不足及其根源，探讨如何把利益博弈政策实验应用到政策研究中，成为一种面向利益分析的政策研究方法。第六章提出基于政策实验方法的模拟价格听证，这一方法可以用来弥补中国当前价格听证制度的一些制度性缺陷。第七章讨论政策实验方法作为一种新型教学手段的应用前景。这三章从不同角度探索政策实验方法的应用潜力。读者可以看出，本书以政策实验方法运用为基础构建的政策实验室，作为集研究、咨询与教学等功能于一体的平台，具有广阔的应用前景。

第三部分是理论扩展篇，试图在更宽广的视野里审视政策实验方法。第八章从"实验"的视角进行剖析，介绍其他类型的"政策实验方法"，并和本书的利益博弈政策实验方法进行对比。第九章从系统视角出发，通过将政策实验方法与相关系统方法进行比较，讨论它在复杂社会问题解决方面的功用，以及对系统方法发展的价值和意义。第十章则介绍国外协商式规章制定和协作式政策制定，讨论政策实验方法与它们的主要区别。最后的第十一章，在政策分析范式的大背景下，更深层次地探索政策实验方法对于政策分析范式"转向"的意义和价值，并对其未来发展做出展望。这一部分，超越政策实验方法的自身框架，从新的视角对政策实验方法的理论价值进行再审视。

采取这种内容编排形式有两个原因。首先是方便读者灵活地选择性阅读。第一章的概要性介绍有利于读者把握全局，然后根据自己的兴趣选读部分篇章。如果读者时间所限，仅想概略性地了解方法的基本框架，则可以仅阅读第一章。如果打算较系统地了解方法的操作细节，读完第一篇就可以达到目的。如欲进一步了解其应用前景以及拟在实践中运用,则可以延展阅读到第二篇。当然有更充裕的时间,完整地阅读第三篇或者根据自身兴趣从某一视角阅读理论扩展篇的部分章节,会更有助益。

另外,本书的内容编排顺序,也反映了笔者探索这一方法的过程和认识路径。

笔者研究的第一个阶段(2002-2004年)完全是问题导向的。近十年来,中国现实政策制定中利益冲突愈发明显,而主流的政策分析方法对此却着力不多。在此之前,笔者的主要专业背景是作战模拟和系统研究。源自作战模拟的讨论式对抗博弈非常适于研究利益冲突问题,而以钱学森为代表的一些中国系统学者提出的综合集成思想也适于澄清政策研究中涉及的复杂证据冲突。由此,笔者提出了基于利益博弈和综合集成支持的公共政策实验方法。在这个阶段,政策实验方法的理论基本是自成体系的,除了讨论式博弈和综合集成之外,没有过多考虑与其他理论、方法的联系。

政策实验方法发展的第二阶段(2005-2007年),笔者开始探索它在各个领域的应用,这时其应用前景逐渐明确。以政策实验方法为基础,开发了适合于特定领域(如政策咨询、价格听证、教学模拟)的具体可操作的方法,开展了部分试探性的应用实践。

在政策实验方法发展的第三个阶段(2008-2009年),笔者试图尽可能超越先前形成的研究路径依赖,逐渐拓展研究视野,更多地把政策实验方法和其他相关的研究联系起来。一方面,是因为理论是普遍联系的,拓宽视野、吸收其他相关研究的精髓,有利于政策实验方法的理论丰富和应用扩展;另一方面,建立政策实验方法与其他主流研究领域的联系,有助于扩大影响,推进国际学术对话,把政策实验方法呈现给更多的同行。

可以看出,本书的三部分内容,分别对应政策实验方法发展的三个阶段。全书的结构安排实际上反映了笔者的认识和研究轨迹。如果采用另外的形式,在当前的认识基础上直接展现一种经重新梳理、结构化了的知识体系,也许在逻辑上更为规整,但会让读者损失一种与著者思维同步展开的乐趣和探索感。

四

尽管在发展政策实验方法过程中借鉴了一些相关研究,但总体而言,本书是在试图用新的思路来研究解决现实问题,是在探索一个新领域,而不是延续前人开辟的研究主题。

这本著作是关于利益博弈政策实验方法的第一部系统论述。就方法本身而言,理论层面还需要不少基础性的研究工作,实践上还比较薄弱,这都是需要今后持续努力的。

本书的读者对象主要是公共管理与公共政策等领域从事教学、研究和咨询的教师和科研工作者,也可以作为相关领域研究生的专业读物。对于政治学、软科学、系统方法、行政立法、教学研究等领域的专家和学生,本书也有较大的参考价值。

最后需要强调的是,政策实验只是在现行体制下缓解问题的一种方法,绝非问题解决的根本之道。若要使中国现实中的利益协调问题获得根本性的解决,需要政治体制的改革和政策系统的完善,这需要相当长的时间。作为政策实验方法的提出者,自然希望该方法能发扬光大、广泛运用,但从长远的角度看,笔者更希望未来有一天该方法的政策咨询作用能够显著降低,决策者不再依靠或者主要依靠政策实验室中的观察结果来进行利益分析和协调,而是立足于内化在现实政治与决策体制中的利益表达、博弈与协调机制。

李亚
2010 年 9 月于美国雪城

致 谢

自头脑中迸发出利益博弈政策实验方法的第一颗火花,到本书的成形,已有八年的时间了。构建一个新的理论框架并使之逐渐丰富和发展,其过程可谓艰辛,而将方法付诸实践的探索,又由于各种难以掌控的因素而常有挫折。幸运的是,在漫长的研究过程中,我得到许多亲友、同事、学生的支持和帮助,使我得以将本书呈献给大家。

首先要感谢我的父亲李习彬教授多年以来对我的学术培养。我关于政策实验方法的最初设想,第一时间就得到他的鼓励,并在吸收他的意见后,由两人共同署名发表。迄今为止,我几乎所有的论文他都是第一个阅读者,并提出修改建议,本书也不例外。

北京理工大学公共管理系主任洪瑾教授对我的研究始终给予大力支持,鼓励我潜心学术,并创造了很好的研究环境,她在政策实验方法教学应用上也做出了重要探索,我对她由衷地感激。

利益博弈政策实验方法：理论与应用
Experimental Policy Research Methodology for Interest Analysis: Theory and Application

我的研究还受益于和黄洁萍博士、杨艳博士、罗斌副教授等同事以及国务院法制办政府法制研究中心李富成博士的科研合作。几年间，冯雯、路丹、张敏、魏竞男、李静、田红娜、王慧、刘晓菲、韩培培、赵梦溪、刘强、马琳、杨峥、沈忱等同学先后围绕相关领域开展论文研究或参加相关的课题项目，他们都为政策实验方法的发展做出了贡献。

感谢英国赫尔大学（University of Hull）系统研究中心朱志昌教授的学术讨论以及福特基金会贺康玲（Kathleen Hartford）教授在价格听证实践方面的支持。

我的研究还得到北京理工大学管理与经济学院两任院长李金林教授和魏一鸣教授的一贯支持、何海燕教授的热心鼓励以及厦门大学陈振明教授的帮助，在此一并深表谢意。

本书是在美国锡拉丘兹大学麦克斯维尔学院（Maxwell School of Syracuse University）冲突与协作研究中心（Program for the Advancement of Research on Conflict and Collaboration，PARCC）访问研究期间完成的。特别感谢中心主任 Catherine M. Gerard 为我提供的优越条件和宝贵支持，这对本书的撰写至关重要。中心 Rosemary O'Leary 教授、Christina S. Merchant 教授的课程和讨论使我受益颇多。我还要感谢该中心 Louis Kriesberg 教授和 Isidor Wallimann 教授的真挚友谊以及宋世明、王冠男、王轶等朋友在生活中的帮助。

全书研究得到国家自然科学基金（编号 70503004）的资助。此外，第六章的研究曾得到福特基金会（编号 1075-0156）的资助，第七章的研究曾得到北京理工大学教改项目的资助，第三、四、十、十一章的部分研究得到国家自然科学基金（编号 70973008）和教育部人文社科研究基金（编号 08JC630006）的资助，相关国际交流活动得到了北京理工大学优秀青年教师资助计划的资助（编号 000Y08-31）和国家留学基金（编号 2009307096）的资助。

非常感谢北京大学出版社周丽锦、胡利国老师及其同事为本书出版付出的辛勤努力。

我能够沉浸在研究中,离不开家人的支持。特别是妻子康健的默默奉献以及母亲的关怀,还有锦瑞、锦玥两个小朋友,带给我无尽的快乐和牵挂。谨以此书献给他们。

目 录

第一章 利益博弈政策实验方法概述 　1
　1.1　中国政策制定面临的挑战 　1
　1.2　政策实验方法的基本思路 　6
　1.3　政策实验的角色和过程 　8
　1.4　政策实验室 　14
　1.5　政策实验方法的应用价值和理论意义 　16

第一篇　方法基础篇

第二章 当前中国政策制定的问题情景 　23
　2.1　利益分化和利益冲突加剧 　23
　2.2　利益表达与博弈机制的非制度化及失衡 　26
　2.3　利益协调机制的缺位 　29
　2.4　利益汇集和政策论证的低组织化 　31
　2.5　政策分析能力的严重不足 　34
　2.6　"上有政策、下有对策"问题 　36
　2.7　两个说明性案例 　38
　2.8　问题解决的两种途径 　43

第三章	政策实验方法的思想及理论基础	45
	3.1 政策实验方法的基本思路	45
	3.2 政策实验中的角色	48
	3.3 实验室中的讨论式博弈	52
	3.4 综合集成支持	57
	3.5 共赢理论与共赢方法	62
	3.6 政策实验的开放性、有效性和适用性	67
	3.7 政策实验室的组织体制	71
第四章	政策实验过程	74
	4.1 政策实验过程:阶段模型和学习模型	74
	4.2 实验前的准备工作	81
	4.3 利益表达和博弈	88
	4.4 利益协调与共赢	100
	4.5 政策的模拟执行	108
	4.6 简易政策实验和网上政策实验	110

第二篇 方法应用篇

第五章	政策实验:面向利益分析的政策研究方法	115
	5.1 当前政策研究在利益分析上的缺失及其根源	115
	5.2 基于政策实验方法的政策研究	123
第六章	模拟价格听证:政策实验方法在公共参与中的应用	132
	6.1 价格听证及当前面临的问题	132
	6.2 基于政策实验方法的模拟价格听证	141

第七章	政策实验方法在教学中的应用	150
	7.1 主流的教学方法及其不足	150
	7.2 政策实验教学法	157
	7.3 "北京世界文化遗产门票价格调整"政策实验教学案例分析	161

第三篇 理论扩展篇

第八章	政策研究中的四种实验方法：分析与比较	173
	8.1 实验方法及其分类	173
	8.2 实地政策实验	176
	8.3 社会实验	178
	8.4 系统动力学政策实验	183
	8.5 利益博弈政策实验及政策实验方法比较	186
第九章	系统视角的政策实验方法	189
	9.1 作为系统方法的政策实验方法	189
	9.2 政策实验方法与综合集成方法	193
	9.3 政策实验方法与战略假设表面化检验	200
第十章	协商式规章制定、协作式政策制定与政策实验方法	206
	10.1 协商式规章制定	206
	10.2 协作式政策制定	216
	10.3 政策实验方法与协商式规章制定和协作式政策制定的对比	220

第十一章	政策分析的新范式	224
	11.1　政策分析的范式转向	224
	11.2　政策实验：一种后实证主义政策分析方法	230
	11.3　政策实验方法的未来	234

参考文献 　　　　　　　　　　　　　　　　　　　　　　　236

图表目录

图 1-1	政策实验中的六种角色——以两方博弈为例	9
图 1-2	政策实验过程	11
图 3-1	美国国会政策制定中综合集成的技术支持体系	61
图 3-2	政策实验方法中利益协调与共赢的理论支撑	66
图 3-3	政策实验室的组织体制	72
图 4-1	政策实验过程的阶段模型	76
图 4-2	政策实验过程的阶段和子阶段	78
图 4-3	政策实验过程的学习模型	79
图 4-4	政策实验开始前的有关分析和决策	82
图 4-5	图尔敏三要素论证模型及示例	91
图 4-6	图尔敏六要素论证模型及示例	91
图 9-1	"集成"概念的拓展	199
图 9-2	假设排序图	203
表 3-1	中国政策制定的挑战与政策实验方法的应对思路	47
表 3-2	政策实验的六种角色	51
表 3-3	政策实验中政策研究者和政策分析师的对比	52

表 4-1	政策实验的八个阶段	76
表 4-2	基于立场的协商和基于利益的协商之对比	104
表 8-1	四种政策实验方法的对比	187
表 9-1	综合集成方法的假设和政策制定的现实	198

第一章
利益博弈政策实验方法概述

本章简要介绍利益博弈政策实验方法产生的背景、方法的思路、政策实验中的角色、实验过程及其平台以及该方法的应用潜力和理论价值。

1.1 中国政策制定面临的挑战

利益博弈政策实验方法源自于中国独特的公共管理情景[①]：滞后的政策制定系统越来越不适应社会经济结构的变迁。具体说来，政策实验方法主要针对以下五个方面的挑战[②]。

一、在利益分化的社会格局中，如何促进公平有序的利益表达和博弈

1990年代中后期以来，中国不同社会阶层的分化及阶层间的利益冲

---

① 尽管利益博弈政策实验方法源自于中国独特的问题情景，但其理论价值及应用范围却并不仅限于中国，详见后文，特别是第三、五、七、九、十一章。

② 关于这些挑战的最早论述，参见：李亚，李习彬. 公共政策实验室：21世纪的综合政策分析环境. 中国行政管理，2004(5)：70—75。

突日益明显①，群体利益的表达和政治参与意识逐渐高涨。可以看到，在许多政策的制定过程中，公开的讨论越来越热烈，明显出现了不同利益的观点碰撞和方案选择②。另一方面，各级政府开始正视社会中的多元利益现实，不再继续回避公共政策制定中的利益冲突和博弈，逐步推出一些措施，以扩大政策制定的参与面，促进不同群体的利益表达和有序博弈③。

然而，由于中国多元化利益格局形成时间不长，政策制定体制的改革和调整滞后，使得公共政策制定中利益群体的参与非常不规范。具体表现在两个方面：一是利益群体参与的非制度化。在政策制定中，各利益相关方在什么情况下参与，由谁参与，怎样参与，利益如何表达，如何有序博弈，利益冲突如何协调，都没有制度化的保障，随意性很强。二是利益群体的参与程度严重失衡。强势利益群体可以轻而易举地影响政策制定过程，控制政策走向；而弱势群体则被边缘化，很难有效地参与政策制定，难以系统、深入地表达其利益诉求。

总之，在当前的中国，利益群体缺乏公开的、制度化的渠道来表达其诉求，决策者也缺乏能够系统、全面地掌握政策制定中利益冲突并协调各方利益的平台。由于中国不能照搬西方国家以代议和游说为核心的利益表达与博弈体制，人民代表大会制度的改革和完善也需要相当长的时间，在当下的情形，如何促进多元利益的表达与博弈，保障公共政策制定的公平与公正，无疑是一个严峻挑战。

---

① 中国战略与管理研究会社会结构转型课题组.中国社会结构转型的中近期趋势与隐患.战略与管理，1998(5)：1-17；陆学艺 主编.中国当代社会阶层研究报告.北京：社会科学文献出版社，2002；孙立平.断裂——20世纪90年代以来的中国社会.北京：社会科学文献出版社，2003；孙立平.博弈——断裂社会的利益冲突与和谐.北京：社会科学文献出版社，2006.
② 例如，近些年房地产调控政策制定中，房地产开发商、具有刚性房产需求的普通民众、地方政府等不同的利益主体都有很强烈的呼声，各方观点有激烈的交锋；再比如，《劳动合同法》的制定中，反映劳方立场和资方立场的不同主张尖锐对立。
③ 相关的措施如，听证制度，行政立法中的公共参与制度等。

二、在弱组织化的社会环境里,如何提高利益汇集、表达和政策论证的组织化程度

与前一挑战密切相关的是,中国政策制定中公共参与的组织化程度很低[①],缺乏利益汇集的组织载体。

从个体角度看,目前中国公众并不缺乏参与渠道和热情。比如我们常常看到,一些热点的政策问题往往可以引发社会各界的热烈讨论,各方面的专家以及普通百姓争先恐后地献计献策,媒体纷纷开设专题报道[②]。但是,由于中国公民社团和非政府组织发展受限,缺乏促进利益汇集和集体表达的载体,社会参与的组织化程度非常低,人们更多地是以个人身份表达意见。在政策讨论中,相近的利益、立场、类似的观点和方案很少被有组织、有系统地汇集、分析和细化。公共参与过于散乱,尽管民间不乏真知灼见,但常常湮没在众说纷纭的意见"大海"中,政策制定者难以识别。由于缺乏组织化的公共参与,政策辩论中很难形成清晰、深刻的利益或方案博弈局面。其结果是,一方面,难以计数的"原子化"的个体都直接面对政府,大大提高了公共参与的整体成本,降低了参与效率[③];另一方面,加剧了不同利益群体决策参与的失衡——强势利益群体组织化程度较高且参与能力较强,还可以动员、组织专家为自己效力,因而对政策影响很大,而弱势群体则相反,由于缺乏组织和技术支撑,对政策影响甚微。

---

① 学界有"公众参与(citizen participation)"和"公共参与(public participation)"等不同的说法,两者涵义略有差异,但常作同义使用,参见:Kernaghan, K. Evolving Patterns of Administrative Responsiveness to the Public. International Review of Administrative Sciences, 1986, 52(1): 7 – 16. 本书不作区分,除引用原文或常用术语外,统一采用"公共参与"。

② 例如,2009 年 2 月结束的"国家中长期教育改革和发展规划纲要",第一轮征求意见就收到各界人士的意见和建议212.5 万条,其中电子邮件和信件 1.4 万个,教育部门户网站发帖 1.1 万条,社会网站和高校校园网的讨论区发帖 210 万条。参见:吴晶.《国家中长期教育改革和发展规划纲要》第一轮公开征求意见工作顺利结束. 光明日报, 2009-3-3.

③ 李亚, 韩培培. 政策制定中的电子参与:质量、满意度和效率. 北京行政学院学报, 2010(2): 33 – 37.

三、在公共参与之后,如何达成各方利益的协调与共赢

在利益表达和参与之后,如何实现多方利益的共赢,而不是分歧依旧,甚至矛盾加深,是现实中同样严峻的问题。

政策制定中经常可以观察到:一方面,在利益表达和博弈之后,由于没有后续的共赢机制,相关各方不是更加满意,人们对政策不是更加理解和支持,而是激化矛盾,参与者愈发"愤怒";另一方面,因为缺乏多元利益协调与共赢的理念、机制和有效办法,一些政府部门对公共参与的有效性产生怀疑,认为公共参与"弊大利小",矛盾照样无法解决,反而节外生枝,在组织公共参与活动时,走过场的心态自然无法避免①。这样,对于政策制定中的公共参与,政府和公众都不满意。

例如,2006 年《劳动合同法(草案)》公开征求意见,收到意见 19 万多件,公共参与空前热烈,包括劳资双方在内的各方意见得到较充分的表达,但是,最终推出的《劳动合同法》仍是充满争议,社会对它的态度分歧非常明显。再比如,近年来引起广泛关注的价格听证制度,本来是很好的公共参与形式,给社会提供了一个公开的利益表达和博弈平台,但价格听证后推出的价格决策却往往受到很大的质疑,许多人抱怨价格听证"走过场",是一场"民主秀"。

四、在复杂的政策情景中,如何促进公共政策制定的科学化

改革开放以来,中国政府一直致力于提高政策制定的科学化水平。政策制定科学化的基础是对其中利益冲突的准确、全面把握,准确、全面把握利益冲突的关键是对各方利益诉求合理性的正确判断,而正确判断各方利益诉求合理性的前提,又在于明辨各方主张其利益的相关证据的

---

① 李亚. 好制度如何落到实处:关于价格听证的几点思考. 价格听证理论、方法与实践研讨会. 北京理工大学,2007。

真实性与可信性。然而,现实的政策问题是如此之复杂,利益冲突交织着证据冲突①,在众说纷纭的复杂政策情景中,政策制定者尤其缺乏理清相互冲突的论据的手段和能力。

当然该问题并非中国独有。例如在英国,也有学者批判政策制定领域没有充分运用运筹学等分析技术,政策制定者没有分辨相关利益群体提供的论据的能力②。然而,在西方发达国家,这一问题可以借助以下几种途径来缓解。一是通过利益群体的组织化。组织化的利益群体可以具备更加专业的政策能力,和个体相比,能够提出更有说服力的论据,也能"帮助"政策制定者检验其他参与方所提观点的合理性和论据的可信性。二是给各方提供一个利益博弈平台,如国会的听证会,各方可以在此类平台上提出其证据并被检验,一些说服力不足的论据自然会被剔除。三是依靠高水平、相对独立的智库来提高政策制定者的分析能力。以上几条途径,中国都有所欠缺,因此政策制定者显得更加无助,政策制定的科学化难以保障。

五、在中国现实的政策执行环境中,如何应对"上有政策、下有对策"

中国的公共政策多由政府行政部门主导制定,政策执行主要依靠行政系统自上而下的行政命令。现实的政策空间中,政策执行者常常有自己的利益诉求,政策的目标群体也具有主观能动性,对其不利的政策必然会自发地抵制,寻找执行漏洞和变通之道。

---

① 关于社会系统和政策系统复杂性的论述,参见:李亚. 从工程系统复杂性到社会系统复杂性. Well-off Society Strategies and Systems Engineering (Chen, G. ed.). Hong Kong: Global-Link Publisher, 2004: 309 - 314; Li, Y. (李亚). Experimental Policy Research Methodology: Exploring China's Policy Issues Adversarially in Laboratory. Systems Research and Behavioral Science, 2010, 27 (2): 224 - 239; Li, Y. (李亚) & Zhu, Z. Systems Thinking and Social Problems Solving: What Happen in China? Working Paper, 2010.

② Rosenhead, J. Into the Swamp: the Analysis of Social Issues. Journal of the Operational Research Society, 1992, 43 (4): 293 - 305.

政策制定者常常有意无意地把政策的制定和实施建立在理想化的政策执行环境之上,忽略实际执行中的不确定性,导致政策制定考虑不周,政策执行时出现"上有政策、下有对策"的现象,使许多初衷很好的政策在执行中严重"走调、变样",政策效果大打折扣[①]。

"上有政策、下有对策"是困扰中国已久的问题。现实中,政策制定者常常采用试点的方法对政策效果进行检验和评估。但是,试点需要较长的周期,而且由于局部试点中政策执行者面临较多的社会关注和监督压力,使得试点的政策执行环境与真实的执行环境相去甚远,政策实际效果的好坏还是难以判断。那么,还有没有其他简便易行的方法,能够在政策制定时较充分地考虑到政策执行因素,从而减少政策执行中的问题?

1.2 政策实验方法的基本思路

前面提到的五个挑战皆可归因于中国政策系统的体制性缺陷。应对这些挑战的根本途径在于深化政治体制改革以改进政策制定体制,消除问题产生的根源。然而体制改革任务艰巨,非短期内所能实现。那么,在体制改革完成前,能否立足现有的体制基础,从技术层面"缓解"这些挑战带来的"症状"?答案则是肯定的。利益博弈政策实验方法就是这样的一条技术路径,其基本立足点就是,通过方法与机制层面的创新,使其部分地担负本应由体制改革完成的使命。

政策实验方法,欲更完整准确地突出其技术特征,应该称之为"基于利益博弈和综合集成支持的公共政策实验方法",以此区别于其他可用于

---

① 李亚,康健,李习彬. 政策实验室:政策执行环境的模拟系统. 西部开发与系统工程(顾基发 主编). 北京:海洋出版社,2002:608-612。

政策研究的实验方法①。政策实验方法构建的基本思路是②:

首先,由政策研究者精心构建一个模拟的民主平台。政策研究者从相关利益群体中选取一批参加者(称为"利益博弈局中人",简称"局中人"),邀请他们在这个模拟的民主平台上以对抗的方式开展利益表达和博弈,引导他们寻求及协商可能的共赢政策方案,并开展政策执行模拟,以期发现政策执行中可能的问题。也就是说,通过在这一平台上模拟比较完善的民主政治体制下政策制定与执行的全过程,帮助政策制定者和政策研究者更好地理解政策情景中的利益冲突。

其次,扩展政策研究者的职能,使之从传统的政策研究中仅仅辅助决策者转变为既辅助决策者、亦辅助利益相关者。这主要通过在模拟的平台上开展利益表达、博弈以及协调时,政策研究者为局中人配备专业团队以提供技术支持,包括帮助他们审视形势,分析利益,明确观点,检验或强化论据,制定利益表达、博弈和协商的策略,由此使得政策辩论和协商更加专业、更有深度。

模拟的民主平台,由政策研究者所构建,和真正的民主平台有一些相同的特点,如在规则的约束下开展开放式辩论,在形式上也有些接近,如局中人的参与形式类似于民主政治中的代议式参与③。因此,政策研究者创建的模拟民主平台实际上可以视为一个有利于实现政策制定科学化民主化的公共政策实验室(public policy laboratory,简称"政策实验室"),这也是政策实验方法中"政策实验"一词的涵义所在。

通过政策实验,政策研究者和政策制定者可望得到以下发现:政策制定涉及的相关利益群体的立场和观点是什么,各利益群体的核心利益是

---

① 各种政策实验方法的比较详见第八章。
② Li, Y. (李亚). Experimental Policy Research Methodology: Exploring China's Policy Issues Adversarially in Laboratory. Systems Research and Behavioral Science, 2010, 27(2): 224-239.
③ 当然只是形式上的类似,实际上"局中人"并非利益群体的代表,详见第三章。

什么,群体间的主要利益冲突是什么;各利益群体的主要论据是什么,各方的论据是否有冲突,如果有冲突,经过专业团队支持下的对抗性的论据检验,哪些论据可以成立、哪些不能;各利益群体倾向的政策方案是什么,各种方案实施的可能后果及对不同群体的影响有哪些;如何构建出各方都满意的共赢政策方案;拟议中的政策方案在执行中可能出现哪些问题,等等。

如前所述,中国目前缺乏制度化的利益表达、博弈和协调机制,政策制定者也缺乏理清相互冲突的论据的手段和能力,政策实验中产生的这些成果,其实是政策制定者在现实世界中难以较为系统地获得的。政策实验方法的价值就在于,通过模拟民主平台的构建,给政策制定者提供了更好地理解问题情景的环境。政策制定中面对的前述几个挑战或困扰,借助于政策实验方法,均可以得到不同程度的缓解。

1.3 政策实验的角色和过程

一、政策实验中的六种角色

政策实验中主要涉及六类角色,参见图1-1。

委托人:一般是政策问题的拥有者(owner)和实验结果的利用者,可能是政策制定者,也可能是决策系统中的组织或者成员。他们既可以作为政策实验的直接观察者,也可以通过阅读政策研究者提供的实验报告作为实验的间接观察者。

政策研究者:政策研究者通常是一个团队。他们掌握政策实验相关的理论、方法和技巧,是实验的组织者,政策实验方法的具体运用者。他们也是引领局中人进行利益表达、博弈和寻求共赢的协调人。此外,他们还是政策实验的观察者,负责观察实验的进程,总结实验的发现,撰写实

第一章 利益博弈政策实验方法概述

验报告。

局中人:受邀在政策实验室中参加利益博弈的各利益群体的参加者,他们在政策实验中站在相应利益群体的立场上,表达该群体的观点和政策主张,维护自身利益。每方的局中人通常为多人,组成一个团队。

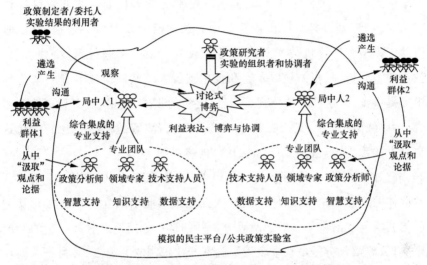

图 1-1　政策实验中的六种角色——以两方博弈为例

另外三类角色都是专业人员,为了更好地区分其作用和能力要求,将他们细分为三种角色:政策分析师[①]、领域专家、技术支持人员。每方局中人都配备由三种专业人员共同组成的支持团队。

三类专业人员的划分,源自于钱学森等倡导的综合集成方法(meta-synthesis approach)[②]。该方法强调,为了更有效地解决复杂系统问题,需要在问题解决中做到三个集成,即数据、知识和智慧的集成,人和计算机

[①] 在本书中,"政策分析师"特指配备给局中人的一类擅长政策分析的专业人员,而"政策研究者"则是指采用政策实验方法开展政策研究的实施者,两者有着明确的区别,参见第三章。

[②] 综合集成方法是钱学森等提出的复杂系统问题解决方法(论),在中国系统学界有很大影响。参见:钱学森,于景元,戴汝为. 一个科学新领域——开放复杂巨系统及其方法论. 自然杂志, 1990(1): 3-10;王寿云 等. 开放的复杂巨系统. 杭州:浙江科学技术出版社, 1996.

的集成,定性方法和定量技术的集成。

政策分析师侧重于"智慧"支持,即运用其政策分析能力和技巧辅助局中人确立核心利益、关键立场和主要论点论据。领域专家侧重于"知识"支持,即根据自己的专业特长提供政策议题涉及的相关领域知识,辅助局中人进行有关问题的专业分析。技术支持人员的主要职责是提供"数据"支持,即收集、分析、检验局中人陈述时涉及的相关数据,必要时借助于模型和计算机技术对政策方案或其实施后果进行预测、分析、评估。政策分析师、相关领域专家和技术支持人员共同组成专业团队为局中人提供支持,这种支持体现了定性、定量的集成,数据、知识和智慧的集成,比单纯的"数据"支持或者"知识"支持或者"智慧"支持更加有效,这也是方法称为"综合集成支持"的缘由(参见图1-1)。

此外,政策分析师还担负一个职责,就是协助局中人"提取"相应利益群体的观点和论据,以使得局中人在政策实验中的立场和看法与其背后的利益群体尽量相一致。政策分析师的这一职能通过政策实验的开放来实现,政策分析师是整个政策实验室开放机制的关键之一(另一关键环节则是局中人与利益群体的密切沟通)。

尽管各方局中人在政策实验室中享受到同样的专业支持,但是弱势群体的参加人实际上受益更大。弱势群体有了专业团队的支持,就像贫穷的案件当事人有了委任律师一样,能够有效地促进利益表达和博弈的公平。

二、政策实验过程

在早期的研究中,政策实验过程被描述为阶段化的八个步骤:实验规划与设计;实验准备与培训;利益表达与沟通;综合集成支持下的利益博弈;方案提出与初步分析;利益协调与综合;模拟政策执行;实验评估与总结①。目前,政策实验过程倾向于采用如图1-2所示的学习循环(learning cycle),这样表述方式更为灵活。

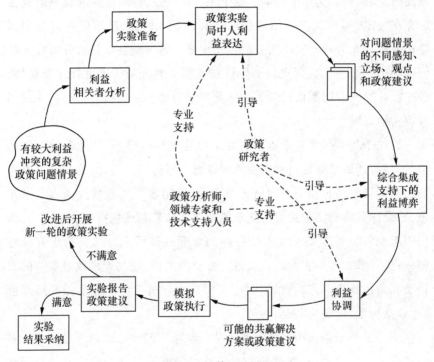

图1-2 政策实验过程

政策实验过程的起点是"存在较大利益冲突的政策问题情景",政策实验的终点是,政策研究者和政策制定者对政策情景中的利益冲突及解决之道获得更为清楚、深刻的理解和认识,从而为更好的政策制定奠定基础。

下面简要讨论政策实验过程的几个关键环节,每个环节都有一些支

---

① 李亚,李习彬. 公共政策实验室:21世纪的综合政策分析环境. 中国行政管理,2004(5):70-75. 略有改动。

持性的具体方法或技术①。

　　政策实验过程的第一个环节是相关利益者分析,其内容主要是识别该政策问题涉及哪些利益群体,并确定哪些利益群体参加政策实验。不难设想,如果政策实验中遗漏了某个主要的利益群体,这样的政策研究肯定存在"先天不足",实验结果必然会有偏差。因此,政策研究者识别利益相关者的能力和所使用的方法至关重要。各种利益相关者分析技术都可以使用②。此外,为了更好地保证利益相关者分析的准确性和全面性,最好在针对政策问题情景开展一些前期研究或者组织社会讨论后再运用政策实验方法。

　　第二个环节是实验准备。主要工作是进行实验设计,遴选或配置实验参与者,开展必要的培训以及资源准备。进行实验设计,是在针对具体的问题情景和利益相关者分析的基础上,确定政策实验需要的人员及角色,并设计具体的实验过程。遴选或配置实验参与者包括遴选局中人,为局中人配备包括三类专业人员在内的专业支持团队。在实验正式开始前,还要对参加政策实验的人员进行必要的培训,使其理解政策实验的安排及其角色要求。实验资源准备,主要是为政策实验的开展做好后勤准备,包括场地、设备、相关资料等。

　　第三个环节是局中人的利益表达。政策实验方法强调促进各个利益群体充分地表达利益,支持局中人从各自的世界观和利益视角描绘问题情景,并以此作为利益协调的基础。局中人对问题情景和建议行动的表达可以采用多种形式,比如,自然语言描述、图尔敏论证模型(Toulmin's

---

① 详细的讨论参见第四章。
② 例如,Mitchell 等人的利益相关者识别法,参见:Mitchell, R. K., Agle, B. R. & Wood, D. J. Toward a Theory of Stakeholder Identification and Salience: Defining the Principle of Who and What Really Counts. Academy of Management Review, 1997, 22(4): 853 – 886;Ulrich 的边界批判法,参见:Jackson, M. C. Systems Thinking: Creative Holism for Managers. Chichester: John Wiley & Sons, 2003: 219.

argument model)①。最常用也最简单的是采用类似于听证的形式,局中人用自然语言、以证词的形式来表达自己的立场、观点、意见和建议。

第四个环节为综合集成支持下的利益博弈。政策实验方法要通过组织综合集成支持下的讨论式博弈,以展现不同利益群体之间的立场冲突、利益冲突和证据冲突。通过讨论式博弈②,可以促使冲突浮出水面,使得局中人和政策研究者都能够更好地看清冲突焦点。同样,博弈的形式也不限定,比较简单的是听证中的质辩形式,战略假设表面化检验(strategic assumption surfacing and testing, SAST)中的小组间辩论(dialectic debate)都是可供选择的方法③。为了充分地检验论据,专业团队需要做一些必要的研究工作,因此利益博弈往往需要多个回合。

第五个环节是利益协调。政策实验方法的最终目标是探索能够达成利益相关方共赢的政策方案。利益表达和博弈只是实现利益共赢的手段,不是为了分出输赢的辩论赛,而是要发现冲突焦点,为协商和创造性问题解决提供基础。在这个环节,政策研究者和政策分析师发挥着至关重要的作用。本环节也强调协商和共赢阶段的辅助性方法运用,各种激发创造性思考的方法,例如头脑风暴法,以及促进协商和共赢的理论和方法,如共识建立(consensus building)④、争端解决(dispute resolution)⑤、公

---

① Toulmin, S. E. The Uses of Argument (2nd edition). Cambridge: Cambridge University Press, 2003.
② 讨论式博弈,源自于政治-军事对抗模拟,参见:胡晓峰 等. 战争模拟引论. 北京:国防大学出版社,2004。详见第三章。
③ 战略假设表面化检验(SAST)是一种用于鼓励利益相关者辩论组织目标并寻求共识的系统方法论。参见第九章或参见:Mitroff, I., Emshoff, J. R. & Kilmann, R. H. Assumptional Analysis: A Methodology for Strategic Problem Solving. Management Science, 1979, 25(6): 583 – 593; Mason, R. O. & Mitroff, I. I. Challenging Strategic Planning Assumptions: Theory, Cases and Techniques. New York: John Wiley & Sons, 1981.
④ 具体的方法参见:Susskind, L., McKearnan, S., Thomas-Larmer. J. (eds). Consensus Building Handbook: A Comprehensive Guide to Reaching Agreement. Thousand Oaks, CA: Sage Publications, 1999.
⑤ 思路和方法参见:Fisher, R., Ury, W., Patton, B. Getting to Yes: Negotiating Agreement without Giving in (2nd edition). New York: Penguin Books, 1991.

平分配(fair allocation)①等领域的方法和技巧,都可以采用。通过这些方法的运用,可以较快地缩小各方局中人的分歧,扩大利益交集,高效地启发共赢方案的提出。局中人最终认可的共赢方案,通常不是某方一开始提出的方案建议,而是合成的政策方案,其中往往含有关键性的创造性思路。

第六个环节是模拟政策执行。该环节是针对"上有政策、下有对策"而设计的②。"模拟政策执行",以初步共识的政策方案为输入,通过角色扮演来模拟政策执行机构和目标群体对政策的反应,检验政策的可执行性及可能存在的漏洞,并在此基础上修改完善政策方案。由于模拟政策执行的输入依赖于前几个实验环节的结果,因此很难预先安排,参与实验的人员也需要重新组织。

最后一个环节是实验报告和政策建议。政策建议仅是政策实验的最终成果之一。政策实验之后,所要提交的报告还应包括以下内容:对实验过程的总结;实验中发现的主要利益冲突和消解建议;实验中涌现的主要观点和政策方案,各方案的利弊分析;相关的调研结果、论据汇总及评价;政策实验的局限性,得出建议方案的前提和假设等等。这些成果应当充分地反馈给政策制定者和公众,由其自行判断政策建议的可行性和价值,这样才能真正发挥政策实验方法的政策分析和决策支持作用。

1.4 政策实验室

政策实验室是开展政策实验的组织载体。不同于自然科学和其他社

---

① 例如调整赢家法(adjusted winner method),参见:Brams, S. J. & Taylor, A. D. The Win-Win Solution: Guaranteeing Fair Shares to Everyone. New York: W. W. Norton, 1999: 69 - 88.
② 李亚,康健,李习彬.政策实验室:政策执行环境的模拟系统.西部开发与系统工程(顾基发 主编).北京:海洋出版社,2002:608 - 612.

会科学领域的实验室,政策实验室是一种"软"实验室,其关键构成要素不是硬件设备,而是支持开展利益博弈与协调的一种组织模式,包括各种参与人员、参与者的角色分配和实验程序等。

政策实验室应是常设的、开放的、中立的。所谓常设,是指一个政策实验室需要具备以下三类相对固定的人员。首先,要拥有能较好地掌握和运用政策实验方法的政策研究者,他们能够组织和协调政策实验,是决定实验室能力的核心要素。其次,需要拥有具有较强分析能力的政策分析师,他们作为政策实验中专业团队的骨干,是政策实验深入开展的保证。第三,需要拥有擅长技术分析、特别是定量研究的技术支持人员,这也是政策实验所必需的。

由于每次政策实验的主题不同,局中人和相关领域专家一般是在实验前临时从实验室外部遴选或聘请。政策实验室拥有了相对稳定和富有经验的组织者、政策分析师和技术支持人员,就具备了组织政策实验的基本条件。每次政策实验前,需要临时招募的人员和培训工作量会大大减少,可以更便捷、更低成本地开展实验工作。

政策实验室是开放的,体现在以下几个方面:第一,在开展政策咨询时,政策实验室承接来自现实世界的问题,其实验结果直接反馈给政策制定者和社会;第二,政策实验的人员选择是开放的,包括局中人和领域专家都需要从实验室外部聘请;第三,政策实验的过程是开放的,政策实验不能闭门造车,局中人需要和现实世界中相应的利益群体进行密切交互,专业团队也要从现实世界中汲取智慧和知识,这在互联网时代已不是难题[1]。

作为强调利益分析和利益协调的政策实验方法载体,政策实验室保持中立非常重要。在实际运作中,政策实验室最好是独立的组织,也可依

---

[1] 政策实验室的开放机制参见第三章。

托教学科研机构来建立,一般要避免成为政府部门的附属机构。

1.5 政策实验方法的应用价值和理论意义

一、政策实验方法的应用价值

政策实验方法有广阔的应用前景①,政策实验室可以成为集政策研究与咨询、教学、科研等功能于一体的综合性平台。

政策实验方法的价值首先在于其政策研究与咨询价值。胡锦涛曾明确提出"要加强对社会利益关系发展变化的调查研究,深入认识和分析中国社会利益结构、利益关系等方面的发展变化和发展趋势,以更好地统筹各方面的利益关系和利益要求。"②采用政策实验方法开展政策研究,形成模拟民主政治体制的政策分析平台,可以有效地观察、分析政策制定中的利益冲突,有利于寻找实现各方利益协调的可行途径,对于构建社会主义和谐社会有着重要意义。

政策实验方法借鉴了西方立法机构中的幕僚制以及政策思想库的优点③,使专业的政策分析师、相关领域专家和技术支持人员有组织地投入政策实验研究中,有利于提高公共政策制定中公共参与的组织化程度,有利于提升政策研究的科学化水平。政策实验室还模拟实际政策执行环境,便于揭示隐性利益冲突,促使"潜规则"表面化,提高公共政策的可行性、完备性和可操作性,有利于减少"上有政策、下有对策"等问题的发生并弱化其负面效应。

对高校等教育及科研单位而言,政策实验室可以成为新型的公共政

---

① 详见第五、六、七章。
② 胡锦涛. 在中共中央政治局第二十次集体学习时的讲话. 2005-2-21。
③ 详见第三章。

策教学与科研基地。作为一种教学手段,政策实验方法可广泛地运用于本科生、研究生和公共管理硕士(MPA)的公共政策教学以及其他公共政策培训项目中,成为一种高水准、生动活泼、与传统案例教学和情景模拟互补的新型教育与培训形式。学生可以进入政策实验室,针对某一政策问题,进行全过程的、综合性的模拟演练或体验。借助于政策实验,学生对公共政策实际问题的体验会更具深刻性、连贯性和沉浸感,更能充分认识到政策制定中利益冲突和协调的复杂性,可以更好地理解公共政策制定中的博弈和妥协以及政策执行中的种种制约因素,另外还可以亲身运用各种政策分析方法和技术,感受其在政策制定中的价值或作用。

对于公共政策科研人员来说,借助于政策实验,可以激发相关科研工作的新思路。目前,中国许多研究者在从事政策研究时面临一些困扰:研究与实际问题脱节,对政策环境理解不深,政策建议常常隔靴搔痒、不切实际。"看材料-写报告"、"读文献-写论文"是许多研究者研究方式的真实写照。尽管参与政策咨询实践,积累实际经验可以解决这些问题,然而除了部门所属的政策研究机构、院校中的少数知名学者外,高校公共政策专业的多数教学科研人员、特别是中青年研究者难以获得这样的机会。即使对于政策咨询的参与者而言,由于中国公共政策制定体制的封闭性、时间和经济成本等因素,作为局外人的参与者也很难系统全面地了解政策环境和相关议题。与其他学科一样,公共政策科研人员也可以将实验室作为研究的平台,为其理论研究和社会咨询提供支持。政策实验方法为我们提供了一种切实有效的替代性研究手段,通过建立政策实验室,科研人员可以全面深入地认识理解政策议题,并对各种政策方案进行预先的检验。

二、政策实验方法的理论意义

政策实验方法是一种具有中国特色的原创方法。公共政策学科在

利益博弈政策实验方法：理论与应用
Experimental Policy Research Methodology for Interest Analysis: Theory and Application

1980年代后期引入中国，到1990年代逐渐成为一门独立的学科。目前从总体上看，中国的公共政策学科还处于从国外引进、消化、吸收的初级阶段。然而，转轨时期的中国相对于西方，政治体制、公共政策环境和面临的挑战都有很大不同，应对有中国特色的挑战，我们很难直接从国外的研究中找到答案。利益博弈政策实验方法就是应对这些挑战的一个本土化理论尝试。

政策实验方法丰富了利益研究方法。利益分配和再分配是公共政策的核心问题，但在公共政策领域，利益研究的具体方法不多，且较为空泛①。政策实验方法通过在实验室内模拟利益博弈来分析利益冲突，为利益研究提供了新手段。

政策实验方法将综合集成的专业支持引入到利益博弈中，使政策分析师等专业人士服务于利益博弈，将政策制定的民主化与科学化有机地统一起来。而稍早，一些西方政策学者也开始反思以实证主义方法论为基础的政策科学，转向以后实证主义方法论为基础的政策研究（policy inquiry），协商式政策分析（deliberative policy analysis）开始兴起②，政策实验方法的研究与这一趋势相契合③，可以视为政策分析范式转向的一个中

---

① 国内利益研究的方法不多，国外也是如此。在解决公共政策涉及的利益冲突时，国外多数是依靠政治解决机制，如议会民主制。参见：李亚，李习彬.多元利益共赢方法论：和谐社会中利益协调的解决之道.中国行政管理，2009（8）：115-120。

② 在国外deliberative policy analysis也称为interpretive policy analysis，被视为相对于主流实证主义政策分析的辩论式政策分析转向（argumentative turn），参见：Fischer, F. & Forester, J. (eds.) The Argumentative Turn in Policy Analysis and Planning. Durham, NC: Duke University Press, 1993; Fischer, F. Reframing Public Policy: Discursive Politics and Deliberative Practices. Oxford: Oxford University Press, 2003. 关于deliberative policy analysis产生的背景，详见：Hajer, M. & Wagenaar, H. (eds.) Deliberative Policy Analysis: Understanding Governance in the Network Society. Cambridge: Cambridge University Press, 2003: 1-30.

③ 这种契合不是有意识的，政策实验方法独立发展，在近期的研究中才与政策分析范式转向相联系。

国实例①。

政策实验方法拓展了综合集成理论。目前,在应对复杂系统问题的综合集成理论中,综合集成主要指信息、知识与智慧的集成,人与计算机的集成,以及定性定量方法与技术的集成②,而作为公共政策本质的利益问题一直未被明确纳入,因而导致综合集成方法论在社会系统问题解决中的隔靴搔痒③。从系统方法的视角看,政策实验方法发展了综合集成理论,将以前一直被忽视的利益分析与利益综合集成考虑在内,从而提高了综合集成方法解决复杂社会系统问题的效力。

利益博弈政策实验方法也对实验方法进行了创新④。在现实世界缺乏制度保障的情况下,政策实验室成为政策研究者观察和研究利益问题的行为实验室。这是一种新型的实验方法,丰富了"政策实验"的内涵。

此外,通过将"博弈"与"协商"整合起来,政策实验方法还可以视为对协商民主方法的一种扩展。国外的协作式政策制定(collaborative policy making)⑤中,没有博弈,直接就是协商环节,美国的协作式规章制定

---

① 更详细的论述参见第十一章。国内对这一转向跟踪分析较多的学者是周超教授及其学生。参见:周超,易洪涛. 政策论证中的共识构建:实践逻辑与方法论工具. 武汉大学学报(哲学社会科学版),2007,60(6):913-920;周超,林丽丽. 从证明到解释:政策科学的民主回归. 学术研究,2005(1):84-89;林丽丽,周超. 参与性政策分析与政策科学的民主回归. 广东行政学院学报,2004,16(2):26-30。

② 钱学森,于景元,戴汝为. 一个科学新领域——开放复杂巨系统及其方法论. 自然杂志,1990(1):3-10。

③ 李亚. 基于利益博弈和综合基础的政策实验方法——和谐社会政策制定的一种途径. 中国系统工程学会第15届学术年会论文集(陈光亚 主编). 香港:上海系统科学出版社(香港),2008:79-83;Li, Y.(李亚)& Zhu, Z. Systems Thinking and Social Problems Solving: What Happen in China? Working Paper, 2010. 更详细的论述见第九章。

④ 黄洁萍,李亚. 综合集成技术支持下的模拟利益博弈:一种新的政策实验方法. 云南行政学院学报,2008(5):90-94。详见第八章。

⑤ 协作式政策制定(collaborative policy making)是加州大学Sacramento分校协作政策研究中心倡导的一种政策制定方法。它注重在政策问题解决中,一个或多个公共机构通过和相关各方对话达致共识的过程,强调利益的聚合,并在水资源管理、区域规划中进行了应用。参见:Center for Collaborative Policy. http://www.csus.edu/ccp。

(negotiated rulemaking)①,出于节省时间和费用等考虑,也把协商和对抗式博弈完全对立起来,在问题解决中完全排除了对抗式程序。政策实验方法把协商和对抗式程序互补统一起来,从而更符合中国的现实需要②。

---

① 协商式规章制定(negotiated rulemaking)是美国行政程序法的一个重要概念,20世纪后期在美国兴起。作为对多元利益的一种回应和实践,协商式规章制定特别适合于解决规章制定中的利益冲突问题。参见:Beechinor, J. R. Negotiated Rulemaking: A Study of State Agency Use and Public Administrators' Opinions. Texas State University-San Marcos, 1998.
② 分析详见第十章。

第一篇 方法基础篇

第二章
当前中国政策制定的问题情景

本章分析中国当前公共政策制定面对的挑战。这些挑战,随着社会变迁逐渐显现,且有着深层次的体制原因。政策制定所面临的挑战及其体制根源,共同构成了政策实验方法产生的社会背景。

2.1 利益分化和利益冲突加剧

在计划体制下,中国的社会结构是相对单一的,尽管有城乡二元体制的存在,但整体上社会利益的分化不明显。这一社会结构的形成既有体制基础,也有先前观念上的误区。

在体制层面,主要是单一的公有制(城镇的全民所有制、集体所有制和农村的集体所有制)为利益分配的平均主义奠定了经济基础。在观念层面,由于意识形态的误区,长期压抑个体利益诉求。"个体利益(包括局部利益)服从于整体的利益,同时在整体(国家)的协调和控制下,个体之间在利益上平均化……这种社会利益结构片面强调公有制基础上广大民众利益上的一致性,而回避了各利益主体利益之间的差异性,进而把主体利益抹煞了,压制了;各利益主体被当成没有自己的利益需要和利益冲动,因而也就没有自主性、能动性、目的性的存在,当成了集体机器上的零部件,人异化成了'螺丝钉'。"①

总而言之,改革开放前的中国,社会利益结构表现出高度的整体性。计划体制伴随着政治、经济和意识形态等手段,限制了利益格局的分化,使得"主体意识淡化、利益差别模糊以及社会利益关系单一"②。

改革开放之后,特别是 1990 年代以来,中国的社会利益分化与利益冲突不断加剧。一方面,这是社会经济发展和贫富差距拉大后不可避免的结果。另一方面,个人对自身利益的追求也日益凸现。究其原因,既有改革开放以来个人权利意识觉醒的因素,也有市场化对计划体制的冲击、"单位"等集体对个人的束缚大为减弱等方面的因素。尽管官方舆论仍倡导集体观念,但个人利益不再无条件地服从集体利益。

从社会分层的角度看,利益分化和利益冲突体现为,原先的"整体型的社会聚合体"开始"碎片化"为众多分化的利益群体③,社会结构从以前单纯的"阶级"划分,开始向"阶级+阶层+利益群体"转化④。其中,利益群体的形成和分化有着最为深刻的影响。利益群体的成员之间,经常有着相同或相似的社会身份、经济地位,更重要的是,他们在某一议题上有着共同或相似的经济利益或者价值观念、社会态度⑤。

仅关注政府层面,地方利益与国家利益的关系也发生了显著变化⑥。地方利益和国家利益也不再如先前那么一致。由于分税制和干部考核机

---

① 李俊奎. 当代中国社会利益结构变迁研究. 南京师范大学博士学位论文, 2004: 52。
② 李俊奎. 当代中国社会利益结构变迁研究. 南京师范大学博士学位论文, 2004: 62。
③ 李强. 从"整体型社会聚合体"到"碎片化"的利益群体——改革开放 30 年与中国社会群体特征的变化. 新视野, 2008(5): 15 - 17。
④ 许耀桐. 利益集团和利益群体的区别. 党政干部文摘, 2007(2): 31。
⑤ 在本书中,"利益群体"既包括有共同或相似经济利益的人形成的群体,如产业利益群体,也包括有共同或相似的兴趣、态度、价值观念或意识形态主张的人形成的群体,如环境保护群体、关爱动物群体等。两类群体的特点有所不同,但对于政策实验所涉及的问题情景而言,没有本质上的不同。除非另有说明,下文不做区分。
⑥ 政府也是一种特殊的利益团体。

制的作用,地方政府的利益和地方官员的个人利益诉求日趋明显。中央与地方之间逐渐出现相反方向的两种作用力:一方面是中央政府努力纠正那些在它看来是不合理的地方政府行为;另一方面,则是地方政府努力为自己争取更大的活动空间①。一些地方政府及其官员,不仅把自己的利益和目标置于当地居民的利益和目标之上,也常常置于中央政府的利益和目标之上②。比如,由于目前土地出让金收益全归地方所有,地方政府视土地收入为"第二财政",因而敷衍执行中央调控房价的政策,甚至反其道而为之。

不同层级地方政府之间的利益冲突也日益加剧。一些地方政府以"事权"的名义截留上级政府的转移支付,再用"事责"往下推卸具体事务,由此财权和事权的不匹配导致冲突③。至于地区之间、部门之间的利益冲突更是比比皆是④。跨地区的资源分配,已经不再像过去计划体制下那样方便,上一级政府无法再任意地支配下一级政府之间的资源调配。

利益群体如果加以组织化(包括具有某种松散的组织形态),并力图通过努力实现自身的利益,就成为利益集团⑤。不难看出,在中国当前的政策制定中,一些地方政府、政府机构、产业组织等利益群体已经具有利益集团的形态。在以下的论述中,将以社会群体的利益冲突为着眼点,但分析和结论完全适用于其他类型的利益冲突。

---

① 陶然,杨大利. 财政收入需要与地方政府在中国转轨和增长中的作用. 公共行政评论,2008(5):6-40。

② Sargeson, S. Reworking China's Proletariat. New York: St. Martin's Press. 1999.

③ 侯一麟. 政府职能、事权事责与财权财力:1978年以来中国财政体制改革中财权事权划分的理论分析. 公共行政评论,2009(2):36-72。

④ 前者如南水北调中的水源区和受水区的利益冲突,参见:郭庆汉. 南水北调:水源区利益不应忽视. 武汉交通职业学院学报,2004(4):1-3,8;后者如两税合一(内外资企业所得税)政策制定过程中财政部和商务部的利益冲突,参见:孙立平. 中国进入利益博弈时代. 经济研究参考,2005(68):2-4,13。

⑤ 利益群体和利益集团的英文都是"interest group",只有组织化和利益诉求程度的不同。除非引用文献或在特殊的语境中要强调该区别,下文不再特别区分,统一以"利益群体"代之。

2.2 利益表达与博弈机制的非制度化及失衡

中国执政党和政府看待和处理社会中利益问题的态度是不断变化的。建国后的前三十年,执政党不承认中国存在不同利益集团。改革开放是一个转折点,改革初期的放权让利,就意味着开始承认社会中存在不同的利益主体。1988年的十三届二中全会上,执政党第一次明确地承认中国社会存在不同的利益集团,并把处理不同利益集团的矛盾视为人民内部矛盾的中心内容①。在二十多年后的今天,各级政府开始正视社会中的多元利益现实,不再继续回避政策制定中的利益冲突和博弈,逐渐强调促进利益表达和公共参与,协调各方利益。然而,一元化社会体制和决策体制积弊甚久,中国的利益表达和博弈还存在诸多问题。

当前,中国的利益群体或利益集团影响公共政策的主要渠道有:通过主管部门(领导)或人大和政协提案;通过行政诉讼改变现行政策;通过听证会进行利益表达;通过政协委员或人大代表等特殊身份发表利益群体或集团的意见;通过"上书"等方式施加影响;通过提供一定的物质资助,宣传自己的理念以影响公共政策;通过新闻媒体或施压性的集体行动施加压力②。

问题是,现有的表达方式除了通过人大政协等渠道外,多数都缺乏制度化的保障。比如公共决策领域的听证会,除了价格决策中的听证有法律法规明确规定③,其他听证会(如立法听证会)的举办与否缺乏法律依

---

① 皖河. 利益集团、改革路径与合法性问题. 战略与管理, 2002(2): 1-8。十三届二中全会报告的提法是"在社会主义制度下,人民内部仍然存在不同利益集团的矛盾"。
② 刘伟忠,张宇. 化解利益集团政策参与困境的政府视角. 贵州社会科学, 2009(1): 50-55。
③ 价格听证主要以1997年全国人大常委会通过的《价格法》和2008年国家发展与改革委员会修订的《政府制定价格听证办法》为依据。

据,随意性很大。"上书"等方式也只是偶尔为之,除了少数情况下某些精英人士能幸运地得到上层批示外,普通公众的机会微乎其微。即使是人大政协等制度化的渠道,由于目前人大代表和政协委员的代表性不足等问题,对于多数利益群体而言,也不是很有效。缺乏制度化的渠道,利益群体往往就诉诸其他渠道、包括一些"非法"的渠道,典型表现是近些年来群体性事件急遽增加[1]。

中国当前利益表达机制的另一个主要问题是利益表达的不平衡。某些强势群体已经形成较有影响的利益集团,甚至是特殊利益集团[2],他们拥有各种有利条件,能够强有力地影响政策制定,例如房地产商对房地产政策乃至宏观经济政策有巨大的影响。而另一些群体,如下岗工人、退休人员、农民和农民工群体,尽管人数众多,但始终处于弱势地位,在公共决策制定中缺乏话语权[3]。

在日益多元化的利益格局中,利益表达机制的诸多缺陷,使得公共政策制定的公平和公正在起点上就难以保证。

至于利益博弈,当前的问题更为突出。首先,中国政策制定系统缺乏制度化的、公开透明的利益博弈平台。在政策制定过程中,各方的利益诉求经常得不到充分的讨论和交锋,不能摆在台面上接受政策制定者和公众的评判。甚至一些涉及严重利益冲突的政策,出台前都没有进行有序的利益博弈,而是暗箱操作,因而常常是政策出台后遇到激烈的反对。其次,即使存在某种形式的利益博弈,也是非平衡博弈,强势群体总是屹立不倒,而弱势群体则很轻易地成为牺牲品,结果是加剧社会的失衡。

---

[1] Keidel, A. The Economic Basis for Social Unrest in China. Carnegie Endowment Report, 2005; Lum, T. Social Unrest in China. CRS Report for Congress, 2006.

[2] "特殊利益集团"这里采用丁学良的定义,指的是政治资源和商业资源的结合体。参见:丁学良. 利益集团绑架国家政策. FT中文网, http://www.ftchinese.com/story/001022530, 2008-10-17。

[3] 闫威,夏振坤. 利益集团视角的中国"三农"问题. 当代财经, 2003(5): 46-56;程浩, 黄卫平, 汪永成. 中国社会利益集团研究. 战略与管理, 2003(4): 63-74。

一个典型的例子是2009年底突然推出的《电动摩托车和电动轻便摩托车通用技术条件》。根据该标准,"40公斤以上、时速20公里以上的电动自行车,将称为轻便电动摩托车或电动摩托车,划入机动车范畴。"这项政策严重威胁到广大自行车厂商的利益以及公众的出行利益。它事先并未经过充分讨论,而是完全为摩托车等行业利益集团所主导,利用起草标准的机会设置技术壁垒和准入壁垒①。

再比如孙立平针对公车改革和国企改制进行的比较:"与国企改制中的失业下岗比较起来,公车改革其实应当是比较容易的:其一,虽然车在某些情况下是生活必需品,但公车绝不是生活必需品……但对于失业下岗人员来说,工作或由工作所获的那份收入却是必需的,是'饭碗'。一般地说,不涉及饭碗问题的改革要更容易,而涉及饭碗的改革要更复杂,推进则需更谨慎;其二,公车改革即使是改掉了大量的公车,还有许多替代办法……而失业下岗不但直接意味着相关人员饭碗的破碎,而且很难找到其他替代或补救办法……但尽管如此,事实却是,更难进行的改革却以最快的速度进行了,而相对容易的改革则推进如此艰难。"②由此更可以清楚地看出中国政策制定中利益博弈的无序及失衡。

相比之下,多元利益格局形成已久的西方国家在利益表达和博弈机制上则更为成熟,美国则是典型,利益群体有众多制度化的渠道可以表达利益③。针对每种渠道,比如游说国会时,还有多种切入点可以精心选择④。在利益表达方式上,美国政治影响力强和弱的利益群体使用的手

---

① 胡远志,夏雨. 新国标将部分电动车归为机动车或引发破产风潮. http://news.sohu.com/20091204/n268664285.shtml, 2009-12-4。
② 孙立平. 公车改革的启示. 经济观察报, 2008-3-17。
③ 常见的有23种,参见:Schlozman, K. L. & Tierney, J. T. More of the Same: Washington Pressure Group Activity in a Decade of Change. Journal of Politics, 1983, 45: 351–377; Nownes, A. J. & Freeman, P. Interest Group Activity in the States. Journal of Politics, 1998, 60(1): 86–112.
④ Holyoke, T. T. Choosing Battlegrounds: Interest Group Lobbying across Multiple Venues. Political Research Quarterly, 2003, 56(3): 325–336.

段开始趋同,在渠道或手段的采用上差别越来越小①。此外,利益群体影响公共政策的环节有很多,"团体若是攻不下立法者,就可能转向行政机关或法院。如果在联邦层面受到阻碍,团体就可能转向州和地方政府。"②少数派即使在表决中处于劣势,也可以利用美国特色的立法结构和程序获得某种防御性优势,来获得讨价还价的资本③。总之,在美国等西方发达国家,尽管群体间利益表达和博弈能力仍有差异,但远不似中国的差距如此悬殊。

2.3　利益协调机制的缺位

在中国的公共政策制定中,目前一个非常突出的问题是缺乏有效的利益协调机制。近年来一些典型的公共参与案例,无论是价格听证、立法征求意见,还是环境影响评估、城市规划等④,但凡引入公共参与的,往往在社会中引起很大的争议,而很多争议由于最终也不能得到妥善处理,进而导致参与者的"愤怒"以及社会的不满。对于价格听证,一些社会舆论甚至质疑"你讲你的、我涨我的",而公共参与的发起者(多是政府部门)也常常有"得不偿失"的感慨,从而做出"多一事不如少一事"、"走过场"等不明智的选择。

---

① 美国各州层面上的实证研究表明,近年来,传统上政治影响力大的强势群体(如产业、贸易和专业群体)也开始使用草根或公共利益群体所经常使用的利益表达手段,如广告、草根游说(动员群体成员联系其选区议员)、媒体访谈等,而传统上政治影响力弱的"外部人"群体也越来越广泛地运用以前强势"内部人"群体所擅长的手段,如约见相关政府官员、帮助起草规章等。各种群体在利益表达渠道和手段运用上区别渐小。参见:Nownes, A. J. & Freeman, P. Interest Group Activity in the States. Journal of Politics, 1998, 60(1): 86–112.

② 〔美〕托马斯·帕特森 著. 顾肃,吕建高 译. 美国政治文化. 北京:东方出版社,2007:299。

③ 〔美〕戴维·杜鲁门 著. 陈尧 译. 政治过程——政治利益与公共舆论. 天津:天津人民出版社,2005:384–394。

④ 王锡锌. 行政过程中公众参与的制度实践. 北京:中国法制出版社,2008。

公共参与不是为了参与而参与，利益表达也不是为了表达而表达，最终是为了化解矛盾、实现各方利益的共赢，促进社会的和谐稳定。在多元利益格局下，对于和谐的政策制定而言，如果说利益表达和公共参与是第一步，是"发散"的过程，那么利益协调、制定出共赢政策方案就是更为关键的第二步，是"收敛"的过程①。当前公共参与中出现问题，就是由于大多只有公共参与之"发散"，而无利益协调并最终达成共赢之"收敛"。

进一步追究原因，不难发现，在中国，政策制定系统非常缺乏协调利益、促进共赢的机制。在改革开放前的一元化利益格局里，利益的分化不明显。即使有利益冲突，政策制定者也有足够的权威按照自己的主观意愿进行利益分配，即使分配不公，在当时的社会环境下也不至于带来严重的后果。因此，以前的社会没有强烈的利益协调需求，无论是公众还是政策制定者都缺乏利益协调共赢的观念、经验和技巧，而中国的研究者，则缺乏协调冲突的理论和实践②。如今，利益协调的需求日益强烈，而观念、机制的欠账一时难以弥补，因此上述种种问题的出现不难理解。

利益协调的观念、经验和技巧需要逐渐培养和积累，理论研究的欠缺需要通过知识体系的引进和创新来加以弥补，政策制定中利益协调机制需要长期的建设和完善。

在较成熟的公民社会里，利益群体能够在制度框架下较好地进行利益协调。比如，近年来美国社会的多元化程度有增无减，尽管利益群体的

---

① 李亚，李习彬. 多元利益共赢方法论：和谐社会中利益协调的解决之道. 中国行政管理，2009(8)：115-120.

② Kriesberg, L. The Evolution of Conflict Resolution. The Sage Handbook of Conflict Resolution (Bercovitch, J., Kremenyuk, V. & Zartman, I. W. eds.). Thousand Oaks, CA：Sage, 2008：15-32.

竞争也加剧,但相互之间的讨价还价、妥协和利益协调也大为增加①。"很少有利益集团能够在没有其他利益集团的支持下实现其立法目的……一些传统上对立或表面上没有共同点的利益集团之间,也会结成最不可能的联盟。"②代表不同利益群体的游说人常常彼此合作③,甚至某些价值至上的团体(如环保组织),很多时候也会从对抗转向和对立团体(如开发商)合作④。其背后的原因在于,对于立法者来说,与其他各方协调合作可以获得更大的选民基础;对于利益群体而言,则有着可以和其他群体共享财政和政治资源的激励⑤。而且,如果利益群体之间不试图达成共识,立法机关可能会采取单边行动,从而使最终的结果超出他们自己的控制⑥。换言之,协调合作符合各方的利益。有了这样的机制,才更有利于利益群体寻求共赢,特别是长远的共赢。

2.4 利益汇集和政策论证的低组织化

制约有效的政策制定的另一个挑战是,政策辩论时利益汇集和论证的低组织化。在中国的公共参与中,当前仍主要依靠个体参与,例如个人

---

① "愤怒的公众(angry public)"在美国也曾经是一个严重的问题,但随着协作、共赢机制的建立,冲突解决研究的深入,以及大规模的培训和随之带来的观念转变,情况有了明显好转。参见:Susskind, L. & Field, P. Dealing with an Angry Public: The Mutual Gains Approach to Resolving Disputes. New York: Free Press, 1996.
② 〔美〕戴维·杜鲁门 著. 陈尧 译. 政治过程——政治利益与公共舆论. 天津:天津人民出版社, 2005:394-396.
③ Holyoke 分析了涉及 6 个领域的 24 个法案,其中的 14 个案例中代表各利益群体的多数游说人最终彼此合作,参见:Holyoke, T. T. Exploring Competition and Bargaining among Interest Group Lobbyists in Washington. PS: Political Science and Politics, 2005, 38(4): 811.
④ McFarland, A. S. Cooperative Pluralism: The National Coal Policy Experiment. Lawrence: University of Kansas Press, 1993.
⑤ Holyoke, T. T. Exploring Competition and Bargaining among Interest Group Lobbyists in Washington. PS: Political Science and Politics, 2005, 38(4): 811.
⑥ Loranger, T. & Hewitt, L. Managing Interest Group Participation in Regulatory Reform. State & Local Government Review, 1998, 30(1): 65-70.

通过在公共网站或公共论坛上留言来表达意见。个体参与是非常重要的,但仅仅如此远不充分。其弊端在于:

第一,公众仅以个人身份表达意见,使得在政策酝酿时,相近的利益、类似的观点和建议很少被有组织、有系统地汇集,很难形成代表利益群体整体的观点和集体表达。这对本来就缺乏声音的弱势群体更为不利,使其更加难以和强势群体博弈。

第二,非组织化的参与难于整合群体资源。组织化的群体在信息准备、政策分析方面更有优势。他们有充分的资源和能力对群体成员的观点进行分析和细化,形成清晰、深刻的政策诉求①。低组织化削弱了利益群体、特别是弱势群体的利益博弈能力,也阻碍了利益表达和博弈的深化。

第三,在电子参与时代,由于参与门槛降低,政府可能面对千千万万个参与者个体以及五花八门、未经整合的公众意见。这种散乱的缺乏组织化的利益表达,一方面带来高昂的政府信息处理成本②,另一方面,也使政策制定者很难在纷乱中清晰地识别出利益格局和冲突焦点,难以在公众意见的汪洋大海中识别出真知灼见。

第四,非组织化的参与也增加了整体社会参与成本,导致普通公众逢事参与,产生"过度参与"和"参与疲劳"③,也不利于保证参与的效果。

因此,高效、深入的参与必然是有组织的参与,它能够更好地保证成员的利益④,也是科学、民主的政策制定的重要基础条件。

---

① 利益群体组织化后可以明显提高对政策过程的影响力,参见:Leyden, K. M. Interest Group Resources and Testimony at Congressional Hearings. Legislative Studies Quarterly, 1995, 20 (3): 431-439.

② 李亚,韩培培. 政策制定中的电子参与:质量、满意度和效率. 北京行政学院学报, 2010(2): 33-37.

③ 王锡锌. 行政过程中公共参与的制度实践. 北京:中国法制出版社. 2008: 18.

④ 组织化的社会团体保障成员利益的个案,参见:徐家良. 利益表达机制与危机状态下社会团体的作用——江山养蜂协会个案研究. 公共管理评论, 2005, 3: 73-82.

中国利益汇集和政策论证的低组织化,其原因在于社会的组织化程度过低,公民团体和非政府组织(NGO)的发展受到严格控制①,远远滞后于社会发展。通过1989年颁布的《社会团体登记管理条例》,1998年颁布的《民办非企业单位登记暂行条例》以及2004年颁布的《基金会管理条例》,国家针对社会团体和NGO建立了严格的监管体系,按照双重管理、分级管理、非竞争性、层级秩序等原则对其施加控制,并限制社会资源的投入②。此外,国家亦对社团施加资源控制。"这种以政治考量和严格行政管制为出发点的制度构建,对于中国民间组织的发展有相当大的消极影响。"③

2006年,中国有注册登记社团19.2万个④。相比其他国家,早在1995年德国正式注册登记的利益集团约20万个,如果包括不完全具备法定资格的利益集团总计约24万个⑤。在斯洛文尼亚这样的小国,全国200万人口,1993年即有约13000个注册社会组织,100多万公民属于有组织的利益群体⑥。至于美国,利益集团更是为数众多、组织庞大。例如,美国制造商协会有1.2万家较大的公司会员,美国商会代表着近20万家公司,美国农场主联合会有490万以上的会员,蓝领工人尽管人数下降,劳联-产联仍有1300多万会员,全国教育协会有250万以上的成员,政府雇员的各类工会共有710万以上的政府雇员,环境团体的成员有450

---

① 国家对社会组织实行"分类控制",参见:康晓光,韩恒.分类控制:当前中国大陆国家与社会关系研究.社会学研究,2005(6):73-89。
② 王锡锌.公众参与和中国新公共运动的兴起.北京:中国法制出版社,2008:132-137。
③ 刘求实,王名.改革开放以来中国民间组织的发展及其社会基础.公共行政评论,2009(3):150-170。
④ 民政部.2006民政事业发展统计报告,2007。
⑤ 顾俊礼.德国的利益集团.德国研究,2000,15(1):7-13。
⑥ Fink-Hafner, D. Organized Interests in the Policy-making Process in Slovenial. Journal of European Public Policy, 1998, 5(2):285-302.

万以上,美国退休人员协会有3300万成员[①]。据统计,全美只有18%的公民没有民间团体归属[②]。

尽管最近十年来,社会团体和NGO在数量和组织规模上都有较大的增长,但新增组织以支持型和公益服务型居多,能有效为群体代言、表达利益诉求的团体发展仍未有大的突破。总体而言,自下而上自发建立的组织和团体不断被"规范",而自上而下产生的、半官半民的组织和团体反而不断成长。在这样低组织化的社会环境中,利益的表达、博弈和协调必然困难重重。

2.5 政策分析能力的严重不足

利益分化的格局下,政策分析也面临新的挑战[③]。对于一个政策问题,政策制定者和政策研究者需要面对不同的利益群体,而这些群体通常有不同的问题界定,有不同的利益诉求和立场观点,提出不同的解决方案,并有各自的论据来支持其观点。而且,相互冲突的利益群体所提供的论据往往也存在冲突或矛盾。

在这种情况下,政策制定者和政策研究者如何开展政策分析?在相互冲突的观点中,如何识别哪些是利益冲突,哪些是证据冲突?哪一方的利益诉求更为合理,哪一方提供的证据更为可信?这些问题又由于以下的原因会变得更为复杂:各个利益群体,都可能从有利于自己的角度来选择性地收集并提交有关事实或证据,甚至会利用自己的信息优势有意地扭曲证据来支持自己的利益诉求。简言之,面对诸多相互冲突的利益诉

---

① 〔美〕施密特,谢利,巴迪斯 著. 梅然 译. 美国政府与政治. 北京:北京大学出版社,2005:169-173。
② 〔美〕托马斯·帕特森 著. 顾肃,吕建高 译. 美国政治文化. 北京:东方出版社,2007:299。
③ 关于政策分析范式面临的挑战,参见第五章和第十一章。

求、纷繁复杂的证据,政策制定者和政策研究者要想明辨真伪,对合理性做出判断,谈何容易①。

当然,不仅仅是中国存在此类问题。国外也有学者指出,政府决策者和政策过程参与者面临的主要挑战不是如何得到更多的证据,而是如何应对不同来源的分歧的信息和论据②。中外不同的是,西方发达国家常有多种途径来缓解这个问题,因此情况会好得多。这些途径包括:

第一,通过利益群体的组织化。组织化的利益群体(即利益团体)具备更加专业的政策分析能力,能够提出更系统、更有说服力的论据,也能"帮助"政策制定者检验其他利益相关者所提论点的合理性和论据的可信性,起到相互监督、相互审查、相互制约的作用③。

第二,政策系统中存在公开的、制度化的利益博弈平台,如国会听证会。各方可以在利益博弈平台上提出其观点、证据并相互检验,一些说服力明显不足的论据自然会被决策者剔除。

第三,政策制定者和政策研究者可以得到高水平的研究辅助。例如,美国国会议员和国会委员会有众多立法幕僚(助理)④辅助立法分析;国会有研究服务处,可以提供党派中立的立法建议和法案分析⑤;在社会

---

① 真伪只是相对的,有时也许是无解的,但是在获取必要的信息的基础上,很多时候在证据层面能够做出相对可靠的判断或分辨。

② Tenbensel, T. Does More Evidence Lead to Better Policy? The Implications of Explicit Priority-Setting in New Zealand's Health Policy for Evidence-Based Policy. Policy Studies, 2004, 25(3): 189 - 207.

③ 例如,92% 的美国利益集团向政府提交研究结果或技术资料,转引自:刘恩东. 中美利益集团与政府决策的比较研究. 中共中央党校博士学位论文, 2008: 83。

④ 1995 年,美国众议院和参议院的立法幕僚(助理)人数分别约为 10000 人和 7500 人,参见:Pontius, J, Dwyer, P. & Bullock, F. Legislative Branch Employment 1960 - 1995. Congressional Research Service Report, 1995.

⑤ 国会研究服务处(CRS)有 700 位分析专家,如果连同具有政策分析职能的另外两个政策分析部门,国会预算办公室(CBO)和政府审计办公室(GAO),全部雇员超过 4000 人,参见:Brudnick, I. A. The Congressional Research Service and the American Legislative Process. CRS Report for Congress, 2008.

上,也有大量的智库可以为政策制定者提供政策分析和决策依据①。不仅在联邦层面,美国各州也有越来越多的智库开展州政策的研究②。

关于前两个途径,中国存在不少问题,前面几节已有论述。在高水平研究辅助方面,中国同样薄弱:除了中央层级外,其他层面的政策制定者(无论是行政部门还是立法机关),几乎难以得到幕僚层面的政策分析支持或立法分析支持。即使是中央层级,能够独立地提供有洞察力分析的智库也凤毛麟角,真正的政策咨询市场尚未形成,政策咨询基本流于形式③。因此在中国,利益冲突情景下的政策分析能力明显不足,面对不同的政策主张,政策制定者和政策研究者经常无所适从。

2.6 "上有政策、下有对策"问题

"上有政策、下有对策",是长期困扰中国公共管理一个重要问题。其中的"上",一般是指中央或上级的政策制定者,而"下"则是既包括基层或下级的政策执行主体,也包括政策的目标群体。

"上有政策、下有对策"有两个方面的涵义。一是指政策执行者的下列行为:"你说你的,我做我的"的抵制性执行;"你有政策,我有对策"的替换性执行;"断章取义,为我所用"的选择性执行;搞"土政策"的附加性执行;"软拖硬抗,虎头蛇尾"的敷衍性执行④。二是指政策目标群体运用

---

① 截止2010年初,据扣除少量国家外的不完全统计,全球169个国家有6305个智库,其中美国1815个,中国428个,参见:McGann, J. G. The Global "Go-to Think Tanks": The Leading Public Policy Research Organizations in the World. University of Pennsylvania, 2010.
② 1999年,美国有110家专门研究各州政策的智库,参见:Lyon, D. W. The Public Policy Institute of California: A Think Tank for the 21st Century. Public Policy Institute of California, 2003:1.
③ 基于笔者在智库五年的工作经验,另外参见:俞可平. 中国智库:八个问题,四项建议. 南方周末, http://www.infzm.com/content/41770, 2010-2-24.
④ 叶静. 试析公共政策执行中的"上有政策,下有对策"现象. 党政干部论坛, 2004(3):29-30.

政策的灵活性或漏洞,采取各种合规或不合规的措施,规避政策的执行或者削弱政策的作用。

政策的有效执行对于各国的公共政策制定都是一个很大的挑战,并非中国独有。但是,中国强大的中央集权体制以及自上而下的政策制定传统,使得这一现象尤为普遍和严重。"上有政策、下有对策"提法的本身,就隐含着对政策执行采取一种"自上而下视角"①的理解,即"上"的政策有更多合法性和道德权威,遵照执行则是"下"的责任。本书采取一种平衡的整合研究模式②,综合自上而下和自下而上两种视角,不对"上"的决策权或是"下"的自由裁量权施加预先的价值判断,而是具体问题具体分析。

"上有政策、下有对策"的盛行,有复杂的多层面原因。例如:政策制定者和执行者的利益冲突,而政策制定者对此缺乏认识或估计不足;对执行机构或目标群体的主观能动性认识不够;地区差异大,而政策过于笼统、"一刀切";政策本身质量低,在合理性或合法性方面有缺陷;政策细节不完善、不严谨,可行性不足;政策监督机制不健全;等等。

在这里,特别关注由于下述原因导致的问题:政策制定者忽视政策执行中的利益博弈③,未充分考虑政策执行者或目标群体的利益或主观能动性,将政策的执行有意无意地建立在理想的政策执行环境之上④,导致低质量的政策出台,或者一些本意很好的政策在执行中偏离初衷。长期以来,中国的政策制定者对此类问题苦无良策。政策出台后政策制定机关或上级往往是三令五申,但许多情况下无济于事。我们还常常看到,一

---

① 陈振明. 政策科学——公共政策分析导论(第二版). 北京:中国人民大学出版社, 2003。
② 谢炜. 中国公共政策执行过程中的利益博弈. 华东师范大学博士学位论文, 2007:13。
③ 关于政策执行中利益博弈的系统论述,参见:Bardach, E. The Implementation Game: What Happens after a Bill Becomes a Law. Cambridge, MA: MIT Press, 1977。
④ 李亚,康健,李习彬. 政策实验室:政策执行环境的模拟系统. 西部开发与系统工程(顾基发 主编). 北京:海洋出版社, 2002:608-612。

个政策推行后不久,就会陆续发布一些补充通知或解释,虽然这一方面反映了政策制定的逐步深化,但另一方面也说明了最初政策制定的欠缺①。

可以说,政策执行中的问题大多源于政策制定的缺陷。现实中,中国的政策制定者常常采用试点的方法对即将出台的政策进行预先评估和检验,并在此基础上完善政策,然后再予以推广②。试点虽然是一种较好的办法,但需要一定的资源投入和较长的试验周期。此外,由于局部试点时政策执行者面临较多的社会关注和监督压力,使得试点的政策执行环境与政策大规模推行时的执行环境相去甚远,政策的实际成效仍旧难以判断。因此,一个有现实意义的思路是,寻找较为简便易行的方法,在政策制定时就能够较充分地考虑到政策执行因素,从而使出台的政策更为完善,减少政策执行中的问题。本书介绍的政策实验方法,便是实践这一思路的一种解决方案。

2.7 两个说明性案例

下面两个案例可以比较全面地说明中国政策制定所面临的困境③。

一、北京交通拥堵问题

北京自 1980 年代后期以来一直存在交通拥堵现象。前期,北京市主

---

① 与中国的政策出台时文本简短、可操作性主要依靠后续的实施细则和解释相比,美国的政策出台时要详细得多。例如,2010 年 Obama 总统签署的医疗改革法案(health-care bill)参议院通过文本长达 2074 页,实施细节非常详细,参见:http://democrats.senate.gov/reform/patient-protection-affordable-care-act.pdf.
② 黄秀兰. 论改革开放进程中的政策试验. 探索, 2000(3):66-69;刘钊,万松钱,黄战风. 论公共管理实践中的"试点"方法. 东北大学学报(社会科学版), 2006, 8(4):280-283.
③ 这两个案例参见:Li, Y.(李亚). Experimental Policy Research Methodology: Exploring China's Policy Issues Adversarially in Laboratory. Systems Research and Behavioral Science, 2010, 27(2):224-239.

要采取在城市中或者外围修建快速道路和立交桥等措施来应对。这些措施短期见效,但也总是陷入"拥堵-修路-更多的车-新的拥堵"的恶性循环。本世纪以来,这个问题日益严重。2003年之后,北京市区部分主要干道高峰期的车速已降至12公里/小时左右,有的道路机动车时速还不到7公里[1]。

在几乎所有大都市,交通拥堵都是令人头痛的问题,但北京的情况尤其复杂。北京的交通拥堵,除了交通网络和管理本身的问题外,还有许多北京特有的原因[2]。例如,车辆增长过快,2009年上半年,北京日均新增机动车达1700多辆[3],2009年底北京机动车保有量超过400万[4],远超出新增道路所能承载的交通负荷;车辆使用过于频繁,主要依靠小汽车出行的比例高达34%[5];城区规划不合理,比如城市边缘的居住区过于集中、功能单一,导致每天早晚形成进出城市中心区的车流潮汐;政府机关、企业、院校等大量封闭式"大院"阻隔道路微循环,等等。但不管怎样,无论是政府还是公众,都不再像过去二十年那样,把问题简单地归因于道路不够,认为在城市里多修快速路就可以解决问题,而是开始在更广阔的视野里寻求问题的原因和答案。

是否需要大力发展公共交通?是否通过牌照控制限制机动车的过快增长?是否通过征收拥堵费或者按尾号限行来控制机动车的使用?是否调整分配给私人机动车的交通资源(包括快速路等基础设施投入、道路使用权等)?这些问题成为近几年北京市的主要政策考虑。除了发展公共

---

[1] 赵小剑,田启林.治本北京交通.财经,2004(2),http://magazine.caijing.com.cn/2004-01-20/110063935.html,2004-5-26。

[2] 关于这些原因的分析,参见:堵在北京(专题),财经,2004(2)。

[3] 北京市公安交通管理局数据,详见:http://www.bjjtgl.gov.cn/publish/portal0/tab63/info13220.htm。

[4] 阎晓明,王建新.北京市科学应对合理安排,冷静面对400万辆机动车.人民日报海外版,http://www.gov.cn/jrzg/2009-12/22/content_1493307.htm,2009-12-22。

[5] 杜弋鹏.北京机动车增长太快有隐忧.光明日报,2009-12-24。

交通成为大家的共识外,其他可供选择的举措都涉及复杂的社会利益关系,均引起了很大的争议。

问题是,一些利益群体在政策制定中显然发挥了重大影响,但是这种影响是非制度化的,也是不公平的。例如,汽车制造和汽车服务是北京市的支柱产业,限制汽车牌照等政策建议,很难被采纳①。但是另外一些群体则没有那么幸运。比如,自行车曾经是北京许多人的主要交通工具,但是近些年自行车道不断被机动车道侵蚀,变得越来越窄、甚至消失,给骑车人带来很多不便,他们却苦诉无门。

北京交通拥堵问题曾引发社会各界的热烈讨论。但是,由于中国公民社团和非政府组织发展受限,缺乏类似发达国家的驾车者协会、骑车人协会等这样的社团组织②,社会参与的组织化程度非常之低。

政府决策者得到的信息也是非常混乱、相互矛盾的。一些政策的影响和后果需要论证,需要获得相关论据支持。然而,这些论据的客观性是很成问题的,信息源或者论据提供者往往就是特定的利益集团或者有某种特定利益倾向的专家。比如,某些专家常常断言,如果北京限制汽车牌照,北京的汽车相关产业会有多少的损失,对经济有多大的影响,这些论据可信吗?再如,许多私车车主认为缴纳的税费远大于应得到的服务,再加征牌照费和拥堵费有失公平;而另一方面,也有不少公众认为公共财政过多地投入于修路架桥,过分地向有车族倾斜③。在不透明的公共财政体制下,私车车主受益多少,他们缴纳了多少税费,如果没有专业的、深入

---

① 2008年下半年,车牌控制政策曾纳入考虑:2008年9月23日,北京市十三届人大常委会第六次会议上审议了《北京市国民经济和社会发展第十一个五年规划纲要》实施情况的中期评估报告。该报告中的"交通管理"部分显示,今后北京要加强机动车总量控制。参见:左青林,何芳. 北京交通新政将出,或实施车牌限量发放. 21世纪经济报道,http://www1.21cbh.com/HTML/2008-9-29/HTML_XGQSKB1FE4A5.html, 2008-9-29.
② 伦敦等国际大都市骑车人的权利得到很好的保障,部分原因在于伦敦的骑车人是组织化的利益群体,参见:London Cycling Campaign, http://www.lcc.org.uk.
③ 该争论在2003年下半年北京交通问题社会讨论中非常典型。

的分析论证,并不容易弄清楚。加之各利益主体经常选择性地提供信息,甚至有意无意地扭曲或夸大事实,使得政策分析实际上更加复杂。

二、中国的人口政策

为了控制人口过快增长,中国自 1980 年代以来实行较严格的计划生育政策,各级政府采取各种强制措施以保证政策的实施。然而,三十多年过去了,随着中国人口老龄化的加剧,对当前人口政策的反思和挑战逐渐形成声势,引发了激烈的政策辩论[1]。

目前有两种针锋相对的观点:一种把人口视为战略资源,要求取消现行计划生育政策,逐渐放开人口控制,以避免人口结构难以挽回的恶化,保证社会、经济的可持续发展[2];另一种观点则仍担心人口众多的负面效应,主张维持目前人口政策,继续严格控制人口增长[3]。

下一步人口政策的着眼点是缓解国家"未富先老"的潜在危机,还是继续卸载巨大的人口总量负担,事关国家发展的大方向。这种不同的政策主张,既是观点冲突,背后也隐藏着利益冲突。几十年来的计划生育政策,已经在国内培育了百万人的计划生育专职干部队伍[4],他们是计划生育政策的利益相关者。如果人口政策发生根本性的转向,这些人何去何从呢? 毫不意外,这种事关存废的利益使得各级计划生育部门成为现行

---

[1] 这里只讨论老龄化问题带来的争议,除此之外,劳动力数量、强制措施的滥用、性别比失调等问题也是人口政策的争论焦点,参见:Peng, X. Population Policy and Program in China: Challenge and Prospective. Texas International Law Journal, 2000, 35: 51 - 63;汪孝宗. 人口政策大争鸣:"一胎化"还是"放开二胎". 中国经济周刊, 2009(11): 34 - 38。

[2] 例如:曾毅. 试论二孩晚育政策软着陆的必要性与可行性. 中国社会科学, 2006(2): 93 - 109;李建新. 论生育政策与中国人口老龄化. 人口研究, 2000(2): 9 - 15。

[3] 例如:李小平. 论中国人口的百年战略与对策——生育控制与农村社会经济问题的综合治理. 战略与管理, 2004(3): 35 - 47;王爱华, 程恩富. 中国"一胎化"生育政策的成本-效益测度. 重庆社会科学, 2008(7): 50 - 57。

[4] 目前,各地区的要求一般是农村按照每 300 户左右、城镇居委会每 500 户左右配置一名专职计划生育干部。

政策的主要支持力量①。另一方面，人口政策也事关千家万户的重大利益。生育是人的一项基本权利，许多家庭有着拥有多个孩子的渴望。特别是对农村家庭，在社会保障不健全的情况下孩子是未来的保障基础。然而，在政策辩论中，这个数量最为庞大、关联性也极大的利益相关群体却悄无声息，成为"沉默的大多数"。

和前面北京交通拥堵问题类似，两种观点争执不下的另一个重要原因就是论据冲突，而且是核心论据冲突。例如，目前全国的总和生育率②到底是多少？因为这是预测未来人口发展趋势和结构的关键。按照官方提供的数据，也是主张维持当前人口政策一方所认可的，近年中国大陆的总和生育率稳定在1.8左右③，但是另一方认为这个数字被大大夸大，实际数据不超过1.5④。双方都选择性地采纳事实来支持自己的论据，结果令决策者难以判断。

在上述两个案例中，决策者都面对这样的困境：他们想倾听各方面、各利益群体的呼声，但由于多数群体没有组织化的渠道表达，使得决策者不知从何渠道倾听，也不知谁能代表某一群体；他们想听取多方信息、获得支持决策的论据，然而众说纷纭，论据冲突中夹杂着利益冲突，但又缺乏利益博弈和证据博弈的有效平台；由于缺乏利益协调机制，各方均指望政策制定者来做出决定，做出有利于己的利益分配；政策制定后，又都面临"下有对策"的可能困扰。科学、民主、公平的政策制定，在利益冲突的

---

① 丁学良．利益集团绑架国家政策．FT 中文网, http://www.ftchinese.com/story/001022530, 2008-10-17．

② 总和生育率(total fertility rate, TFR)是指在当前生育水平下妇女一生平均可能生育的孩子个数，它用当前各年龄组的妇女在一年内的生育率加总得到，是衡量生育水平的最常用指标之一，参见: http://en.wikipedia.org/wiki/Total_Fertility_Rate．

③ 例如: 国家人口发展战略研究课题组．国家人口发展战略研究报告, 2007．尽管实际统计数字远低于1.8，但持该观点的一方认为统计中有严重漏报．

④ 例如: 黄华斌．探查1.8的总和生育率证据．光明网, http://guancha.gmw.cn/show.aspx?id=4470, 2007-4-13．

背景下变得异常艰难。

2.8 问题解决的两种途径

前面提到的六个挑战皆可归因于中国政策系统的体制性缺陷。例如,制度化利益表达、博弈和协调机制的缺失都和人民代表大会制度尚不健全有密切关联;利益汇集、表达和政策论证处于较低的组织化水平以及政策辩论中的科学化程度欠缺,很大程度上是由于中国缺乏公开开展政策讨论的空间和平台,非政府组织的设立和发展受到严格限制;"上有政策、下有对策"的盛行,则是中国长久以来自上而下的政策制定传统和政策取向的产物。

由此不难得出,应对这些挑战的根本途径是深化政治体制改革,特别是政策制定体制的改革,使问题得到根本性解决。比如,大力发展社会主义民主,使各级人大真正成为公民参政、议政、督政的基础性平台,并建立多元化、制度化的利益表达、博弈和协调机制;加强社会组织建设,培育公民社会,改变政府大包大揽的局面;加强政策支持和分析,加快独立智库的发展;改变决策过于集中的体制,赋予地方和基层更多的自主权,等等。

近些年,中国学者在上述领域开展了不少探索性的研究,这些研究基本可以归为三类:对中国现存问题的理论剖析或实证分析,关于中外对比的比较性研究,关于问题解决的规范性研究(理想模式)或对策性研究。其中有不少真知灼见,这里不再一一列举。但是很少有人遵循另外一条路径,也就是,基于目前的体制和环境,如何来缓解问题。

体制是"慢变量"。人民代表大会制度的改革和完善需要相当长的时期,制度化的利益表达、沟通与协调机制也非短期内能系统地建立。然而,政策制定的这些挑战时时需要面对,不能等待体制完善后再处理这些问题。怎么办?理智的回答是,有必要在现有的体制基础上,通过问题解决的技术层面的创新来"缓解"问题。在这种情况下,精心设计的适合国情的政策研究方法大有作为。这就是本书的主旨,即通过政策研究方法的创新,部分地承担本应由体制改革担负的使命。利益博弈政策实验方法就是在这一背景下提出来的。

第三章
政策实验方法的思想及理论基础

本章系统地介绍讨论式博弈、综合集成的技术支持、共赢理论与共赢方法等这些政策实验方法的核心思想及理论基础,并探讨政策实验的开放性、有效性和适用性问题,以及政策实验室的组织体制。

3.1 政策实验方法的基本思路

"政策实验"在不同的场合可能有着不同的涵义,如社会实验、行为实验、实地实验和系统动力学实验等①。本书的"政策实验方法"特指"利益博弈政策实验方法"。无论是在方法的使用目的方面,还是实验的总体安排和技术特征方面,它都与其他可用于政策研究的实验方法有着本质不同。

---

① 社会实验是指在现实政策空间中开展的随机对比政策实验,常用于政策评估;行为实验是指通过观察人们的对某一政策行为反应,获得有关政策成效的信息,它类似于实验经济学的实验;实地实验就是常说的政策试点;系统动力学实验是指通过建立系统动力学模型及计算机仿真来模拟政策后果。各种政策实验方法的比较详见第八章,简要的比较参见:黄洁萍,李亚.综合集成技术支持下的模拟利益博弈:一种新的政策实验方法.云南行政学院学报,2008(5):90-94。

利益博弈政策实验方法：理论与应用
Experimental Policy Research Methodology for Interest Analysis: Theory and Application

这里提出的"政策实验方法"，如果更完整更确切地表达其特征，其实是一种"基于利益博弈和综合集成支持的公共政策实验方法"（interest-gaming based and meta-synthesis supported Experimental Policy Research Methodology, EPRM）。在本书中，除非用于方法比较或有其他特殊说明，"公共政策实验方法"或"政策实验方法"均为此意。此外，"公共政策实验"或"政策实验"则指"利益博弈政策实验"，"公共政策实验室"或"政策实验室"则专指"利益博弈政策实验室"。

政策实验方法，是面向利益分析和协调的政策研究方法[①]。其基本思路是：

（1）为了研究某一政策问题，政策研究者构建一个模拟的民主平台，即政策实验室。在政策研究者引导下，相关利益群体的参加者在该平台上开展政策制定与执行的模拟实验。

（2）政策制定与执行模拟实验的主要内容是，相关利益群体的参加者（称为"利益博弈局中人"，简称"局中人"）在这个模拟的民主平台上以讨论式博弈的方式开展利益表达和博弈，然后在此基础上，在政策研究者的引导下，协商寻求可能的共赢政策方案。

（3）政策研究者为局中人配备专业团队以提供技术支持，包括帮助他们审视形势，分析利益，明确观点，检验或强化论据，制定利益表达、博

---

① 关于政策实验方法的系统论述，参见：李亚，李习彬. 公共政策实验室：21 世纪的综合政策分析环境. 中国行政管理，2004(5)：70-75；Li, Y. (李亚) & Li, X. Public Policy Laboratory: Concept, Methodology and Its Significance. Proceedings of the 2nd Sino-US International Conference "Public Administration in the Changing World" (Holzer, M. et al eds.). Joint published by New York: United Nations Public Administration Network & Washington, D. C.: America Society for Public Administration, 2004：261-269；Li, Y. (李亚). Exploring Public Policy Issues in Laboratory: A Seminar Gaming Based and Meta-synthesis Supported Experimental Policy Research Methodology. 2006 APPAM Fall Conference, http://www.appam.org/conferences/fall/madison2006/sessions/downloads/41431.doc, 2006；Li, Y. (李亚). Experimental Policy Research Methodology: Exploring China's Policy Issues Adversarially in Laboratory. Systems Research and Behavioral Science, 2010, 27(2)：224-239.

弈和协商的策略,从而使得政策辩论和协商更加专业、更有深度。

（4）每个专业团队都由政策分析师、相关领域专家和技术支持人员等三类人员组成,他们各有所长又密切合作,分别利用其政策分析和冲突解决能力、特定领域的专业知识和分析能力、数据和模型等定量分析能力,为局中人提供专业的技术支撑,这样的支持称为综合集成的技术支持。

（5）针对建议的共赢政策方案,开展政策执行模拟,通过模拟非理想化的政策执行环境,尤其是模拟政策执行机构和目标群体的博弈行为,以期发现政策执行中可能出现的问题,对政策建议加以完善。

（6）整个实验过程和结果对外部开放,及时获取现实世界的反馈,不断从外界汲取相关利益群体的观点、建议和社会智慧。

（7）政策研究者将实验的主要发现提供给政策制定者,从而使其对政策制定中的利益冲突及可能的利益协调之道获得更深刻的认识。

政策实验方法能够应对中国政策制定中的现实挑战。针对上一章所述的几个挑战,政策实验方法提出了相应的对策,如表3-1。

表3-1 中国政策制定的挑战与政策实验方法的应对思路

政策制定的挑战	政策实验方法的应对思路	政策实验发挥的作用
利益分化和利益冲突加剧	在实验前开展利益相关者分析,从各利益群体中邀请局中人参与政策实验,政策实验围绕利益冲突和协调开展	正视而不是回避利益冲突,实验后,政策研究者和政策制定者对政策制定中的利益冲突及可能的利益协调之道会有更深刻的认识
利益表达与博弈机制的非制度化及失衡	局中人在专业团队的综合集成支持下平等地进行利益表达和博弈	在实验室中,弱势群体利益表达和博弈的机会得到保障,专业团队的技术支持可以有效地提升弱势群体的参与能力,从而增进公共参与的公平性

（续表）

政策制定的挑战	政策实验方法的应对思路	政策实验发挥的作用
利益协调机制的缺位	局中人在实验组织者的引导和专业团队的技术支持下,在利益表达和博弈的基础上,探询可能的利益协调之道	促进各方对政策问题达成共识,并创造性地构建共赢方案
利益汇集和政策论证的低组织化	通过实验室的开放机制,局中人在实验室中集中反映各群体的利益,并得到专业团队多层次的技术支持	政策实验提供了利益汇集的渠道,分散的利益诉求汇集到政策实验室中进行集中的利益表达和博弈,利益群体低组织化的缺陷得到有效弥补
政策分析能力的严重不足	局中人通过讨论式博弈的方式进行利益博弈和证据检验,专业团队运用数据、知识及政策分析智慧,提供综合集成的支持	对抗的博弈方式,加上综合集成技术支持,有利于检验、甄别或澄清各方观点和论据,各方意见被有效地分析、提炼和整合
"上有政策、下有对策"问题	模拟非理想的政策执行环境,对建议的政策方案开展政策执行模拟,探求政策执行机构和目标群体的可能反应	通过政策执行实验,发现建议政策方案的缺陷或漏洞,进一步完善方案

3.2 政策实验中的角色

政策实验的组织和实施直接或间接地涉及多种角色,除了后勤辅助人员外,主要包括六种角色。

（1）委托人（sponsors）。委托人一般是政策问题的拥有者和实验结果的利用者,可能是政策制定者,或是决策系统中的组织或成员,也可能是对某一政策议题感兴趣的政策研究者。委托人还是政策实验的观察者。他们可以列席或观摩实验,作为政策实验的直接观察者,也可以通过阅读政策实验报告,作为实验的间接观察者。政策实验结果主要由委托人所使用,实验的经费一般也需要由委托人提供。

(2)政策研究者(EPRM researchers)。政策研究者是指运用政策实验方法开展政策研究的方法运用者(methodology users)。政策研究者可以是个人,也可以是一个团队。政策研究者同时是实验的组织者,需要熟练掌握政策实验相关的理论、方法和技巧,具备引导局中人开展利益表达、博弈以及寻求共赢的能力和技巧,在政策实验中起到组织和协调作用。此外,政策研究者也是政策实验的观察者,他们要观察实验进程,依托实验开展利益分析,并形成最终的实验总结报告,提交给委托人。

(3)局中人(gaming players)。局中人是受邀在政策实验室中参加利益博弈的来自各利益群体的参加者[①],他们在政策实验中分别从相应利益群体的视角出发,表达该群体的主要观点和政策主张,维护该群体的利益。每方的局中人通常为多人,组成一个团队。局中人可以由相应利益群体通过某种民主的方式产生或正式推荐,此时他们就是所属群体的"代表",具有合法授权。如果某些利益群体缺乏组织或者难以采用民主的方式产生"代表",或者不能或不愿参与到政策实验中来,局中人也可以由政策实验组织者代为邀请。前提是所选人员的立场和思维方式在相应群体中要具备一定的典型性,能够在实验中比较充分地反映该群体的利益、立场和观点。

(4)政策分析师(policy analysts)。政策分析师和领域专家、技术支持人员一样,是局中人的专业团队中的一类成员。政策分析师的支持属于"智慧"支持,即运用其政策分析能力和技巧,辅助局中人理解问题情景、确立核心利益和主要的论点论据,开展冲突分析,为其利益表达、博弈和协调提供支持。此外,政策分析师还担负一个职责,就是协助局中人"提取"相应利益群体的观点和论据,促使局中人在政策实验中的立场和

---

① 之所以称为"参与者"而不是"代表",是因为"代表"意味着拥有相应群体的合法授权,在遴选政策实验中的局中人时,无法保证做到这一点。尽管在身份上不是"代表",但仍要求局中人在观点上具有一定的"代表性",参见下文。

看法尽量与其所代表利益群体相一致,这在局中人非民主方式产生的情况下更为重要。

(5) 领域专家(subject experts)。领域专家也是专业团队的一类成员,他们侧重于为局中人提供"知识"支持,即根据自己在某一领域的专业特长提供政策议题涉及的相关领域知识,辅助局中人进行有关问题的专业分析。由于政策问题一般涉及若干专业领域,需要相关领域的知识和分析能力,因此政策实验中需要有来自不同领域的专家共同协作。

(6) 技术支持人员(technical analysts)。技术支持人员同样是专业团队的一类成员,其主要职责是为局中人提供"数据"支持,即收集、分析、检验利益表达和博弈时涉及的相关数据,必要时借助于模型和仿真技术进行分析、预测和评估。技术支持人员需要和政策分析师及领域专家协同开展工作。与领域专家一样,技术支持人员的介入使得局中人的利益表达和博弈更为专业,同时也通过对其他方局中人的论点、论据进行检验,提高其利益表达的真实性和可信性。

关于政策实验中的角色划分,还需要做下述几点说明。

第一,以上六种角色只是一种逻辑上的划分,在实际的政策实验中,一人可以担负多种角色。比如,如果政策实验本身就是直接服务于政策研究的,组织政策实验的政策研究者同时也就是委托人。再如,专业团队中的政策分析师和技术支持人员两种角色在实践中也可以由同一人承担,因为政策分析师通常也受过专门的定量分析训练,理论上可以覆盖技术支持人员的职责。在政策实验里之所以做出逻辑区分,是为了使政策分析师更多地把精力集中在为局中人提供利益分析和冲突解决支持上。甚至,如果兼具政策分析和领域知识等多种能力,一人甚至可以同时承担政策分析师、领域专家和技术支持人员等三种角色,在简易政策实验场合或者教学模拟应用中①,也可以如此来进行角色合并。

---

① 分别参见第四章和第七章。

第二,以上提到的六种角色,由于在政策实验中的作用和职责不同,对其知识背景和能力要求也有所区别,如表 3-2 所示。特别需要注意政策研究者和政策分析师,名称接近,但在政策实验中,是非常不同的两种角色,如表 3-3。

表 3-2 政策实验的六种角色

角色名称	角色定位	职责和作用	知识和背景要求
委托人	政策问题的拥有者和实验结果的利用者	使用实验结果,为实验提供经费等资源保障	了解政策实验方法的原理和作用
政策研究者	政策实验的总设计师、组织者、协调者、观察者和评估者	负责政策实验规划与总体设计,在政策实验全过程中组织和协调,撰写实验报告	熟悉政策实验方法,有应用经验,具备政策分析、冲突解决、组织协调的能力、方法和技巧
局中人	参加利益博弈的各利益群体的参加者,利益群体在政策实验中的代言人	站在相应利益群体的立场上,"代表"该群体进行利益表达、博弈和协调	熟悉政策背景,属于相应的利益群体或愿为该利益群体代言,持该利益群体的典型观点
政策分析师	专业团队的一类成员,为局中人提供政策分析和利益分析支持,也是局中人和外部世界联系的桥梁	辅助局中人理解问题情景、确立核心利益和论点论据,为利益表达、博弈和协调提供支持	熟悉政策背景,具备政策分析、利益分析和冲突分析能力和技巧
领域专家	专业团队的一类成员,是政策实验中所涉及专业领域的"知识库"	提供政策议题涉及的相关领域的知识,辅助局中人进行有关问题的专业分析	政策分析涉及相关领域的专家
技术支持人员	专业团队的一类成员,提供数据分析和支持,是实现定性与定量相结合的关键	收集、分析、检验利益表达和博弈时涉及的相关数据,必要时借助于模型和仿真技术进行分析、预测和评估	具备定量分析的能力和技巧

表 3-3　政策实验中政策研究者和政策分析师的对比

政策研究者	政策分析师
应用政策实验方法开展政策研究的实施者	特指配备给局中人的一类擅长政策分析的专业人员,是专业团队的成员
熟悉政策实验方法,具备冲突解决能力,具备组织和协调能力	熟悉政策背景,具备政策分析、利益分析和冲突分析能力和技巧
运用政策实验方法,对政策实验的全局进行掌控、组织和协调	配备给局中人,帮助其开展利益分析,属于"局部支持"

第三,关于政策实验室和政策实验各角色的关系。政策实验室是开展政策实验的相对稳定的平台,可以依托一个机构(特别是中立的政策分析机构)经常性地开展政策实验。在政策实验室中,政策研究者、政策分析师、技术支持人员可以相对稳定,在不同的政策实验中发挥作用。局中人和相关知识领域专家的选取由于和政策议题情景密切相关,具有临时性,一般根据具体的政策实验需要从实验室外部选择或聘请。

第四,关于相关角色的价值取向。政策研究者必须中立,在实验控制、引导和协调进过程中,一定要不偏不倚。相反,配备给局中人的专业团队成员,包括政策分析师、领域专家、技术支持人员,并不一定价值中立。专业团队成员与所辅助的局中人观点一致或近似,从而发自内心地为相应利益群体提供支持,对政策实验的开展反而是一个积极因素。

3.3　实验室中的讨论式博弈

以讨论式博弈的形式来进行对抗式的(adversarial)利益分析,是政策实验方法的一个基本特色,本节介绍讨论式博弈的来源、特点和在政策实验方法中的作用。

一、从作战模拟到讨论式作战模拟

这里的讨论式博弈,与军事上的作战模拟以及由此衍生出的政治-军事对抗模拟、讨论式对抗模拟密切关联。

首先看作战模拟(war gaming)。作战模拟源于19世纪早期产生的普鲁士军棋游戏(kriegspiel)。1820年代,军棋游戏成为普鲁士军官训练和检验作战计划的手段①,后来演变为作战模拟。作战模拟一般是指,指挥员或/和参谋人员扮演交战双方,在特定交战规则的约束下以对抗的方式模拟作战过程,从而检验作战策略及方案的有效性,或者提高参演者的情势判断及指挥决策能力。在作战模拟过程中,对抗双方将做出的作战决策分别提交给作为模拟总控的导演方,导演方在预设规则(如概率表)或人工裁判的裁决下推演交战进程与结果,再反馈给对抗双方,作为其下一步作战决策的起点。

两个世纪以来,作战模拟发展迅速,已为世界各国普遍使用,其应用覆盖战略、战役或战术等层面,并发展到政治决策、国际关系和危机处理等领域②。此外,随着军事运筹和计算机仿真技术的发展,按照人的介入程度和实体虚拟程度的差异,作战模拟也分化成了门类复杂的庞大谱系:从完全基于数学模型和计算机的作战模拟(analytic war gaming)③,到比例模拟的沙盘推演(map exercise)④,再到嵌入真实装备和军队的分布式交互仿真(distributed interactive simulation,DIS)与实兵战场演习无缝接

---

① Military Simulation. Wikipedia. http://en.wikipedia.org/wiki/Military_simulation,2009-12-12.
② Saunders,D. & Severn,J. (eds.). Simulation Gaming for Strategy and Policy Making, The International Simulation and Gaming Research Yearbook (Vol. 7). London:Kogan Page,1999.
③ 完全基于数学模型和计算机的仿真,例如兰德公司开发的联合一体化应急作战模型(joint integrated contingency model, JICM),可用来仿真包括战略机动、联合作战的全球性战争或冲突,在空中和地面等多个战场进行的地区性常规战争、海战以及有限的核生化战争,其应用参见:Shlapak, D. A., Orletsky, D. T. & Wilson, B. A. Dire Strait? Military Aspects of the China-Taiwan Confrontation and Options for U. S. Policy. RAND Report (MR-1217-SRF/AF),2000.
④ 即传统形式的作战模拟,通过在沙盘上标图的形式进行推演。

合的综合战争演练场(synthetic theatre of war,STOW)①。

与讨论式博弈密切相关的,是1950年代兰德公司开发的用于研究国家战略问题和国际关系的政治-军事对抗模拟(political military gaming)②。在政治-军事对抗模拟中,代表各个指定国家政府领导人的局中人小组(包括政治、外交、军事、经济、情报等各方面的人员)一起讨论危机态势,分别确定各个国家的利益和目标,考虑各种政策选择,代表其政府做出决策。与仅侧重军事的作战模拟不同,政治-军事对抗模拟特别强调对抗态势的政治、经济、心理和社会的各个方面,强调针对想定态势做出反应的协作决策过程③。

1980年代,约翰·霍普金斯大学应用物理实验室(Applied Physics Laboratory,APL)的作战分析实验室(Warfare Analysis Laboratory,WAL),在政治-军事对抗模拟的基础上发展形成了较为规范的讨论式对抗模拟方法(seminar gaming或seminar wargaming)④。此后讨论式对抗模拟方法又被兰德公司进一步发展,用于其他领域的政策分析,如科学政策制

---

① DIS是指实际装备或指挥员命令联入仿真系统,可以和人工生成的模拟单元交互,在广域战场空间内进行作战模拟,而STOW是指DIS系统和视景仿真(visual simulation)无缝结合的模拟战场环境,一般用于训练。参见:U. S. Congress, Office of Technology Assessment. Distributed Interactive Simulation of Combat, OTA Background Paper (OTA-BP-ISS-151). Washington, D. C. : U. S. Government Printing Office, 1995.

② 实际上第二次世界大战中,德国和日本已经使用了这种模拟方式,但作为一种方法是在1954年被兰德公司的Herbert Goldhamer正式提出,参见:Goldhamer, H & Speier, H. Some Observations on Political Gaming. World Politics, 1959, 12(1): 71 – 83; Jones, W. M. On the Adapting of Political-military Games for Various Purposes. RAND Report (N-2413-AF/A), 1986.

③ 胡晓峰 等. 战争模拟引论. 北京:国防大学出版社, 2004;徐学文、王寿云. 现代作战模拟. 北京:科学出版社, 2001: 25 – 27.

④ APL WAL首先将讨论式对抗模拟用于作战分析,参见:Pace, D. K. & Gingras, R. E. A Retrospective on Warfare Analysis at APL. Johns Hopkins APL Technical Digest, 2000, 21(2): 192 – 202; Gingras, R. E. APL's Warfare Analysis Laboratory: Applications and Accomplishments. Johns Hopkins APL Technical Digest, 2000, 21(2): 217 – 224.

定[1]、网络犯罪预防[2]、区域治理[3]等。在讨论式对抗模拟过程中,参加研讨的人员扮演一系列的局中人,并代表其进行决策,对抗的双方陈述为什么采取某项行动以及预计会产生什么结果,决策的后果由参加者通过讨论来判定,并使用模型和数据库来支持结果分析[4]。这种讨论式对抗模拟,为参与者提供了更好的研究与分析问题的论坛:通过讨论来形成设想,通过讨论来解决问题,把各个方面的专家知识和观点结合起来,利用参加者之间的合作效应来促进新见解的产生[5]。

传统的对抗模拟采用的是封闭式的对抗,局中人就像敌对的双方一样,在对抗模拟过程中相互间只共享有限的信息,一方只能通过导演知道另一方决策的结果,而不知对方是如何分析决策、做出判断的。讨论式对抗模拟在信息方面是彼此开放的,通过研讨,每一方都可以完整地获取博弈信息,能够分享其他参与方关于局势的分析和思考,因此在问题分析和情景理解方面独具优势[6]。

二、政策实验方法中的讨论式博弈

作为政策实验方法理论支柱之一的讨论式博弈,受讨论式对抗模拟启发。一方面,讨论式对抗手段有利于发现并暴露冲突,在相互盘诘中,无论是利益冲突的各方,还是作为观察者的政策研究者或政策制定者,都

---

[1] 例如:Kahan, J. P. et al. Vision of the Future of Scientific Research: Focal Points for Policy. RAND Report (MR1433.3), 2002.

[2] 例如:Botterman, M. et al. Cyber Trust and Crime Prevention: Gaining Insight from Three Different Futures. RAND Europe Report, 2004.

[3] 例如:Kahan, J. P. et al. A Seminar Game to Analyze Regional Governance Options for Portugal. RAND Report (MR-1031-RE/FLAD), 1999.

[4] 司光亚. 战略决策综合集成研讨与模拟环境研究与实现. 国防大学博士学位论文, 2000。

[5] 胡晓峰 等. 战争模拟引论. 北京:国防大学出版社, 2004。

[6] Davis, E. A. Use of Seminar Gaming to Specify and Validate Simulation Models. Proceedings of the 18th Conference on Winter Simulation (Wilson, J. R., Henriksen, J. O. & Roberts, S. D. eds.). New York: ACM, 1986: 242 - 247.

可以深化对利益格局的认识;另一方面,通过局中人的研讨以及专业团队在研讨中的智慧、知识及数据输入,能够更好地分析利益冲突、各方观点和论据,并激发新思路和新见解的产生,为利益协调提供基础。

当然,政策实验方法所使用的讨论式博弈,与一般的对抗模拟或讨论式对抗模拟也有所不同,主要体现在以下三个方面。

首先,一般的对抗模拟或讨论式对抗模拟,对抗双方的目标是清楚的(获得作战的胜利或在冲突中占据上风),某种特定的冲突格局就是对抗模拟的初始条件与前提,模拟的重点在于分析双方行动方案。而在政策实验方法的讨论式博弈中,局中人对己方利益虽有明确的感知,但不一定有清晰、准确地把握。讨论式博弈本身就是一个学习过程,是利益分析过程,政策实验结束时与开始时相比,局中人对利益格局的认识可能会有明显不同。

其次,一般的对抗模拟或讨论式对抗模拟中,冲突通常为零和博弈[①],一方的胜利即意味着另一方的失败。而政策实验方法的讨论式博弈是为利益协调做准备的,政策实验的最高目标为各方的利益共赢。

最后,普通的讨论式对抗模拟,强调的是各方局中人的集体讨论,如果需要进一步的分析,一般是依靠模型或计算机来辅助分析,然后反馈到局中人的讨论中来。政策实验方法的讨论式博弈,除了局中人的讨论外,还有专业团队的嵌入式支持。例如,如果需要论据收集或澄清,局中人可以委托专业团队进行,然后直接使用其分析结果。

---

① 这是一般而言的,在国际关系对抗模拟中,局中人也可能争取共赢。

3.4 综合集成支持

一、系统学中综合集成方法

综合集成的技术支持,是政策实验方法的另一大特色,其思想和方法源于钱学森等倡导的综合集成方法。

综合集成方法是针对开放复杂巨系统的问题解决提出来的。所谓开放复杂巨系统,按照钱学森等的界定,是指"子系统种类很多并有层次结构,它们之间关联关系又很复杂,……这个系统又是开放的"[1]。社会问题基本都属开放复杂巨系统问题[2],对于此类问题,应对简单系统或简单巨系统的方法,如模型分析、决策支持系统等,都是不够的。定性定量相结合的综合集成方法,才是处理开放复杂巨系统问题的有效方法。

按照钱学森等的论述,综合集成方法就是指:"通常是科学理论、经验知识和专家判断力相结合,提出经验性假设(判断或设想);而这些经验性假设不能通过严谨的科学方式加以证明,往往是定性的认识,但可用经验性数据和资料以及几十、几百、上千个参数的模型对其确定性进行监测,而这些模型也必须建立在经验和对系统的实际理解上,经过定量计算,通过反复对比,最后形成结论;而这样的结论就是我们在现阶段认识客观事物所能达到的最佳结论,是从定性上升到定量的认识。"[3]概括地

---

[1] 钱学森,于景元,戴汝为. 一个科学新领域——开放复杂巨系统及其方法论. 自然杂志,1990(1):3-10.
[2] 开放复杂巨系统不限于社会系统,钱学森等的理论,是在对社会系统、人体系统、地理系统和军事系统这四个开放复杂巨系统研究实践基础上提炼、概括和抽象出来的。参见:于景元,涂元季. 从定性到定量的综合集成方法——案例研究. 系统工程理论与实践,2002,22(5):8-11;顾基发,唐锡晋. 综合集成方法的理论及应用. 系统辩证学学报,2005,13(4):1-7.
[3] 钱学森,于景元,戴汝为. 一个科学新领域——开放复杂巨系统及其方法论. 自然杂志,1990(1):3-10.

说,综合集成方法的实质是:"将专家群体(各种有关的专家)、各种数据与信息及计算机技术有机地结合起来,把各种学科的科学理论和人的经验知识结合起来",强调多学科的知识综合,以发挥"整体优势和综合优势",解决复杂的系统问题①。

从综合集成方法产生的背景看,它是对1990年代以前盛行的"硬"问题解决模式的一种修正②。"硬"问题解决模式过分强调数学模型、数据和计算机支持(包括人工智能和决策支持系统)在问题解决中的作用和能力,不断地把复杂问题简单化、模型化、数字化,而综合集成方法强调了专家知识和经验的不可替代的作用,强调问题解决中人、机的合理分工,以综合的问题解决能力来应对开放复杂巨系统问题③。

二、政策实验方法中的综合集成支持

政策实验方法将综合集成思想引入到政策分析中。领域专家运用其在相关领域的知识和经验为政策实验提供专业分析,技术支持人员则运用数据、模型等技术提供政策实验中所需的定量分析,从而使局中人更好地分析政策问题,特别是更好地开展论据准备和质证。与系统学中的综合集成不同的是,考虑到政策制定中利益分析的需要,政策实验方法对综合集成方法里笼统的"专家"做了进一步区分,分为"领域专家"和"政策分析师"。前者利用其专业知识提供支持,而后者运用其利益分析和冲突解决能力和技巧,帮助局中人认识问题情景、思考其核心利益、设计利益博弈和协调的策略。

---

① 李亚. 人-机决策系统研究及其在综合集成研讨厅中的应用. 国防科技大学博士学位论文, 1999: 49-50; 顾基发, 王浣尘, 唐锡晋 等. 综合集成方法体系与系统学研究. 北京: 科学出版社, 2007: 2-19.

② 综合集成方法在某些方面仍有过"硬"之嫌,进一步的分析参见第九章。

③ 王寿云. 国防系统分析的综合集成——挑战、机遇、对策. 复杂巨系统理论·方法·应用. 北京: 科学技术文献出版社, 1994: 33-41.

政策分析师、相关领域专家和技术支持人员组成专业团队,共同为局中人提供支持,这种支持体现了定性、定量的集成,智慧、知识和数据的集成,比单纯的"数据"支持或者"知识"支持或者"智慧"支持更加有效,这也是政策实验方法冠之于"综合集成支持"的缘由。

特别需要注意的是,这里的"综合集成支持"是服务于局中人的利益表达、博弈与协调的,而不是像综合集成方法所宣扬的那样,"综合集成"就是复杂问题解决的全部①。因为"相比于大众来说,在价值知识方面,专家并没有任何优势。价值问题并不像事实问题那样,在大多数情况下有真伪对错的标准,而更多的是个体的偏好或取向问题。但这种偏好在认识过程中却有着极其重要的功能。"②这就意味着,专业资源和能力主要用于事实判断,而价值判断和利益权衡,则留给"代表"利益相关者的局中人。专业团队中的政策分析师,尽管可以辅助局中人开展利益分析,但不能越俎代庖,代替其做出价值判断。

剥离专家的价值判断功能,理论上说可有多种方式。比如,有学者主张"保障专家地位的客观中立,向博弈者提供其所了解的所有必要的专业知识,而不能存有明显的主观倾向","专家应保持价值中立的基本态度,这是专家介入公共政策过程的根本依据,也是专家理性作为合法化路径的根本要求。"③这实际上是希望"专家"起到中立的专业证人的作用。政策实验方法显然采取了另外一条途径:将专业团队配给局中人,为其提供专属的支持,完全不排斥专业人士的价值倾向(当然只能倾向其所服务的局中人)。政策实验方法的设计思路是,顺其自然地利用专业人士可能的价值倾向,比要求其努力保持中立来得更为容易,这样的条件在现实中也

---

① 对综合集成方法的进一步分析,以及政策实验方法对综合集成方法的扩展,参见第九章。
② 王锡锌,章永乐. 专家、大众与知识的运用——行政规则制定过程的一个分析框架. 中国社会科学,2003(3):113-127.
③ 王锡锌. 公众参与和中国新公共运动的兴起. 北京:中国法制出版社,2008:19,29.

更容易满足。

专业团队支持下的利益表达与博弈就是一种讨论式博弈。因为政策问题一般都极为复杂,没有专业支持的对抗博弈很容易流于形式,最终争执不下、不了了之。在讨论式博弈中,专业团队加入到局中人的利益表达和博弈过程中,局中人遇到需要澄清或者检验的技术问题即可提交专业团队,专业团队的各类专业人员集体协作,以综合集成的方式来研讨解决,再把结果反馈给局中人。由此,讨论式博弈和综合集成的技术支持两者得以结合,使具有不同利益倾向、不同问题解决能力的各类参与者相互交流、沟通、切磋,使利益博弈和对抗博弈更深入透彻,更具活力和创造性。

在现实中,有效的政策制定也常常需要类似的专业支持,尽管不用"综合集成"这样的术语。比如美国国会,立法者在政策辩论时离不开庞大、多层次的专业支持团队。参众两院的议员,都有庞大的个人助理队伍①。其中最重要的是立法助理,立法助理一般是某领域的政策专家,其职责就是协助议员进行政策分析,使议员深入理解立法背景和法案条文,提高立法的质量和效率。国会两院的各个常设委员会也设有专业型幕僚,在讨论法案时为委员会成员们提供分析和支持。如果议员需要更深入的背景材料和分析资料,可以向国会研究服务处(Congressional Research Services, CRS)索取分析报告或简报②。提供类似技术支持的国会机构还有国会预算办公室(Congressional Budget Office, CBO)和政府问责

---

① 1990年代,每个参议员平均配备有44位助理,众议员平均17位助理,由国会支付工资。美国国会助理与幕僚体系,参见:孙哲. 左右未来——美国国会的制度创新和决策行为. 上海:复旦大学出版社, 2001: 309-340。

② CRS对议员的支持是多种形式的,还包括为议员及其助理提供电话咨询,向议员或助理提供事先准备好的信息包,等等。1990年代初,每年CRS要处理超过60万个支持请求。参见:Joint Committee on the Organization of Congress. Organization of the Congress, 1993. http://www.rules.house.gov/archives/jcoc2.htm, 2010-1-15。

局(Government Accountability Office，GAO)①。CBO 主要为国会提供详细的经济数据和预算分析,GAO 则是国会的审计、评估和调查机构②。国会图书馆则是议员的另一个专业知识来源,它所拥有的大量文献、资料、数据是议员立法工作的宝贵资源中心。除此之外,外部的思想库和游说者也发挥着重要的作用,他们或者做中立的分析,或者为某一方面的社会思潮或利益群体做代言,思想库中的专家以及游说者对政策问题往往有非常深刻的认识,而且拥有翔实的论据,议员们往往依靠这样的支持,从他们那里获得立法思路。

由此可见,这个庞大的、多层次的支持体系,能够有效地为立法活动提供政策分析、专业知识和数据,完全可以视为定性定量相结合的综合集成的支持,参见图 3-1③。

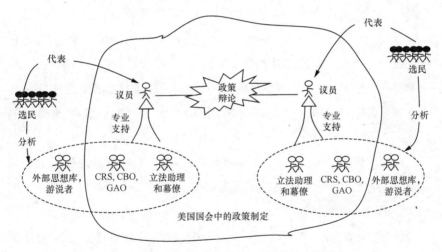

图 3-1 美国国会政策制定中综合集成的技术支持体系

---

① 成立于 1972 年的技术评价局也是国会的辅助机构,其职能是研究和评估一项技术可能产生的利弊以及其他国会需要的信息,但迄今没有发挥太大的作用,参见:李道揆. 美国政府和美国政治. 北京:商务印书馆,1999:361。

② 先前称为美国审计总署(General Accounting Office，GAO),2004 年改为现名。

③ 将图 3-1 与图 1-1 对比,就可以清楚地看到这种支持体系的类似之处。

3.5 共赢理论与共赢方法

政策实验方法的终极目的是探索实现各方利益协调和共赢的途径。本节首先介绍什么是共赢,然后探讨实现利益协调与共赢的机制。

一、什么是共赢

"共赢",即问题情景中的相关各方不仅在问题解决中各自得到好处,而且不以牺牲外部群体或环境的利益为代价,通常情况下还会带来正面的外部利益[①]。本书采用"共赢"而非"双赢",是为了突出"共赢"是"双赢"概念的深化与扩展。这和日常生活中我们常常将两词等同有所区别[②]。共赢强调在冲突各方获利的同时,不以牺牲第三者(包括个体,组织,环境)利益为代价,而且往往同时会使"第三方也从中获益",具有正义性和持续性。除此之外,共赢还通常需要符合以下三个标准[③]:

第一,获益标准。每方底线的合法利益或关切得到保证,达成共赢解决方案对每一方的好处(长远看来)都超过无法达成协议所能获得的好处。

第二,效率标准。解决方案是有效率的,即在共赢方案之外很难找到其他方案,能在不损害其他方利益的情况下提高某一方利益。这也是我们常说的帕累托最优。

第三,均衡标准。共赢关注利益分配、特别是利益增益分配的均衡

---

① 参见:李习彬,李亚. 政府管理创新与系统思维. 北京:北京大学出版社,2002:276-289。

② 日常生活中,一般对"共赢"与"双赢"不加区分,两个概念基本上同义、混用,英文都用"win-win",双赢也不限于双方。在本书中,"共赢"采用"all-win"的英译,以与"双赢"相区别。

③ 这里是参照公平分配的三个标准,无妒忌(envy-freeness)、平等(equitability)、效率(efficiency),并加以改造。公平分配的三个标准参见:Brams, S. J. & Taylor, A. D. The Win-Win Solution: Guaranteeing Fair Shares to Everyone. New York: W. W. Norton, 1999:12-14。

性,各方获益对于各自的总体效用而言是大体相当的。也就是说,各方在利益格局中的满意程度接近。这是共赢超越帕累托最优的地方[①]。因此,以公共资源或他人资源,仅使部分人受益,即使他人利益无损的帕累托最优公共政策,也未必是本书意义的共赢政策。这就是说,共赢以帕累托最优为底线,通常要超越帕累托最优,实现更为均衡、因而更为公平的利益分配。

二、共赢理论

共赢是一种理想的利益分配模式,人们自然会问:实现共赢的可能性到底有多大,特别在冲突尖锐的场合下,共赢是不是只是一种可想而不可求的理想状态? 共赢的基础是什么,为什么大家会主动选择共赢模式? 共赢的条件又是什么,何时才更有可能实现共赢?

在面对冲突时,人们大致有三种解决途径:运用"权力"来使用强迫手段、以"权利"为依据进行诉讼或付诸表决以及基于各自的"利益"来协商共赢。与前两种途径相比,基于"利益"协商共赢容易使当事方获得更高的满意度,更好地维持关系,并有利于降低冲突解决成本,减少冲突复发的几率[②]。

共赢理论的分析和无数社会实践表明,达成共赢的实际潜力,往往比人们直觉所认识的要高很多。即使是在对抗性很强的场合下,如劳资谈判、国际冲突中,共赢的实现也有很大的可能。我们看一个案例[③]:在劳资冲突中,劳方要求次年加薪10%,而资方只能承受加薪4%,双方僵持

---

① 帕累托最优是指一种资源(利益)重新配置的方式,它能使至少一方受益而同时又不使其他方蒙受损失。然而这对共赢还很不够。例如,房地产开发商在商业地产项目中获得极大超额暴利,而拆迁户只获得的补偿只大体相当于原来的房产价值,虽然一方获益,另一方也没有受损,但由于获益程度相差悬殊,这种分配格局不能说是均衡的。

② Ury, W. L., Brett, J. M. & Goldberg, S. B. Getting Disputes Resolved: Designing Systems to Cut the Costs of Conflict. San Francisco, CA: Jossey-Bass Publishing, 1989: 8-14.

③ 李亚. 一种面向利益分析的政策研究方法. 中国行政管理, 2011(4):113-118.

不下。以传统的观点,这是零和博弈,劳方所得必是资方所失,反之亦然。如果简单地妥协或折中,按中间值7%加薪,可能会使双方都难以满意。但是,如果在更广阔的视野中寻求解决方案,暂且放下加薪比例这个焦点,探索双方其他方面的关切。经双方反复协商,也许会达成这样的共识:加薪定为4%,但企业提供更好的工作环境,允许更灵活的工作时间,调整福利政策使之更适合员工需要,等等①。如此一来,劳方获得的综合效用提升很可能超越单纯的更高加薪比例,而资方受劳动力成本上升的影响也在接受幅度内,并受益于员工满意度的提升所可能带来的生产率提高,形成劳资共赢的局面。

共赢理论系统地阐述了现实世界实现共赢的坚实基础②。客观上说,首先,财富的积累、技术创新和管理创新为共赢提供了广阔的空间。通俗地讲,就是蛋糕可以做大,打开了人类社会物质财富与精神财富的低成本高效率创造之门,为实现共赢提供了空前的基础。其次,社会的发展和制度的进步也压缩了零和博弈空间。民主政治的确立和法治国家的建设开启了通过文明的方式化解社会利益冲突、逐步实现共赢的道路。再次,在国际层面,随着国际关系准则的确立,跨国的区域性组织和世界性组织的出现,为在更大范围实现共赢创造了组织与制度基础,弱肉强食、赢家通吃,在国际关系处理中越来越没有市场。

主观上说,需求的多样化、多元化与动态变化,形成了人类社会中不

---

① 美国的经验研究表明,在劳工做出薪资妥协的很多谈判中,劳方都从资方那里得到替代性的补偿,包括雇佣保证、未来的薪资和福利提升、获得企业的更多信息、参与企业决策的机会等,参见:Kochan, T. A., Katz, H. C. & Mckersie, R. B. The Transformation of American Industrial Relations. New York: Basic Books, Inc., 1986: 118 - 119。

② 关于共赢理论的相关文献,参见:李亚,李习彬. 多元利益共赢方法论:和谐社会中利益协调的解决之道. 中国行政管理,2009(8):115 - 120;李习彬. 共赢组织与共赢环境建设——和谐社会建构的微观途径. 新视野,2008(4):50 - 52;李习彬. 共赢——和谐社会建设的理念基础与行为准则. 中国系统工程学会第15届学术年会论文集(陈光亚 主编). 香港:上海系统科学出版社(香港). 2008: 52 - 56;李习彬,李亚. 共赢思维:当代领导思维新模式. 中国行政管理,2001(8):9 - 12。

同阶层、不同群体乃至不同个体需求内容及其主观效用的差异,正是这些需求及其主观效用差异,使得共赢在主观上更容易为人们所接受。

正因为如此,社会生活中各取所需、各得其所、协商共赢越来越普遍。比如在司法领域,根据一项针对美国地区法院所做的统计,并综合州和地方法院的经验,美国需要律师处理的问题中,90%以上可以通过协商解决,最后诉诸法庭审判的案子低于总数的10%,最终被法庭裁断解决的比例更低①。再比如,协商共赢的理念在平息劳资争端、结束南非种族隔离、以色列和埃及的戴维营协议谈判等场合中,都发挥了非常重大的作用②。

回到政策制定情景中,不难理解,即使面对相互矛盾的利益诉求,经过努力,政策制定也同样有很大的可能达成共赢。在政策实验方法里,这是通过利益表达和博弈之后的利益协调环节实现的。

三、共赢方法

近年来,国外出现了一些用于解决和协调政策制定或公共管理中的利益冲突的理论和方法。尽管国情不同,这些相关的理论和方法在产生背景、所处领域或者问题解决目的上与政策实验方法有所区别,但仍可以为政策实验中的利益协调环节所借鉴③。

具体说来,在利益协调与共赢的程序和组织模式方面,可以借鉴协作式政策制定(collaborative policy making)、协商民主方法(deliberative de-

---

① 90%还可能是保守的数字,随着诉讼费用的逐渐升高,这个数字还会更高,参见:Patton, B. M. On Teaching Negotiation. Teaching Negotiation: Ideas and Innovations (Wheeler, M. ed.). Cambridge, MA: Program on Negotiation at Harvard Law School, 2000: 7-61.

② O'Leary, R. & Bingham, L. B. A Manager's Guide to Resolving Conflicts in Collaborative Networks. IBM Center for the Business of Government, 2007: 16.

③ 这些理论和方法在中国现实的政策制定和公共管理中也可以借鉴,但在借鉴时需要加以改进,参见:李亚,李习彬. 多元利益共赢方法论:和谐社会中利益协调的解决之道. 中国行政管理, 2009(8): 115-120.

mocracy methods)、协商式规章制定(negotiated rulemaking)等方面的研究成果；在可操作的方法和技术上，可以借鉴国外的共识建立(consensus building)、争端解决(dispute resolution)、公平分配(fair allocation)方面的方法技术，如图 3-2。

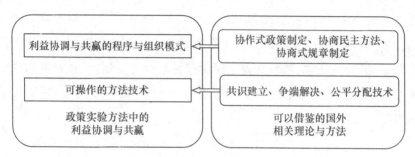

图 3-2　政策实验方法中利益协调与共赢的理论支撑

协作式政策制定是加州大学萨克拉门托分校协作政策研究中心倡导的一种政策制定方法。它注重在政策问题解决中，一个或多个公共机构通过和相关各方对话达致共识的过程，强调利益的聚合[1]。该中心提出了协作式政策制定的五阶段模型[2]，此模型包括利益综合在内的一些核心环节。

协商民主理论主张每个公民和群体都能平等地参与政策制定过程，自由地表达自己的意见并倾听别人的观点，在理性的讨论和协商中做出大家都能接受的决策。协商民主领域有公民会议、专题小组、公民陪审

---

[1]　Leach, W. D., Pelkey, N. W. & Sabatier, P. A. Stakeholder Partnerships as Collaborative Policymaking: Evaluation Criteria Applied to Watershed Management in California and Washington. Journal of Policy Analysis and Management, 2002, 21 (4): 645 – 670.

[2]　Center for Collaborative Policy. Five Stages of Collaborative Decision Making on Public Issues. http://www.csus.edu/ccp/collaborative/stages.stm, 2005-5-7.

团、共识会议、议题论坛等协商民主方法①,在设计利益协调与共赢的组织模式时可以参考。

协商式规章制定是美国行政程序法的一个重要概念,20世纪后期在美国兴起。作为对多元利益的一种回应和实践,协商式规章制定提出了相应的组织模式和程序安排,特别适合于解决规章制定中的利益冲突问题②。

在利益分配的相关方法与技术层面,一些学者研究了各种各样的协商与共赢方法③和公平分配方法,比如调整赢家法④。这些方法在个人争端、商业争端和国际争端处理上都有成功运用。对这些方法加以改造,便可以成为政策实验中利益协调与共赢环节的实用技术。

3.6 政策实验的开放性、有效性和适用性

一、政策实验的开放性

虽然政策实验在实验室内开展,但绝不意味着自成一体、闭门造车。

---

① 这些方法分别参见:何包钢. 协商民主:理论、方法和实践. 北京:中国社会科学出版社,2008:3-8;Lukensmeyer, C. J. & Torres, L. H. Public Deliberation: A Manager's Guide to Citizen Engagement. IBM Center for the Business of Government, 2006: 24-25; Williamson, A. & Fung, A. Public Deliberation: Where We Are and Where Can We Go? National Civic Review, 2004, 93(4): 3-15; Sisk, T. D. et al. Democracy at the Local Level: The International IDEA Handbook on Participation, Representation, Conflict Management, and Governance. International Institute for Democracy and Electoral Assistance (International IDEA), 2001: 161; Hudspith, R. Using a Consensus Conference to Learn about Public Participation in Policymaking in Areas of Technical Controversy. PS: Political Science and Politics, 2001, 34(2): 313-317.

② Beechinor, J. R. Negotiated Rulemaking: A Study of State Agency Use and Public Administrators' Opinions. Texas State University-San Marcos, 1998.

③ 例如:Fisher, R., Ury, W., Patton, B. Getting to Yes: Negotiating Agreement without Giving in (2nd edition). New York: Penguin Books, 1991; Raiffa, H. The Art and Science of Negotiation. Cambridge: Belknap Press, 2005.

④ Brams, S. J. & Taylor, A. D. The Win-Win Solution: Guaranteeing Fair Shares to Everyone. New York: W. W. Norton, 1999: 69-88.

无论是政策实验过程,还是政策实验室本身,都是开放的。在某种意义上,政策实验的开放性是其有效性的前提。除涉及国家安全的极少数政策问题外,政策实验过程中有关人员的选择、整个实验过程和实验结果,都应该对外界开放,充分地与外部政策环境进行人员及信息的交互。具体而言,政策实验的开放机制建立在以下几条渠道上。

首先是实验参与者选择的开放性。如前所述,局中人需要从现实世界的相关利益群体中产生,他们熟悉政策问题情景,代表着所属利益群体的典型观点。此外,部分专业团队的成员,特别是某些政策分析师和领域专家,需要根据政策议题的需要从实验室外部邀请,以更好地为政策实验提供支持。

其次,局中人必须和外部的利益群体保持密切的联系。在政策分析师的协助下,随着政策实验的开展,局中人需要不断地和其所属利益群体进行信息交换,及时将利益群体的新观点和新的意见、建议吸收到政策实验中,保证局中人在利益表达和维护方面的"代表性"。

第三,政策实验要从外界汲取社会的智慧,特别是有关观点、建议和论据。专业团队虽然可以为利益表达、博弈和协调提供综合集成的支持,但少数人的知识、能力和智慧毕竟是有限的。包括利益相关者在内的社会各界,对于政策问题往往有很多好的观点、建议和论据,虽然可能缺乏整理和组织,但确是极为宝贵的问题解决资源。因此,专业团队需要通过开放的政策实验加以收集、整理、归纳、分析,将公共参与组织化和结构化,有效地吸收到政策实验中来。

第四,政策实验的中间过程和最终结果也需要对外开放。公众应当可以看到政策实验的过程和结论,并发表评论,使得政策实验在吸收反馈意见的基础上持续改进。这样,一方面有利于保证政策实验的有效性,另一方面,能够促进公众转变观念和问题解决思路,为现实世界中的群体沟通和利益协调创造条件,从而更有利于建设性地解决冲突。

为了提高政策实验的开放度,基于互联网的政策实验是一个很好的思路。所谓基于互联网的政策实验,是将电子参与应用于政策实验,网下政策实验和网上参与相结合,为开放的政策实验提供新途径。其基本思路是:建立政策实验网上门户,它具有信息发布与交互、在线参与和研讨等功能,目的是在政策实验室与外界之间建立高效便捷、规范化的沟通渠道,从而使政策实验更充分地与外部世界相交互[①]。

政策实验网上门户与政策实验室,两者在功能和作用上是相辅相成的,共同构成了一个更完备的政策实验体系。政策实验网上门户能够发挥以下作用:公布政策实验的相关信息,提供公众电子参与渠道,支持局中人网上报名;充当政策实验全程的网上镜像,促进政策实验参与者与公众间的双向互动;吸收相关政府部门以及公众对政策实验过程和结论的评价、反馈意见等。

二、政策实验的有效性

政策实验室的模拟民主平台和现实世界中的民主体制有着重要区别。在民主体制中,通过立法机构或者某个协商机制进行利益表达、博弈和协调的参与者,或者是利益群体的代表(代议者),或者是得到其所属群体的某种形式的授权。而在政策实验中,很多时候局中人是自愿报名参加,或者是由政策实验的组织者在相关利益群体成员中主观选取的。这时,局中人既非抽样产生,也未得到相关利益群体的授权(由于利益群体的组织程度差,甚至不可能得到授权)。一个自然而生的疑问就是,这样产生的局中人能否真正代表某个利益群体进行利益表达、博弈和协调?局中人可以接受的共赢方案能否为现实世界中相应的利益群体所接受?

---

① 冯雯. 基于互联网的公共政策实验研究. 北京理工大学硕士学位论文, 2007。

这确实是个问题,但并不能从根本上损害政策实验的有效性①。只要认真地选取局中人,使局中人具有相应利益群体的典型立场和观点,具备一定的参与能力,只要专业团队中政策分析师能够发挥"提取"相应利益群体观点和论据的能力,局中人就会有一定的"代表性"。这里的"代表性"是指,局中人在政策实验中的观点和行为在其所属群体中具有"典型性",而非法律授权意义上的"代表"。但是,在政策实验中,这种"典型性"已经足够。因为,民主体制中的代议者通过博弈、协商后就由其直接做出决策,而政策实验方法则是建立在尊重目前中国的政策制定体制——政府行政部门具有决定性的权威——之上的,政策实验过程及其结果仅供政策制定者参考,最终决策仍主要由政策制定者做出。因此,现实世界中的利益群体无需认可局中人的"代表"地位。

不妨以作战模拟为类比。在作战模拟中,对抗演练的参加者可能是幕僚人员或角色扮演者,虽然这不是一场真正的战争,参加者也不一定是真正的作战指挥官,但是作战模拟仍然可以在体验战场态势、探索或检验作战方案方面发挥重要的作用。同样,政策制定者只要在政策实验中有所发现,对政策问题情景有更深入的认识,实验就达到了目的,就可以说,政策实验是有效的②。

当然,如果局中人认可的共赢方案能够为现实问题情景中的相关利益群体所认可,政策实验就会有更好的效果。一方面这要通过政策实验的开放来实现,另一方面也需要政策实验委托人在实验后做更多的工作。因为,政策实验对于实验直接参加者而言是一个学习过程,很可能是经过

---

① 关于政策实验有效性的分析,参见:Li, Y. (李亚). Experimental Policy Research Methodology: Exploring China's Policy Issues Adversarially in Laboratory. Systems Research and Behavioral Science, 2010, 27(2): 224-239.

② 此外,成本-效益分析方面,尽管举办政策实验会有一定投入,但可以使政策制定者更好地认识和把握政策情景中的利益冲突,做出更加科学、公平的决策,减少政策失误可能带来的社会成本,相对于这些效益,政策实验的投入应该是非常合算的。

复杂的博弈和协商后，局中人最终才认识到实验得出的创造性共赢方案的优越性。即使局中人能够完全代表相应的利益群体，未参加实验的公众也很难在短时间内达到同样的认识。因此，实验中如何达成共赢的认识路径也是非常重要的实验结果，政策实验的委托人或者政策制定者需要参考这一路径来"推销"共赢的政策方案，增进现实世界公众对实验结果的认同。

三、政策实验的适用性

为了尽可能地发挥政策实验方法的作用和优势，政策问题情景需要同时符合以下几个条件：一是政策情景应该有明显的利益冲突，无论是利益群体的冲突，还是地方、部门之间或中央与地方的冲突[1]；二是在现实世界中，所涉及议题尚缺乏制度化、相对完善的利益表达、沟通和协调平台，或者利益群体缺乏组织化的参与机制，否则，政策制定者和政策研究者完全可以在现实世界中分析解决问题，不必依赖政策实验室这样的模拟民主平台；三是有相对充分的资源，包括合适的人员以及必要的资金，能够支持政策实验得以开展[2]。

3.7 政策实验室的组织体制

政策实验室是开展政策实验的组织载体，是一种"软"实验室。所谓"软"实验室，就是尽管政策实验室也有必要的硬件设备（如作为分析工具的计算机和支持开放实验的网络平台），但最关键的是两个"软"要素。

---

[1] 政策实验方法其实并不限于研究解决公共政策问题，不涉及公共政策制定的观点冲突，政策实验方法也能够适用，比如在企业战略问题讨论中。在纯粹的价值冲突场合，政策实验方法原则上也可以应用，它可以促进观点的表达、相互沟通和理解。

[2] 政策实验可以采取简化程序，因此，即使是时间要求紧迫的政策制定，也可以采用简化程序开展实验，参见第四章。

第一个要素是胜任政策实验组织和实施的各类人员,包括:能较好地掌握和运用政策实验方法的政策研究者,他们能够设计、组织和协调政策实验,并撰写实验报告;具备较强分析能力的政策分析师,他们能够在政策实验中协助局中人分析和解决利益冲突;一批擅长定量分析、特别是运用数据和模型等技术开展快速分析的技术支持人员,能够在政策实验中协助局中人收集和分析论据。此外,实验室需要根据每次实验主题,临时从实验室外部遴选或聘请参与政策实验的局中人和相关领域专家,因此,政策实验室也要有一个外部专家网络,作为实验室的"专家池"。

第二个要素是基于政策实验方法的较成熟的实验组织体制以及较规范的实验程序。有了成熟、规范的实验组织体制(如图3-3)和实验程序,就能够将参与政策实验的人员高效地组织起来,按照政策实验方法的要求开展实验,并与外部世界交互。

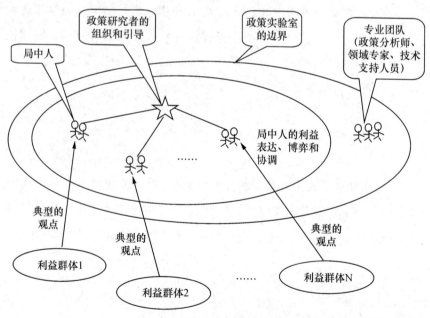

图3-3 政策实验室的组织体制

政策实验室是常设的、开放的、中立的。所谓常设,是指在实验室里,政策实验是一种常规性的业务活动,一个政策实验室需要具备相对固定的人员,能够承接符合条件的各种政策实验。开放,则如上节所述,政策实验室具有多种开放机制与外部世界相联系,进行人员、信息的交换。中立,则是指政策实验室在政策实验中无自身的利益关联,能够在利益分析和协调中保持中立。政策实验室的中立性总是以其独立性为保证的。

前面提到,政策实验方法的基本思路,就是构建一个模拟的民主平台,即政策实验室,局中人在这个平台上开展利益表达、博弈与协调实验,政策研究者通过对这一过程实施引导和观察分析,从而更有效地研究政策制定中的利益问题。

既然称为模拟的民主平台,政策实验室的组织体制与民主的政策制定体制必然有很多类似之处。比如,在理想的民主体制中,立法机构会就政策问题开展听证、辩论,进而在此基础上进行协商或妥协,而在政策实验室中,通过局中人的讨论式博弈和在政策研究者引导下的利益协调来模拟这一过程。一个好的政策制定体制,往往是有效率、组织化的代议制,立法者直接参与政策制定,其背后的利益群体一般是通过立法者间接表达其利益,在政策实验室中,局中人直接开展利益博弈,通过实验室的开放机制以及局中人专业团队中的政策分析师,利益群体得以建立和局中人的双向联系。民主政策制定体制的运作,一定要建立在科学论证的基础上,而在政策实验室中,这是通过专业团队为局中人提供综合集成的技术支持来实现的。

第四章
政策实验过程

政策实验过程是政策实验方法的核心内容,是保证方法可实际操作的关键。本章首先介绍政策实验的两种过程模型,然后逐一讨论实验前的准备、利益表达和博弈、利益协调与共赢、模拟政策执行等主要环节及其实施要点,最后探讨如何开展简易政策实验和网上政策实验。

4.1 政策实验过程:阶段模型和学习模型

对政策实验过程的描述随着研究的深入也不断发展。在方法形成的早期,笔者将政策实验过程划分为顺序进行的若干阶段,并进一步将每个阶段细化为若干子阶段。这种基于阶段划分的过程描述方式称为阶段模型。阶段模型的长处是简单直观、便于理解、容易操作,但是阶段划分很细,也有过于机械之嫌,在应对不同的问题情景时显得灵活性不足。

后来,笔者逐渐倾向采用一种更为灵活的学习模型来描述政策实验过程。学习模型将整个过程大致划分为若干环节,环节中的活动内容可以根据情况灵活掌握。该模型突出了逐步加深对利益关系认识的"学习"过程,强调通过政策实验来实现委托人、研究者、局中人的共同"学习"。

实验过程描述方式的转变,在一定程度上受到切克兰德(Peter Checkland)软系统方法论(soft systems methodology,SSM)描述方式演进的影响。切克兰德早期也采用七阶段模型来描述SSM过程[1],后来,为了避免SSM被机械地理解和使用,采取了更为灵活的双流模型和学习循环来表示[2]。

在实际运用时,政策实验过程的两种模型可以互补地使用。阶段模型为方法论导向(methodology-driven),步骤清晰,在方法运用的早期是一个很好的操作指南,而学习模型是情景导向(situation-driven),可以视为内化了的模式,更易于灵活地运用。按照切克兰德的比喻,运用某种方法就如同攀岩一般,初学者需要有步骤化的操作指南,而攀岩老手经验和技巧内化于自身,抛开这些步骤也可得心应手。下面分别介绍这两种模型。

一、政策实验过程的阶段模型

首先看阶段模型,它将政策实验过程划分为顺序进行的八个阶段,分别是:实验规划与设计;实验准备与培训;利益表达与沟通;综合集成支持下的利益博弈;方案提出与初步分析;利益协调与综合;模拟政策执行;实验评估与总结,如图4-1。

早期的八阶段划分比较粗略,后来为了更清晰地反映政策实验的组织以及综合集成支持的细节,突出政策实验方法的特色,便于政策实验中的具体操作,我们对实验阶段进行了细化,明确了每个阶段的子阶段划分,参见图4-2与表4-1。政策实验过程的八个步骤并非简单地按顺序进行,实际上,步骤3至7根据需要可能进行反复或循环。也只有如此,对

---

[1] Checkland, P. Systems Thinking, Systems Practice. Chichester: John Wiley & Sons. 1981.
[2] Checkland, P. Soft Systems Methodology: A Thirty Year Retrospective. Systems Research and Behavioral Science, 2000, 17(S1): S11–S58.

公共政策自身及其环境的认识才能不断深化。

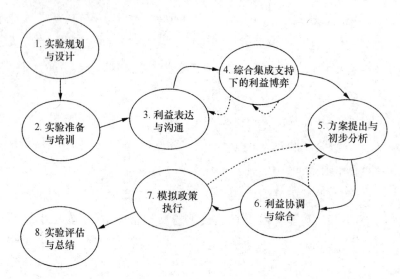

图 4-1 政策实验过程的阶段模型①

表 4-1 政策实验的八个阶段

阶段名称	主要工作内容	关键参与者	涉及的方法、技术②	作用
实验规划与设计	• 政策背景的调研与分析 • 利益相关者分析 • 实验方案设计，确定实验开展的范围、规模、程序和时间安排	政策实验委托人、政策研究者	政策实验方法、利益相关者分析方法	根据问题情景对政策实验进行总体筹划
实验准备与培训	• 选定政策实验的各类人员 • 对参加政策实验的人员进行方法培训 • 实验的后勤准备 • 实验参加者根据角色分配进行实验前准备	政策研究者、局中人、政策分析师、领域专家、技术支持人员	政策实验方法	为政策实验做好组织与资源准备

① 图中实线表示实验顺序推进方向，虚线表示必要时返回前面的阶段循环实验。
② 详见以下各节。

(续表)

阶段名称	主要工作内容	关键参与者	涉及的方法、技术	作用
利益表达与沟通	• 局中人在专业团队的支持下对利益群体的利益进行分析 • 各方局中人代表利益群体进行利益表达	局中人、政策分析师、领域专家、技术支持人员	角色扮演、图尔敏论证模型、政策分析技术	各方利益得到初步表达,局中人彼此知晓各方的观点及论据
综合集成支持下的利益博弈	• 局中人及其专业团队协作会商,就利益表达过程中各方发布的观点和论据进行分析 • 专业团队就需要进一步分析的观点或论据展开综合集成的研究 • 各方进行观点和论据的博弈 • 各方视利益博弈情景和综合集成分析结果对观点和论据进行调整	局中人、政策分析师、领域专家、技术支持人员	讨论式博弈、综合集成方法、各种论证方法、政策分析技术	通过观点和论据交锋以及综合集成研究,澄清观点和论据
方案提出与初步分析	• 在前阶段利益博弈的基础上各方以发散性的思维提出方案建议 • 各方共同对方案进行初步的可行性分析,以过滤方案	局中人、政策分析师、领域专家、技术支持人员	各种方案产生方法、政策分析技术、系统工程方法	为下一阶段的利益协调提出备选方案
利益协调与综合	• 各方展开基于利益的协商 • 在相关方案分析的基础上提出创造性的共赢建议方案	政策研究者、局中人、政策分析师	基于利益的协商方法、利益分配辅助技术	在利益协调的基础上提出共赢建议方案
模拟政策执行	• 就共赢建议方案进行模拟政策执行博弈 • 根据模拟政策执行结果对政策方案改进	政策研究者、政策分析师	角色扮演	对共赢方案的可执行情况进行检验,完善方案,减少执行漏洞
实验评估与总结	• 对政策实验的主要成果、结论、局限性进行总结 • 撰写政策实验报告 • 如有委托人,与委托人进行交流	政策实验委托人、政策研究者	政策实验方法	总结实验中的发现,向委托人反馈政策实验结果

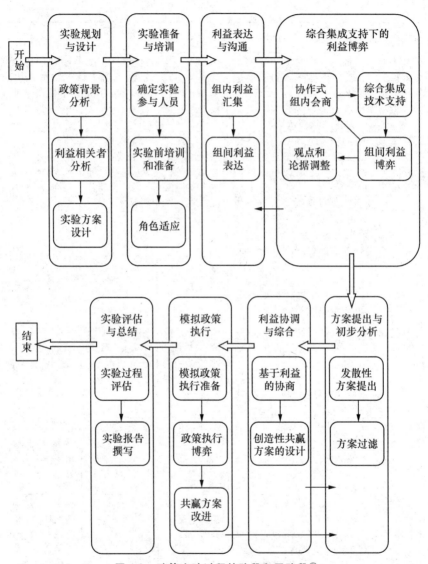

图 4-2　政策实验过程的阶段和子阶段①

---

①　"组内"指"局中人+所属专业团队"所形成的小组内部的活动,主要反映了协作、支持等关系;"组间"指不同局中人及其专业团队形成的小组之间的活动,主要是利益的冲突和证据的冲突,利益的博弈和协调关系。

二、政策实验过程的学习模型

按照学习模型,政策实验就是政策研究者以及其他政策实验参与者对问题情景所涉及的利益格局、利益冲突和协调认识不断加深的"学习"过程,如图 4-3。随着实验的开展,"学习"由表及里,由浅入深,由问题情景的分析到对问题解决之策的探讨,从而为最终的问题解决打下基础。

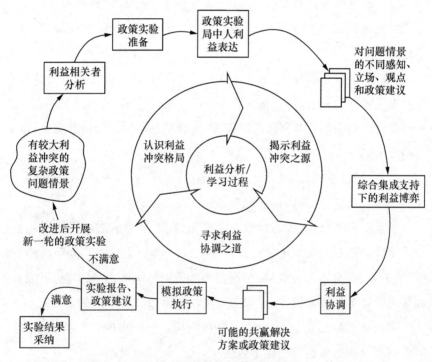

图 4-3　政策实验过程的学习模型

按照学习模型,政策实验前最为重要的技术准备工作为利益相关者分析,即政策研究者通过运用相关方法和技术,识别政策问题情景所涉及的利益相关者,这是实验开展的前提。

实验开始后,通过局中人的利益表达,把每个利益群体对问题的分析和判断在实验平台上相对结构化地展现给大家。此环节结束后,利益格局和不同的诉求已经相对清晰,从而实现第一步的学习,即"认识利益格局"。

接着,各方展开利益博弈,并就需要进一步研究的观点、逻辑或论据开展综合集成的分析,以此建设性地促进冲突的表面化,暴露分歧,检验论据,对利益冲突和证据冲突有了更清楚的认识。在此基础上,博弈的各方可以不断地调整其利益表达,修正观点和论据,从而实现利益表达和博弈从混沌到有序、从感性到理性的跃升。这是学习的第二步,即"揭示冲突之源"。

随后的利益协调环节,局中人探索在现有的利益格局下如何最大程度地满足各方的利益诉求,达成各方均能接受的协议,从而实现共赢。这是对利益协调策略或共赢路径的探索,是创造性问题解决的关键,可以视为学习的第三步,即"寻求利益协调之道"。

此外,通过模拟政策执行,还可以加深对政策执行中潜在冲突及其后果的认识和理解,这同样是一个重要的学习过程。

更重要的是,以实验的开放机制作保障,以最终的实验报告为媒介,政策实验的委托人以及场外的利益相关者、乃至社会公众也能间接地"观察"实验过程,分享实验成果,对利益的认识更加深刻,使现实世界中的问题解决路径更加明晰,在一定程度上也实现了"社会学习"的效果。

在接下来的几节里,将就阶段模型和学习模型中的若干关键环节①,分析其主要内容和运用的技术方法。

---

① 关键环节的选取并不以某个模型为唯一基准,而是结合两个模型来进行。

4.2 实验前的准备工作

一、问题情景分析和利益相关者分析

无论是委托开展的政策实验,还是由政策研究者自行决定开展的政策实验,首先都要进行问题情景分析和利益相关者分析。

这些分析的主要目的有两个:一是判断政策问题是否适用政策实验方法,在多大程度上适用;二是为政策实验做必要的准备,包括收集相关资料,进行实验规划与设计等。

如上一章关于政策实验方法适用性的讨论,政策研究者首先要判断:政策问题情景中是否有明显的利益冲突;现实世界中,是否有比较有效的利益表达、沟通和协调平台;是否有足够的资源(相关人员和资金)开展政策实验或简易政策实验。通过问题情景分析和利益相关者分析,对以上问题逐一分析判断后,才能决定政策实验是否进行,如图4-4。

利益相关者分析是政策实验开展最重要的前提之一,幸运的是,前人的相关研究已经为我们开展利益相关者分析打下了很好的理论和方法基础。

现代意义上的利益相关者(stakeholder)概念最早出现在1930年代早期的企业管理领域[1],是指"任何能够影响企业目标实现、或受企业目标实现影响的群体或个人"[2]。利益相关者分析(stakeholder analysis)则指"在对(群体和个人)属性、相互关系和利益进行分析的基础上,识别和描

---

[1] Clarkson, M. B. E. A Stakeholder Framework for Analyzing and Evaluating Corporate Social Performance. Academy of Management Review, 1995, 20(1): 92 – 117. Stakeholder 一词最早出现在1708年,指赌博中的赌金持有者,参见:贾生华,陈宏辉. 利益相关者的界定方法述评. 外国经济与管理, 2002, 24(5): 13 – 18。

[2] Freeman, R. E. Strategic Management: A Stakeholder Approach. Boston, MA: Pitman, 1984: vi.

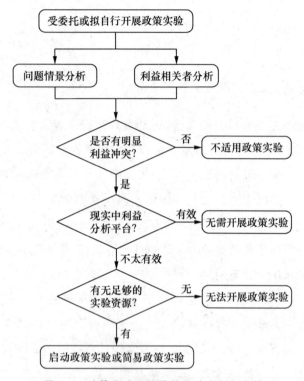

图 4-4　政策实验开始前的有关分析和决策

述与特定议题相联系的利益相关者的一系列工具(或方法)"[1]。1970年代以后,利益相关者分析的理论和方法被引进到政策分析领域[2],如今,利益相关者分析已在工商管理、国际关系、政策研究、公共参与、生态和自然资源管理等领域广泛运用[3]。

---

[1] Ramirez, R. Stakeholder Analysis and Conflict Management. Cultivating Peace: Conflict and Collaboration in Natural Resource Management (Buckles, D. ed.). Ottawa: International Development Research Center & Washington, D. C.: World Bank Institute, 1999: 101 – 126.

[2] Brugha, R. & Varvasovszky, Z. Stakeholder Analysis: A Review. Health Policy and Planning, 2000, 15(3): 239 – 246.

[3] Ramirez, R. Stakeholder Analysis and Conflict Management. Cultivating Peace: Conflict and Collaboration in Natural Resource Management (Buckles, D. ed.). Ottawa: International Development Research Center & Washington, D. C.: World Bank Institute, 1999: 101 – 126.

利益相关者的类型划分以及识别方法有许多种①,其中多数更适合企业管理等特定领域。政策实验对利益相关者分析方法持开放态度。这里在综合米切尔(Ronald K. Mitchell)等人的评分法②、苏斯凯特(Lawrence Susskind)③等人提出的冲突评估中的利益相关者分析方法以及英国国外发展援助署(Overseas Development Administration)利益相关者分析方法④的基础上,提出一种适合政策实验需求的利益相关者分析方法。

该方法将利益相关者分析分为三步。第一步,列出具备以下四项条件之一的所有可能的利益相关者:政策问题在法律或道义上涉及其权益,属于政策的目标群体或潜在目标群体,受到政策的影响(包括有利或不利的影响),能够影响政策实行的效果或具有阻碍政策执行的能力。

第二步是识别可能的利益相关者的潜在利益,并逐一列出。通过设问以下问题,有利于识别这些潜在的利益关系:可能的利益相关者对政策有什么期望？政策可能给他们带来何种好处或者冲击？他们有怎样的资源能够影响政策制定或执行？他们如何看待其他的利益相关者？

第三步是从以下五个方面判断可能的利益相关者与政策问题的关联程度:影响政策制定或执行的权力、资源和能力,受政策的影响程度,和其

---

① 付俊文,赵红. 利益相关者理论综述. 首都经济贸易大学学报,2006(2):16-21。
② 用于企业管理领域,通过三个属性上对可能的利益相关者进行评分:合法性(Legitimacy),权力(Power),紧迫性(Urgency),然后根据分值情况确定是否是企业的利益相关者,是哪一种利益相关者,参见:Mitchell, R. K., Agle, B. R. & Wood, D. J. Toward a Theory of Stakeholder Identification and Salience: Defining the Principle of Who and What Really Counts. Academy of Management Review, 1997, 22(4): 853 – 886.
③ 用于冲突评估领域,考虑四类利益相关者:涉及合法权益的,具有政治影响的,有能力阻碍达成协议的,在道义上能获得公众同情的,参见:Susskind, L. & Cruikshank, J. Breaking the Impasse. New York: Basic Books, 1987.
④ 用于发展援助领域,根据三步来确定利益相关者:制作潜在利益相关者表格,评估每个潜在利益相关者的重要性和影响力,识别利益相关者可能给项目设计和成功带来的风险,参见:Overseas Development Administration of United Kingdom. Guidance Note on How to Do Stakeholder Analysis of Aid Projects and Programmes. Social Development Department, Overseas Development Administration, 1995.

他利益相关者的关系①,群体成员的数量或规模、弱势程度或获得公众同情的程度。其中,后两个因素有利于将弱势群体纳入考虑。关联程度的衡量,可以借助于打分法来辅助进行。该步骤完成后,通常就可以明确政策问题的主要利益相关者和次级利益相关者。

利益相关者分析只是政策实验的前提,它界定了问题的边界,界定了利益群体的全集,但不意味着所有的利益相关者都要参加政策实验。在设定政策实验局中人时,通常要根据实验的主要目的有所取舍。

显然,问题情景分析和利益相关者分析界定了与政策问题相关的利益群体,直接决定着政策实验的方向和有效性,其重要性不言而喻。如有明显的遗漏,则政策实验就可能出现关键的利益相关者缺席,给政策实验的规划、设计和实施带来巨大冲击,损害政策实验的有效性。做好这两项分析决非易事。因此,政策实验最好建立在对政策问题已经开展过前期研究的基础上。这种前期研究不一定由组织政策实验的政策研究者直接完成,可以是委托人的研究、第三方的研究或学界的研究积累,只要能被政策实验的组织实施者吸收并采用,就可以起到同样的效果。即便如此,为了保证利益相关者分析的质量,还建议政策研究者做广泛的调研,并在必要时咨询相关专家。

二、实验的规划与设计

所谓实验规划与设计,就是确定实验开展的范围、规模、程序和时间安排,制定出详细的实验方案。高质量的实验规划与设计,是政策实验成功的基础,需要组织实施政策实验的政策研究者和委托人充分沟通和密

---

① 包括和其他利益相关者的竞争、合作、联盟关系,对其他利益相关者施加影响的能力,参见:Rowley, T. J. Moving Beyond Dyadic Ties: A Network Theory of Stakeholder Influences. Academy of Management Review, 1997, 22(4): 887–910; Neville, B. A. & Menguc, B. Stakeholder Multiplicity: Toward an Understanding of the Interactions between Stakeholders. Journal of Business Ethics, 2006, 66: 377–391.

切协作。实验规划和设计的内容繁杂,要考虑多方面的因素,从技术细节到后勤安排,从人员准备到资源协调,但最重要的是以下几项工作。

首先,实验范围和局中人的取舍。换句话说,就是将哪些利益群体纳入政策实验①。做出这一决策,最重要的依据是委托人的需求以及政策研究者对需求的评估。一方面,委托人有其关注的重点,某些方面的利益诉求或利益冲突,委托人可能已有相当程度的把握,很自然地会将政策实验的目的定位于探索当前所知不多的领域。委托人的关切理应得到尊重,实验范围要聚焦于委托人关注的利益群体和利益冲突。另一方面,政策研究者在开展问题情景分析和利益相关者分析之后,也许会有超出委托人原有预期的新发现,如发现遗漏了重要的利益相关者,这时政策研究者应当及时向委托人反馈,通过沟通重新定义政策实验的范围。

当然,实验范围也取决于政策实验的资源和时间约束。如果资源有限,时间较紧张,政策实验就不得不集中于问题的主要矛盾,对利益格局进行必要的裁剪,只将主要的利益群体纳入实验中。

值得注意的是,一些"次要"的利益群体被排除在政策实验之外,有可能给实验的有效性带来风险:出席政策实验的局中人在研讨或协商共赢方案时,容易牺牲场外利益群体的利益,从而造成"共赢"假象。为避免这种问题发生,政策研究者必须对此有充分的警觉。为防止这种风险发生,一种补偿性做法是,政策研究者应充当政策实验场外利益群体的"代言人",在利益表达和博弈阶段,代为宣示场外利益群体的核心利益,在利益协调阶段与综合时,维护场外利益群体的合法权益不受场内局中人侵犯。

确定实验范围的另一个内容是对政策议题进行必要的简化。政策问题是极端复杂的,往往头绪众多,关联极广。因此,必须根据可用的时间

---

① 如第二章所述,这里的利益群体是广义的,包括部门利益和地方利益。所以,政策实验的局中人可以是政府部门或者地方政府的"代表"。

和资源,适当忽略枝节,突出问题主干,对政策问题进行简化,从而控制政策实验的规模和复杂度。

实验规划与设计的第二项核心工作是实验角色设计与分配。在除了委托人和政策研究者之外的四种政策实验角色中,政策分析师、技术支持人员的角色设计相对简单,他们是政策实验室的固定人员,是相对稳定的专业力量,同一批人可以在不同的政策实验发挥作用。

关键是局中人和领域专家角色的设计与分配。每一组局中人对应一个主要的利益群体。实验中设有几组局中人,取决于实验范围如何界定。为了更好地集思广益,利用群体智慧,每组局中人以三至六人为宜。在很多情况下,利益群体也不是铁板一块,可能会有子利益群体。子利益群体间除了有共同的利益诉求,还有其特殊的利益要求。这时,不妨把一组局中人进一步角色细分,使其在共同代表利益群体整体利益的同时,指定其中若干局中人来侧重于为特定的子利益群体代言,代表与维护子利益群体的利益,以此来反映利益群体构成的多样性。

领域专家的角色设计,最重要是确定需要何种知识领域的专家。这根据政策研究者对问题情景的分析和对政策议题的裁剪所决定。在政策实验中,政策问题所涉及的关键知识领域必须配有领域专家。领域专家需要均等地分配给各方局中人,视知识领域相对于政策议题的重要程度,每方局中人每一知识领域的专家可有一至二人不等。

政策实验的角色设计和分配之后,就需要考虑从哪里寻找合适的政策实验参加者来履行相应的角色。

局中人的产生有如下几种方式。一是请相关的协会、组织或部门推荐,这适用于利益群体组织化程度较高的情况。例如,政策实验涉及到某一方面的环境保护问题,可以通过相应的环保组织来推荐人选参与实验。二是邀请观点广为人知的公众人物、意见领袖或专家学者,他们虽然可能不是某一利益群体的成员,但立场鲜明,长期为某一群体代言。这种方式适用于利益群体组织化程度较低,或者为弱势利益群体遴选局中人的情况。三是通过自愿报名方式产生,利用公开的渠道招募符合条件的志愿者。四是政策研究者主观选取或邀请。假如要研究北京交通拥堵问题,需要为私车出行者这一利益群体选择局中人,完全可以就近就便邀请若干私车出行者参与政策实验。五是采取指派扮演的方式。在很难通过其他方式来产生局中人的情况下,由政策研究者邀请具备一定经验的人士来为利益群体代言,通过角色扮演来模拟利益群体代表,也能取得不错的效果。

领域专家一般从相关的高校、研究机构、专业协会中聘请。为了提高领域专家选择的效率,政策实验室最好备有一个专家库。领域专家无须价值中立,其立场、观点完全可以有倾向性,但为了确保专业支持的质量,不能为局中人配备立场、观点倾向相反的领域专家。因此,在邀请和配置领域专家时,需要提前了解其立场和观点。

实验规划与设计的第三项主要工作是制定政策实验的时间计划。为了方便实验安排,一种好的做法是将实验时间划分为一个个固定长度的时间单元(例如三个小时),称之为"节"。政策实验的每个阶段或者环节覆盖一个或若干节,以节为单位来制定实验计划。

在具备条件的情况下,政策实验宜跨越较长的时间区间,如数天、数周,甚至数月。这样,政策实验参与者有充分的时间来思考、调查、开展研究,并与现实世界中相应的利益群体和公众沟通,获取外部智慧或进行反馈,从而确保实验效果。当然,如果实验参与者的参与成本较高①,从节省费用角度考虑,各节的安排也可以密集些。但是无论如何,需要给综合集成的技术支持留有充分的时间,以保证基本的分析质量。

---

① 从外部邀请实验参与者,显然需要为此支付一定的人力费用,这是政策实验的主要成本。

三、实验前的培训

实验前的准备包括技术准备、资料准备、后勤准备等。其中,资料准备是指收集和整理有关实验的背景资料,并提供给实验参与者使其熟悉实验背景。后勤准备是指为政策实验准备适当的场地、设施和服务人员。对政策实验场地的基本要求是,既要有能容纳所有实验参与者研讨的中央研讨室,又有可供各方局中人及其专业团队研讨的分组讨论区。

实验前,最重要的工作是技术准备,其主要内容是对实验参与者进行必要的培训以及让实验参与者适应其角色。

实验培训包括三部分内容。首先是实验主题的背景介绍。由实验组织者介绍实验选择的政策议题,政策议题的相关说明,本次实验的任务和目的等。其次是政策实验方法培训,主要给大家讲解政策实验方法的思路、过程和要求,这对首次参加政策实验者尤为重要。最后一项是实验安排及说明。组织者要向参与者介绍实验的时间安排、角色分配以及实验规则。由于多数活动都由小组讨论构成,还要就如何提高群体效率、如何开展小组协作进行培训。

所谓角色适应,主要指政策实验参与者熟悉政策议题的背景资料,并根据各自的角色安排进行必要的补充调研,特别是局中人和政策分析师,要了解其所代表利益群体的典型立场、观点和逻辑,了解利益群体对问题的认知、判断和建议,对其他利益群体的主张也要有所了解。

4.3 利益表达和博弈

一、利益表达和博弈的形式

政策实验方法不限定局中人以何种方法或形式进行利益表达和博

弈。局中人完全可以采用自然语言表达己方的利益诉求,并和其他各方辩论,只要观点明确、逻辑清楚、表达顺畅即可。但下面推荐听证形式以及图尔敏论证形式[①]。这两种形式如果能够合理运用,利益表达和博弈将会更有效率,更易于结构化,从而便于实验参与者对发言要点的捕捉以及相互之间的沟通。

第一种是听证形式。它借鉴欧美等国的立法机构或其他合议机构在做出决策时听取证人证词的形式。听证形式需要中立的主持者,一般由组织政策实验的政策研究者担当。

按照听证形式,在利益表达阶段,各方局中人轮流向主持人陈述其观点和论据,主持人倾听,并只在必要时追问。其他方局中人及其专业团队也只是倾听,和陈述的一方并无交互。由于局中人是面向主持人陈述,而不是面向其他局中人陈述,这样容易更加理性,避免了利益表达阶段的局中人之间的冲突和质询。

在利益博弈阶段,代表不同利益群体的局中人之间就观点、逻辑或论据相互质询,被质询的一方须对质询直接回应,不能采用辩论比赛中常用的回避问题等战术技巧。主持人此时的职责是负责博弈秩序的维持,确保公平的时间分配和质询得到直接回应。而各方的专业团队也可以参与到质询和回应过程中,如同法庭上的律师为代理人提问或辩护一样,利用其专业能力把利益博弈推向深入。

显然,这种听证形式对于参加实验的局中人和专业人员没有过多技术要求,易于理解和掌握,但是对于政策研究者而言,则需要有更好的控制技巧,适时地追问或维持秩序,需要在利益表达和博弈的全程密切

---

① 其他可用的形式有,软系统方法论的丰富图(rich pictures),参见:Checkland, P. Systems Thinking, Systems Practice. Chichester: John Wiley & Sons, 1981;以及认知图(cognitive mapping),参见:Eden, C. Using Cognitive Mapping for Strategic Options Development. Rational Analysis for a Problematic World (Rosenhead, J. ed.). Chichester: John Wiley & Sons, 1989: 21–42.

介入。

第二种是更为结构化的图尔敏论证形式,它以图尔敏论证模型(Toulmin argument model)为基础。图尔敏(Stephen E. Toulmin)是英国著名哲学家、教育家,他发现,成功的论证需要具有相互关联的六要素,并将其理论概括为图尔敏论证模型[1]。这六个要素是[2]:

- 主张(claim):即试图在论证中证明其为正当的结论。
- 论据(data/evidence):即作为"主张"之基础的事实,通常是客观的。
- 理由(warrant):是指由"论据"到得出"主张"的推理逻辑,它是连接"论据"和"主张"的桥梁。
- 依托(backing):对"理由"的加强支撑。特别是"理由"本身受到质疑时,"依托"将做出补充说明,提高"理由"的可信度。
- 例外(rebuttal):指的是,运用"理由"从"论据"得出"主张"的例外情况或限制条件。
- 限定(qualifier):从"论据"到"主张"的肯定程度或有把握的程度,例如,是"绝对地"、"一般地"还是"可能地",这样可以为论证留有余地。

前三个要素,"主张"、"论据"和"理由",被视为论证的基本要素,后三个要素,"依托"、"例外"、"限度"在某些论证中可能不需要,它们起到补充或细化论证的作用。只使用前三个基本要素的论证模型及其案例参见图4-5,使用全部六个要素的论证模型及其案例见图4-6。

---

[1] Toulmin, S., Rieke, R. & Janik, A. An Introduction to Reasoning (2nd Edition). New York: Macmillan, 1984; Toulmin, S. The Uses of Argument (2nd edition). Cambridge: Cambridge University Press, 2003.

[2] 下面的六个要素乃根据其原文重新意译,并未采取国内的通常译法。

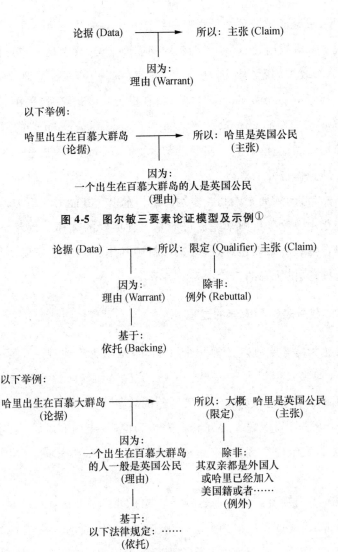

图 4-5　图尔敏三要素论证模型及示例①

图 4-6　图尔敏六要素论证模型及示例②

---

① 引自：Toulmin, S. The Uses of Argument (2nd edition). Cambridge：Cambridge University Press, 2003：92。
② 引自：Toulmin, S. The Uses of Argument (2nd edition). Cambridge：Cambridge University Press, 2003：97。

图尔敏论证模型是一种很好的结构化利益表达工具。在表达利益群体的观点和诉求时，可以参考图尔敏的模型结构，特别是三要素模型。例如，在分析政策问题的原因时，采用"论据(data/evidence)－理由(warrant)－问题症结(diagnosis/claim)"的形式；在提出政策建议时，采用"论据(data/evidence)－理由(warrant)－建议(recommendation/claim)"的形式①。这样的结构化表述，既有利于实验参与者更有逻辑地建构自己的论证，也便于更好地把握彼此的观点。

当然，考虑到局中人利益表达的工作量以及其能力和精力，利益表达的结构化由政策分析师来完成可能是一种更好的选择。也就是说，局中人仍以自然语言来表述观点，政策分析师利用图尔敏论证模型将其适当结构化整理，供所有的实验参与者参考。

二、利益表达和博弈的过程

表达和博弈既可以分为两个环节，即先轮流陈述观点(表达)，再相互质疑(博弈)，但混合在一起也无妨，关键是如何将综合集成的技术支持有机地融入该过程。对于缺乏经验的政策实验组织者而言，为了更便于操作，建议按以下顺序展开利益表达和博弈：组内利益汇集，组间利益表达，协作式组内会商，综合集成技术支持，组间利益博弈，观点和论据调整。

（1）组内利益汇集。主要内容是属于同一方的局中人对本利益群体的利益诉求、观点和论据的汇总。由于每个局中人的看法或者对其利益的理解可能不同，或者局中人可能侧重维护不同子利益群体的利益，因此需要有一个内部协调过程，最终形成局中人小组观点。

---

① 这种形式也不是机械的，某些时候将"证据"和"理由"两项合并也可以，因为有时区分两者可能是较困难的，参见：武宏志. 论证的图尔敏模式——兼评国内若干论证的误释. 华南师范大学学报(社会科学版)，2003(5)：23-27．

（2）组间利益表达。这一阶段各方局中人相互表达自己的利益诉求，进行利益沟通，了解其他利益群体的关切和论据。该环节全体实验参与者都出席，但只有局中人发言，专业团队旁听。

（3）协作式组内会商。该阶段各方局中人与其专业团队进行会商，明确综合集成支持的任务需求。由于已了解了其他各方的观点和论据，由局中人及其专业团队进行商议，寻找其他方观点、逻辑和论据的可能漏洞，分析己方的观点、逻辑和论据还需要做哪些修正或补充。

（4）综合集成技术支持。专业团队运用定性和定量相结合的分析技术，运用必要的数据、知识和政策分析技巧，对协作式组内会商阶段所提出的待分析问题开展研究。为了节省时间、提高效率，研究中应尽可能地采用快速分析技术。

（5）组间利益博弈。上一阶段各方将综合集成支持的结果融入己方的观点和论据中，本阶段则是各方运用综合集成支持的分析结果挑战其他利益方的观点、逻辑和论据。这一阶段也是全员参与，允许专业团队加入论辩或进行补充说明。

（6）观点和论据调整。在组间博弈过程中，各方的观点和论据都会遇到挑战，一些冲突的观点和论据可能会得到澄清。之后，各方局中人及其专业团队将再次分组协商，对自己先前的主张进行检讨：撤除理据不足的观点或数据，调整或加强不充分的观点和论据。

如果需要以上过程可以重复。开始的"组间利益表达"阶段，专业人员只是旁听而不参与，到了"综合集成技术支持"之后的"组间利益博弈"，专业人员才投入论辩，如此安排有其特殊的考虑。因为，"协作式分组会商"和"综合集成技术支持"之前，局中人所持观点是未经充分加工的，一般来源于其直觉或现实世界利益群体的主张，在此基础上的观点表达与交锋是"朴素的"。与此对照，协作会商和综合集成技术支持之后的利益博弈是"专业的"，在专业的质询冲击下，此前"朴素的"观点和论据很可能会非常脆弱。有了这样的对比,很容易揭示某些社会看法或利益群体观点、论据中存在的问题和局限性,从而获得有价值的实验发现。

三、关于综合集成的技术支持

综合集成的技术支持,是政策实验方法的主要特色之一。在实验中,如何开展综合集成的技术支持?三类专业人员各自发挥什么样的作用?他们之间如何配合?为了更清楚地回答这些问题,不妨先看一个案例。它来自2005年圆明园湖底防渗工程听证会后的一篇报导①,下面以此为例来进一步解释综合集成技术支持的做法和发挥的作用②。

> 国家环保总局召开的圆明园湖底防渗工程听证会已经过去一周,参加听证会的北京地球纵观环境科普研究中心的李皓博士至今还在遗憾,当时没有让圆明园管理部门明确"圆明园究竟需要多少水"。
>
> 缺水是圆明园管理处在湖底铺设防渗膜最理直气壮的理由。按圆明园管理处曾经发给媒体的"答记者问":"圆明园开放区湖底年渗漏量近700万立方米"。圆明园管理处强调,防渗工程是为了恢复古圆明园的"山形水系"而必须做的,他们每年需要900万立方米的水才能让园内近2000亩(123万平方米)

---

① 案例的问题背景是2005年轰动一时的圆明园防渗工程。2005年3月22日,兰州大学教授张正春在北京出差之余到圆明园参观,发现圆明园的湖底正在大规模铺设防渗膜,遂向媒体曝光,张教授认为,对圆明园的天然湖底、河道进行如此严密的全部防渗处理,将导致两大严重后果,一是破坏圆明园的整体生态系统,二是会破坏圆明园的古典园林风格。事件引起社会关注后,圆明园管理处回应指出,防渗工作是考虑到圆明园湖底渗水严重的实际情况,经过多位水利专家研究并制定规划后,于前年开始实施的,目的是为了保住圆明园有限的水资源,保护圆明园的生态环境。随后,2005年4月13日,国家环保总局就圆明园湖底防渗工程举行了听证会。

② 本案例全文引自:刘世昕. 专家称圆明园并不缺水,搞防渗意在建水上公园. 中国青年报,2005-4-19. 转引自:http://news.sina.com.cn/c/2005-04-20/06476436796.shtml. 引用该报导只是为了辅助阐述综合集成的技术支持思路,并不表示笔者认可该报导的内容或其论证。

的水域常年保持1.5米的平均水深。

李皓质疑的是,圆明园究竟需要多少水?圆明园为什么要让园内近2000亩的水域常年保持1.5米的平均水深?

她翻阅了大量资料后找到了1744年宫廷画师沈源、唐岱绘制的《圆明园四十景图咏》,发现图中古代圆明园的水域有很大比例是浅水型湿地,水深在0.2至0.8米。李皓说,她判断水深不可能超过1米,是因为古画中有大面积的石滩区、荷花区、稻田和芦苇区,芦苇等植物生长在浅水域。由此可推算出古圆明园实际水容量约为98万立方米。

另外,1981年对圆明园近2000亩水域的调查结果显示,圆明园内有水田1400余亩,苇塘360余亩,水区70余亩,这些数据也说明了历史上圆明园水域中的浅水型湿地占75%以上。

对于圆明园管理处关于"圆明园开放区湖底年渗漏量近700万立方米"的说法,李皓和她的同事最近在圆明园泡了几天,又请教了地质专家。地质专家的说法是,圆明园大部分水域底部有较厚的淤泥层,这个淤泥层本身就有很好的防渗作用,因此可推算其平均渗漏量每天不会超过5毫米,由此计算出圆明园水域的年渗漏量不应超过225万立方米。

再有,北京地区的年蒸发量是1800至2000毫米,由此计算出圆明园水域年蒸发平均量是233万立方米。把水容量、渗漏量和蒸发量相加,就算保持圆明园水域常年有水并达到清朝时的水系景观,其最高需水量约为560万立方米,这比圆明园管理处提出的900万立方米少340万立方米。

据了解,北京市水务局每年能提供给圆明园的环境用水为150万立方米。李皓说,如果按北京年降水量为500毫米计算,123万平方米的圆明园水域每年自身能得的雨水为60万立方米。另外，按照北京市水务局的说法，圆明园附近有肖家河污水处理厂，每天可产生1万多立方米中水，如果考虑将此中水提供给圆明园，每年圆明园能得到的中水量可达360万立方米。这3方面水源量的总数相加为570万立方米，比圆明园的最高需水量560万立方米要多。

由此，李皓表示，要保护圆明园的生态，水不是问题。

第一个向公众披露圆明园湖底防渗工程的张正春今天对记者说，他了解到，圆明园附近的污水处理厂曾经联系过圆明园管理处，希望把中水输送给圆明园作景观用水，但建议没被采纳。

中国科学院生态环境研究中心的研究员王如松说，一方面圆明园湿地嗷嗷待哺，另一方面近在咫尺的清河污水处理厂每天40万吨处理后的水，以及肖家河污水处理厂每天2万至4万吨深度处理后的水都白白流掉，而生态工程师们却眼睁睁看着圆明园的湿地净化功能，不能为净化中水、活化首都水系作贡献而望园兴叹。

为什么圆明园管理处说需水量是900万立方米？

李皓说，实地考察一下圆明园防渗工地就能看到，那里正在新建多个大型码头，所有湖底与溪流都被挖深了，堤岸被硬化了，工地正在做的是要让这近2000亩水域能全部通行游船，这才是圆明园管理处多要340万方水的真实原因。

李皓认为，圆明园管理处拒绝使用中水，是因为中水一般不供划船区使用。

这些事实显示，圆明园管理处感兴趣的并不是为圆明园解决生态用水。这项耗工极大的防渗工程，其设计和施工目的是要把圆明园近2000亩水域建成只为人提供娱乐服务，可以开快艇的大面积水上公园。

无论报导中李皓博士的分析论证是否合理,其论证模式实际上和综合集成技术支持的思路是一致的。圆明园管理处和防渗工程的反对者为持不同观点的对立方,圆明园管理处的核心论据是"圆明园开放区湖底年渗漏量近700万立方米"以及"每年需要900万立方米的水"。李皓针对这些论据开展了研究并提出反驳。她先后利用了环境学(其本人的专业知识)、地质学(咨询地质专家)、气象学(气象资料)等方面的专业知识,并进行了调研(如调研水务局的供水量和中水量)和估算(简单的总需水量估算),体现了综合集成的分析能力。

在政策实验方法中,这些专业知识是通过领域专家获取的。尽管利用各种工具,任何人最终都可以获取到某方面的专业知识,但通过该领域的专家显然最为便捷、最有效率。常人花费很大精力才能得到的知识,对该领域的专家而言很可能只是常识。

李皓所进行的调研和估算工作,政策实验方法中是由技术支持人员完成的。本案例中这些数据获取相对直接,而估算也比较简单,但是多数政策问题的研究中需要复杂一些的手段和工具,如模型分析、社会调查等,此时由专门的技术支持人员来做这些工作显然更加合理。

在上述案例中,李皓所做大部分都属于政策实验方法中政策分析师的工作,也就是识别对方观点、逻辑、论据中可能的问题,并将问题分解,交由领域专家和技术支持人员解决。因为,一方面,分析论证往往涉及多方面的知识和能力,局中人很难用专业的语言来表述待研究的问题,也很难把问题结构化和分解,使其更适合为领域专家和技术支持人员所研究和处理。而另一方面,领域专家和技术支持人员尽管有某一方面的专长,但却不具有驾驭跨领域的问题全局的能力。可以说,政策分析师在局中人和领域专家及技术支持人员之间,起到重要的桥梁作用,他们将局中人的需求或语言,分解并"翻译"成领域专家和技术支持人员可以理解的任务,并将领域专家和技术支持人员的分析结果加以集成,最终反馈给局中人,反馈到问题解决过程之中。

案例中的李皓博士同时发挥了政策分析师、领域专家、技术支持人员的作用。由于政策实验针对的是复杂的政策问题,这些工作通常是由三类专业人士协作完成的,这就是综合集成支持的基本思路。

四、利益表达与博弈中的相关规则

为了保证利益表达与博弈的顺利进行,需要有一系列的实验规则和要求(ground rules)。这些规则和要求在不同政策实验中大致是通用的,但应当根据每次政策实验的特殊需求做必要的调整。

最重要的实验规则包括两类:角色规则和小组讨论规则。

首先看角色规则。尽管在实验开始前,实验参与者的角色及其职责都已明确,他们也接受了基本的政策实验方法培训,但是实验参与者对政策实验的理解很可能仍然停留在原则层面上,如果缺乏可操作的行为指南,在参与实验时他们也许仍会无所适从,从而使其履行角色的效果大打折扣。

对于局中人而言,最重要的角色规则是:

- 充分理解并维护所代表的利益群体的利益。
- 遵循组内讨论规则,使组内成员有均等的表达机会,如果一组局中人代表多个子利益群体,在组内利益汇集时应充分体现组内利益的多样性。
- 理解利益博弈不是最终目的,具有在维护己方根本利益基础上的问题解决意愿。
- 按照规定的形式进行利益表达和博弈,在专业人员的辅助下尽可能地将陈述、质证和应证结构化、条理化。
- 可以质询对方的论据或判断,但不能质询其动机,更不准进行人身攻击。

- 对于质询必须正面回答,不得进行技术性回避。

专业人士所需要遵循的角色规则包括:
- 为所分配的局中人服务,并努力去完成局中人委派的分析任务。
- 分析要实事求是,即使分析结果与局中人的预期相反,也要如实告知并解释。
- 在保证分析质量的前提下尽可能用快速分析方法[①]。
- 提供分析结果时,需要说明获取数据的渠道和方法、所采用的分析方法。

由于政策实验进程中有很多小组讨论工作,有效的群体协作对实验的成功至关重要,因此必须加强培训和引导,并建立小组讨论的规则,它们主要包括[②]:
- 小组成员要推选产生一名协调者,负责在组内讨论时协调议程,安排记录,控制时间,提高讨论效率。
- 注意检验话语中的假设和推理逻辑。
- 小组成员之间要分享所有的相关信息。
- 讨论时要集中于共同利益,而非各自先前所持的立场。
- 小组成员一定要在关键术语或词语的运用上达成一致。
- 注意解释表述和提问后面的原因,对组内其他成员的异议要公开表达,对于不同意见要共同设计检验方案。
- 所有问题都要公开讨论,没有讨论禁区。
- 保持讨论聚焦,勿分心于枝节或无关事务,高效率地利用时间。
- 除了综合集成支持需要有所分工之外,所有的成员都要参与全部

---

① 〔美〕卡尔·帕顿,大卫·沙维奇. 政策规划与分析的初步方法. 北京:华夏出版社,2001。

② 小组讨论规则部分引自:Schwarz, R. The Skilled Facilitator: Practical Wisdom for Developing Effective Groups. San Francisco: Jossey-Bass Publishers, Inc., 1994: 75-86. 有扩展、改动和合并。

讨论,不能分头负责。
- 获取信息不一定限于组内,必要时和组外成员交换信息。
- 在获得共识的基础上做出小组决策。
- 讨论中要主动放弃已意识到错误的观点、逻辑和证据。

此外,实验中的信息采集和记录是非常重要的,因此实验中需要安排训练有素的记录员,及时将利益表达或博弈的阶段成果整理并分发给实验参与者,这也是形成最后实验报告的基本依据。

4.4 利益协调与共赢

政策实验的终极目的是寻求利益协调和共赢的途径。在利益协调与共赢环节,首先需要提出发散性的方案建议,然后进行方案过滤、基于利益的协商等几项工作,最终形成创造性共赢方案。下面逐一讨论这些内容。

一、发散性方案建议

发散性的方案建议,和传统政策分析中相应阶段类似,是指各方充分运用创造性思维,产生备选方案,拓展问题解决的思路和空间,为后续的协商共赢提供尽可能多的选项。

产生方案建议的手段甚多,政策分析和系统分析的论著多有述及,典型的有头脑风暴法、墙上图板张贴法、类比法等。政策实验的所有参与者(包括局中人和专业人士)都有权提出建议方案。按照头脑风暴法的规则,鼓励大胆的想法产生,方案可以带有明显的利益色彩,不必过多考虑其可行性;允许通过追问使建议的提出者进一步澄清其观点,或者在改进或合并他人方案的基础上提出新的建议,但相互之间不允许任何形式的质疑和评论①。

  发散性方案生成的另一条途径是收集社会上的政策建议。关于政策实验议题，社会上或学界常常已有相关的讨论，这些宝贵的智慧没有理由不充分加以汲取和利用。政策分析师应当组织专业团队收集整理各种媒体、各类专家学者、相关网络论坛上的方案建议，汇总整理后加入备选方案集，同时提供给所有政策实验参与者，鼓励他们在参考外界方案建议的基础上进一步改进或综合。但需要注意，只有在实验参与者充分地发散思考之后，才能参考外界智慧进一步扩展备选方案集，否则会影响实验参与者发挥想象力和创造力。

  借助发散性思维框架也是一种引导和辅助创造性思考的行之有效的办法。例如解决水资源短缺问题，有控制需求和增加供给两种直接方式，而增加供给又可以按照水的各种可能来源细分，如地下水、地表水、雨水、海水等来源，然后根据各种来源遍历所有的可能方案。

  综合运用以上几种方式，通过几个回合的互动，所形成的方案就会比较丰富。

二、方案过滤

  方案过滤，指的是各方一道对前述备选方案进行基本的可行性分析，包括政治可行性、经济可行性、技术可行性和执行可行性等多个方面，以精炼备选方案空间。如果某些备选方案的思路大致相同，只有程度和细节上的区别，则允许适当归并后再一起开展分析。

  政策实验方法里的政治可行性分析以局中人和政策分析师为主来完成，它具有两个涵义：一是看宏观的政策环境与体制环境是否对政策方案

---

① Osborn, A. F. Applied Imagination: The Principles and Problems of Creative Thinking. New York: Charles Scribner's Sons, 1953: 300 - 301; Parsons, W. Public Policy: An Introduction to the Theory and Practice of Policy Analysis. Aldershot, UK: Edward Elgar, 1995: 422 - 423.

的实施有根本性的阻碍或制约;二是考虑方案的利益冲击,明显冲击相关利益群体合法权益的方案需要排除出去。

经济可行性是评估政策方案的实施能否得到足够的资源支持,费效比是否在可接受范围。经济可行性分析的技术性较强,需要运用专业团队的力量。

技术可行性分析,则是评估政策方案是否具有难以逾越的技术障碍。这里的"技术障碍"是广义的,既包括科学技术能力方面的瓶颈或困难,也包括法律上的限制。技术可行性最好以领域专家为主来判断。

执行可行性分析是指初步考虑方案的可执行性,即方案执行中是否有难以接受的不确定性或难以克服的阻力,该项分析需要所有政策实验参与者的投入。

尽管方案过滤和可行性分析的工作需要政策实验参与者的集体智慧,但政策分析师在其中起到核心作用。一方面,需要政策分析师的专业能力并由其进行任务分解,识别哪个方案需要做哪些分析,由谁来开展分析;另一方面,可行性分析之后,需由各方的政策分析师来做出最终判断,决定方案是否被过滤掉。

方案可行性分析与方案过滤的具体方法技术在传统的政策分析著作中多有介绍①,这里不再展开。发散性方案建议阶段提出的备选方案,四个可行性中的任何一个方面存在明显问题都会被剔除。但需要注意,由于时间和精力限制,方案过滤时的分析只能是粗略的,因此可行性的门槛不宜过高,保留方案的条件要相对宽松,以确保好的方案不被轻易地排除。

---

① 例如:Walker, W. E. Generating and Screening Alternatives. Handbook of Systems Analysis Vol.2: Craft Issues and Procedural Choices (Miser, H. J. & Quade, E. S. eds.). Chichester: John Wiley & Sons, 1988: 210 - 226; Parsons, W. Public Policy: An Introduction to the Theory and Practice of Policy Analysis. Aldershot, UK: Edward Elgar, 1995: 399 - 420.

三、从基于立场的协商到基于利益的协商

政策实验方法中的利益协调和共赢是通过基于利益的协商来实现的。基于利益的协商(interest-based negotiation)起源于哈佛大学的协商项目[1],和基于立场的传统协商方式形成鲜明对比,它近年来在西方国家被普遍认可,广泛地运用到各类冲突解决过程中[2]。鉴于其在政策实验方法中的重要性,这里略微展开介绍。

首先看"立场"(position)和"利益"(interest)的区分。"立场"是人们预先确定的、承载了其直接要求的解决方案,而"利益"是人们提出的直接要求背后的原因。比如在劳资谈判中,"明年加薪10%"可能是劳动者的预设要求,可以视为其"立场",而探究该要求背后的原因,可能是"提高生活水平和质量"的需求,这就是"利益"。

我们日常生活中的讨价还价,就是典型的基于立场的协商。请看发生在旧货店里的一段对话[3]:

顾客:你那件黄铜盘子多少钱?

店主:这是个漂亮的古董,对不对,75块我就卖。

顾客:你看,这儿都凹进去一块,15块算了。

店主:您要是出个实在价我会考虑,但15块太低了。

顾客:好吧,那我出20,但怎么也不可能75,你也报个实在价啊。

店主:您可真会讨价还价,60块算了。

---

[1] Fisher, R., Ury, W., Patton, B. Getting to Yes: Negotiating Agreement without Giving in (2nd edition). New York: Penguin Books, 1991; Ury, W. Getting Past No: Negotiating with Difficult People. New York: Bantam Books, 1991.

[2] 例如,1999年的一项调查表明,美国接近60%的劳资谈判采用了基于利益的协商方法,参见:Cutcher-Gershenfeld, J. & Kochan, T. Taking Stock: Collective Bargaining at the Turn of the Century. Industrial and Labor Relations Review, 2004, 58(1): 3-26.

[3] 本例子引自:Fisher, R., Ury, W., Patton, B. Getting to Yes: Negotiating Agreement without Giving in (2nd edition). New York: Penguin Books, 1991: 3-4.

顾客:25。

店主:我进价都不止这么低,好好出个价吧。

顾客:37块五,这是我能接受的最高价了。

……

上述基于立场的协商案例中,卖家先有意地提出较高的报价,预伏一定的让步空间,买家则根据其对货品的观察或先前的调研提出一个较低的报价。在讨价还价过程中,双方从起始立场出发,逐渐向对方能接受的方向靠拢。最后可能达成一致,也可能无果而终。它类似分固定蛋糕的游戏,每一方的让步就意味着对方的获益①。双方的备选方案是,如果谈不拢,那就各自走开,放弃交易。

基于利益的协商则不同,它总是努力去揭示什么是当事人真正需要的,立场背后的利益是什么,是安全需求、经济利益,还是某种归属感、自主性或其他,然后各方共同探索是否有能够满足各方利益需求的创造性方案。

和基于立场的协商相比,基于利益的协商对协商者的观念、能力和技巧都提出了新的要求,协商的过程和结果也发生了根本性的变化,见表4-2。

表4-2 基于立场的协商和基于利益的协商之对比②

基于立场的协商	基于利益的协商
视他人为对手	视他人为协商伙伴
把协商视为必须获胜的一场斗争	把协商视为所有伙伴要克服的一个挑战
强调对价值的分配	强调创造价值
目标是通过坚持预设方案来取得胜利	目标是创造能够满足各方利益的解决方案

---

① O'Leary, R. & Bingham, L. B. A Manager's Guide to Resolving Conflicts in Collaborative Networks. IBM Center for the Business of Government, 2007:14.

② 引自:Katz, N. H. Interest-Based Negotiations: Increasing Satisfaction Levels among Critical Stakeholders. Government Financial Review, 2006, 22(5):49-52.

（续表）

基于立场的协商	基于利益的协商
协商过程为这样的信念所主导：必须把自己的立场强加或推销给对方	协商过程中持如此信念：善意的、有创造力的人们能够产生满足各方利益的方案
协商中依靠推销术、操纵和欺骗	真诚地告诉对方什么是自己最看重的
可能不得不在维持良好关系和实现实质目标上做出抉择	各方在维持良好关系和实现实质目标上可以兼顾
在来自其他方的压力下不情愿地让步	当有好的新选择时很乐意去修改先前立场
结果通常是输-赢、赢-输、双输或双方让步	结果很可能是协作式的共赢

四、实现各方共赢的途径

政策实验中的利益协调是基于利益的协商。在经历前面的实验过程后，各方局中人开展协商之前，局中人彼此对各自的利益诉求已经心知肚明，通过利益博弈和综合集成的技术支持，局中人先前持有的一些无说服力的观点已经被剔除，错误的或不可信的论据也得到澄清，经过初步分析的政策方案建议也已经摆在大家面前。此时，利益协调和协商已经具备了充分的信息和理性基础。

为了便于分析，下面将共赢过程分解为四项主要活动：利益排序，最佳替代方案分析，创造性共赢方案提出，公平的利益协调和分配。这四项活动彼此不是完全独立的，也不是严格的顺序关系，在实验过程中，它们相互耦合，可能需要多次反复才能完成。

利益协调与共赢需要局中人及其专业团队共同参与。在每项活动中，实验参与者仍可以首先按照所代表或支持的利益群体分组进行讨论，但之后，各组一定要将各自的讨论汇集在一起，相互交流，尽量形成共识。这样做有利于集思广益，开阔思路，突破单一视角带来的局限性。

四项活动中的第一项工作是，各方局中人重新梳理自己的利益主张，每一方都对自己的利益诉求进行细分,并做利益排序。经历前面的利益表达和博弈后,局中人对利益群体的利益主张应该已有更清楚、全面、理性的认识。利益细分和排序,是局中人从利益群体自身视角出发,对其各项利益加以整理和切割,尽可能地细化成一个个独立的利益诉求,并就其轻重缓急做出区分和排序。在有严重利益冲突的政策问题情景中,某方全部利益诉求都能得到满足的可能性很小。有了利益细分和利益的优先级排序,必要的时候,各方就能够以割舍一些"次要"的利益诉求为代价,确保满足心目中比较重要的利益要求。利益排序时,一种有效的工具是层次分析法①,通过对细分后的每项利益诉求两两比较打分,更理性地进行重要性排序。

第二项关键活动是,确定各方不能达成一致情况下的最佳替代方案(BATNA)②。BATNA的意思是,如果不能达成共识,各方所能取得的最好结果是什么。这是一个非常重要的问题。它告诉当事人在什么情况下继续参加谈判和协商,什么情况下退出。显然,如果某方在协商中得到的好处相较BATNA为差,对其而言协商就已经毫无吸引力。通过对BATNA的研究或思考,各方即可明确自己的利益底线。利益协调的结果必定是要让各方参与者都获得好于其BATNA的结果。如果大家对BATNA没有清楚的认识,即使得到了对自己很有利的方案,也不一定能真正意识到其好处。

共赢过程中的第三项主要活动是,创造性共赢方案的提出。创造性共赢的前提是"把蛋糕做大"。此时的"创造性"和前面"发散性方案建议"的"创造性"有两个不同。首先,"发散性方案建议"阶段的"创造性"

---

① Saaty, T. L. Decision Making for Leaders: The Analytical Hierarchy Process for Decisions in a Complex World. Belmont, CA: Wadsworth, 1982.
② 即 best alternative to a negotiated agreement (BATNA),参见:Fisher, R., Ury, W., Patton, B. Getting to Yes: Negotiating Agreement without Giving in (2nd edition). New York: Penguin Books, 1991: 76-106.

是无利益约束的,方案建议时不需考虑利益倾向和能否为其他各方所接受,而这里寻求的是能够同时保障各方核心利益的"创造性"。其次,"发散性方案建议"阶段,强调天马行空的创造思维,强调突破思维惯性,打破条条框框。而这里,创造性是建立在过滤后的方案基础上的,注重在初步评估后的方案基础上的改进和综合。

创造性共赢的一个思路是探索长时间段内的利益协调,更大的时间跨度通常能带来更多的共赢选择。例如在劳资谈判中,如果企业有短期的财务困难,难以满足劳方的薪资要求,可以探索这样的长时段利益协调协议:短期内劳方放弃加薪要求,管理层承诺在新产品上市、企业财务条件改善后,给劳方再进行加薪。这样,劳资双方的关切都得到满足。

共赢过程的最后一项主要活动,是在拓展共赢空间后,更公平地进行利益协调和分配。这就要以效用最大化为原则,尽可能地满足各方的优先利益。由于不同主体的效用具有差异性,一方的重大关切对另一方而言可能并非利益攸关,这就给各取所需、各得其所提供了空间。此时,可以采用调整赢家法等技术手段来辅助进行利益协调或分配。

以两方利益协调为例,如果双方希望均等地进行利益分配,即利益分配后双方的效用值相等,满意度相同,按照调整赢家法,只需按下述步骤展开[①]。

第一,双方列出所有的争议项目,如不同的利益诉求或主张。

第二,双方分别给每个争议项目打分,每方的总分均为 100 分。分数代表了每个项目在其心目中的地位或价值,利益诉求的优先级越高,打分也越高。双方需要如实打分。然后双方把各自的打分情况交给中间人按照步骤三进行分配。

[①] 参见 Brams, S. J. & Taylor, A. D. The Win-Win Solution: Guaranteeing Fair Shares to Everyone. New York: W. W. Norton, 1999, 略有改动。在当事方超过两个时,也可以按照类似的步骤进行,最终的分配结果能够同时满足无妒忌、有效率和公平等三个标准中的两个。

第三,对各个项目,哪一方打的分数高就暂时分给哪一方。对双方打分相同的项目,以某种顺序逐一地分配给在那个时点上分数较少的一方。假设一方暂时比另一方获得了更多的分数,那么一方将向另一方转移项目或项目的某些部分。该转移过程叫做公平调整,从具有最小比重(一方对项目的打分与另一方对该项目打分的比例)的项目开始,然后依次转移比重稍大的项目,直到双方获得的分数相等为止。

至此,我们就有了能够协调各方利益的共赢方案①。最终的共赢方案,不太可能是某个利益群体最初建议的方案,一般是经过创造性思考和改进后的组合方案,这种方案完全可能使每一方获得的利益都远大于其利益底线。

4.5 政策的模拟执行

政策科学发展的早期,许多政策学者曾假设,一旦政策推出,它就会按照决策者的愿望执行。直到 1970 年代,政策执行运动兴起,学者们对政策执行才有了更多的认识和研究②。

史密斯(Thomas B. Smith)的研究很好地解释了政策执行的四个关键要素:理想化的政策、目标群体、执行组织、环境因素。他认为,正是这些因素的相互作用,使得政策执行过程中出现各种各样的压力、紧张关系和冲突,从而导致政策执行的变形③。

政策执行问题在各国普遍存在,但如第二章所述,中国现实的政策系统中,公共政策多由行政部门主导制定,政策执行主要依靠行政系统自上

---

① 当然,无法保证在所有的情况下都能实现共赢,此外共赢也有程度的区别,但如果按照政策实验方法来逐步地进行利益分析和研讨,最终达成共赢的可能性就很高。
② Parsons, W. Public Policy: An Introduction to the Theory and Practice of Policy Analysis. Aldershot, UK: Edward Elgar, 1995: 461-490.
③ Smith, T. B. The Policy Implementation Process. Policy Sciences, 1973, 4(2): 197-209.

而下的行政命令,这往往会导致政策执行的不确定性增大,"上有政策、下有对策"的情况更为严重。

"和政策执行有关的问题多数是'人'的问题"①,但归根到底,最终还是利益问题。在前面的政策实验环节中,经过利益表达、博弈和协调,形成了取得局中人共识的政策方案,但这不应是政策实验的尾声。执行中的利益冲突以及由此造成的后果,有可能导致这一来之不易的政策方案难以发挥预期的作用。

针对该问题,政策实验方法安排了模拟政策执行环节。它以获得局中人共识的政策方案为起点,通过角色扮演,模拟政策执行机构和目标群体对政策方案的可能反应,以检验政策的可执行性,发现政策方案可能存在的漏洞,并采取有针对性的措施加以完善②。

政策执行中的利益冲突显然不同于政策制定中的利益冲突,它涉及的行为主体主要是政策执行机构和政策目标群体。政策目标群体和政策执行机构可能曾作为利益相关者参加了前面若干阶段的政策实验,但也可能没有,因为在有具体的政策建议前,难以完全预知谁是目标群体,究竟需要谁来执行政策。因此,政策执行博弈的参与者会与政策实验初期利益博弈的参与者可能有所不同。

模拟政策执行大致可以划分为三个阶段:模拟政策执行准备,政策执行博弈,共赢方案改进。

模拟政策执行准备是指政策研究者分析政策方案的执行环境,分析其涉及的目标群体和执行机构,并据此设计执行博弈的有关角色。在准备过程中,政策分析师可以提供协助。

---

① Quade, E. S. (revised by Carter, G. M.). Analysis for Public Decisions (3rd edition). New York: North-Holland, 1989: 345.
② 李亚,康健,李习彬. 政策实验室:政策执行环境的模拟系统. 西部开发与系统工程(顾基发 主编). 北京:海洋出版社, 2002: 608 – 612.

政策执行博弈主要是行为博弈,类似传统的对抗模拟,参与者需要对政策执行环境有相当的了解,才能较逼真地模拟相关主体的行为。先前的政策实验参与者中,从外部邀请的局中人和领域专家时间有限,费用相对也较高,一般情况下不需要参加政策执行博弈。政策执行博弈的参与者主要是政策分析师,一方面他们相对熟悉政策执行中的复杂关系及执行环境,另一方面,他们属于政策实验室的内部人员,时间相对充裕。政策分析师参与政策执行博弈不再受到先前综合集成技术支持中角色的制约,而是重新进行角色分配。

政策执行博弈的方式很简单,政策研究者作为主持者,只需依次向扮演相关目标群体或执行机构的实验参与者问这样的问题:面对建议的政策方案,站在你的角色立场上,你会如何考虑,采取何种行动。然后,所有实验参与者针对其对策进行集体讨论,分析这些对策带来的政策执行问题是否严重?是否对方案的实施造成根本性危害?如何对政策方案进行改进或完善以减少问题的发生?

根据研讨情况,政策执行博弈有两种可能的结果:一种是政策建议的改进或完善,另一种是由于执行中的挑战过大,导致重新思考政策建议。如果是后一情况,政策实验就需要返回到"方案提出与初步分析"阶段,重新探索共赢方案。

4.6 简易政策实验和网上政策实验

前面几节对政策实验过程进行了较详细的讨论。此前描述的实验过程最好被视为"典型"的,而非"标准"的。正如将在后面几章看到的,在不同的应用场合里,根据特定的实验目的,政策实验过程应该进行适当的剪裁或改动。此外,某些时候可用的实验资源有限,政策实验不得不做大幅度简化。也有这样的情况,借助于有利的外部条件,可以更为开放地开展政策实验。本节简要地探讨两种特殊情况下的政策实验。

一、简易政策实验

在时间、资金或人员等资源严重受限的情况下,可以采用简易政策实验模式。简易政策实验没有一定之规,概括地说,存在以下四种简化途径。

第一种途径是简化、合并或削减实验环节。例如,将利益表达和利益博弈合并;或者省去利益表达阶段,政策研究者提取现实世界利益群体的典型观点,直接交由局中人使用;或者省去模拟政策执行环节;甚至针对委托人关注的主要矛盾,只开展某个环节的政策实验(如利益协调与共赢)。

另一种途径是缩短实验时间,即缩短各个实验环节的时间安排,使政策实验更加紧凑。比如,将一周的政策实验浓缩为两天,将某个环节由三小时缩短为一个小时,等等。

第三种途径是适当合并政策实验的角色,精简实验人员。例如,政策分析师兼任技术支持人员;或者只配备少量领域专家,政策分析师承担部分领域专家的职能;或者更进一步,将三类专业人士合并为一;或者不再分别给各方局中人配备专业团队,而是让各方局中人共享价值中立的专业团队,使专业团队发挥中立的支持作用。

第四种途径是改变局中人的产生方式。譬如不从现实世界的利益群体中去遴选局中人,而是直接指定某些专业人员扮演。如此可以大幅度简化实验的前期准备工作,也能显著降低实验成本。

以上四种方式,当然也可以组合使用。采取简易政策实验,实验效果肯定会有所折扣,但如果控制得当,仍能起到"有胜于无"的作用,取得一些有价值的结果。但同时,政策研究者也必须认识到简易政策实验之成果的局限性,对其有效性持更为谨慎的态度,有限度地解释或采用实验结果。

二、网上政策实验

在互联网和公共参与快速发展的今天,也可以依托网络,吸引公众的直接参与,开展更为开放、灵活的政策实验。网上政策实验有两个前提:一是政策实验议题为公众所密切关注,公众有参与的热情和动力;二是政策实验室需要建立一个网上实验平台,该平台具有信息发布、在线交互、网上研讨等功能,能够为社会各界参与政策实验提供便捷高效的渠道,使之与实验室内的政策实验相辅相成,改善政策实验效果。

政策实验室的网上平台能够发挥多重作用[①]。它可以提供政策实验的网上镜像,便于公众对政策实验全过程进行了解和关注,从而大大提升政策实验的公开度和透明度。它还为政策实验参与者沟通社会各界和利益群体提供了一个很好的桥梁。借助于网上平台,局中人吸收利益群体的观点和看法将更为便捷,而且能够在实验中及时获取公众及利益群体的反馈意见并运用到后续的实验过程中,这非常有利于提升政策实验的有效性。此外,专业团队也有了从外界获取数据、知识和政策方案的专门渠道,既避免了社会智慧的浪费,也借助外界力量增强了其支持能力。

政策实验和互联网的结合,也使我们有条件对政策实验的组织模式做进一步的改进。比如,局中人的选择方式会更加丰富,政策实验的组织者可以借助网络来征集局中人。通过网民自荐和组织者确认,具有一定代表性并兼具论证表达能力的人士可能脱颖而出,加入局中人团队,从而提升政策实验质量。

---

① 李亚,冯雯.关于网上价格听证的几点思考.北京行政学院学报,2007(5):58-61;冯雯.基于互联网的公共政策实验研究.北京理工大学硕士学位论文,2007。

第二篇 方法应用篇

第五章
政策实验：面向利益分析的政策研究方法

构建社会主义和谐社会,对政策制定的科学化和民主化提出了新的更高的要求。在这一背景下,政策研究和咨询工作也必须更加重视利益分析,促进利益的表达和协调,以实现共赢。本章在回顾和评述软科学和政策科学两个相对独立学科的现状的基础上,分析当前政策研究模式在利益分析上存在的不足及其根源,探讨如何将政策实验应用到政策研究中,使之成为一种面向利益分析的政策研究方法[①]。

5.1 当前政策研究在利益分析上的缺失及其根源

决策的科学化民主化,是中国政策研究从无到有并迅速发展的主要动力。在建设社会主义和谐社会的大背景下,决策的科学化民主化又有了新的内涵和需求,即必须更加重视相关利益的表达和协调,以实现各利

---

① 本章的部分内容参见：李亚. 一种面向利益分析的政策研究方法. 中国行政管理, 2011(4): 113-118.

益群体的共赢。

前面第二章提到,自1990年代中期以来,中国社会分层和利益分化日益明显,多元利益格局逐步形成,开始步入利益博弈时代。在公共管理和公共政策制定中,政府强制的利益分配越来越不灵验,人们越来越多地参与到关系切身利益的决策中,表达和维护自身利益。

利益的分配或再分配是公共政策的基本职能,公平地协调各方利益应当成为政策制定的基本目标,研究能够促进利益分析的政策研究方法,自然也应成为当前中国政策研究的重要课题。然而从目前看,这方面的研究非常薄弱,学界虽然有了一些促进利益公平的指导原则,但是有针对性和可操作性的利益分析方法非常缺乏。

政策研究①是"针对一个社会问题的研究与分析过程,其目的是给政策制定者提供实用的、能指导行动的建议,以使问题得到缓解。"②在中国,政策研究的兴起和发展与改革进程密切相关,与政府改革旧的决策体制和行政体制、提高决策水平的要求密切相关③。这种独特的学科发展路径造成了中国的政策研究实际上包括两个并行的领域:一是1980年代兴起的软科学,它以促进决策的科学化和民主化为目标,以服务政府决策为直接切入点,在国家领导人和原国家科委的推动下④,快速成长为以决策科学和系统分析为基础、具有中国特色的交叉学科领域。第二个则是1990年代初期兴起的政策科学,它在翻译引进国外论著的基础上快速发

---

① 关于"政策研究"(policy research)和"政策分析"(policy analysis),不同的学者有不同的理解和定义,有些学者将"政策研究"与"政策分析"等同看待。本书的"政策研究"采用 Ann Majchrzak 的定义,即通过研究开展政策咨询的过程或模式,"政策分析"则界定为政策研究过程中的各类分析活动、技术或技巧。

② Majchrzak, A. Methods for Policy Research. Newbury Park, CA: Sage Publications, Inc., 1984: 12.

③ 徐湘林. 中国政策科学的理论困境及其本土化出路. 公共管理学报, 2004, 1(1): 22-27.

④ 其标志是万里的讲话,参见:万里. 决策民主化和科学化是政治体制改革的一个重要课题. 人民日报, 1986-8-15.

展,知识体系与国际接轨,后来又逐渐融入异军突起的公共管理学科,成为公共管理的一个重要分支。

广义地看,尽管两个领域都同属政策研究,但到目前为止,它们仍有不同的学科基础,采用不同的学术话语,都有相对独立的学术圈子[①]。因此,考察中国的政策研究,必须覆盖软科学和政策科学两个领域。下面将针对这两个领域进行分析,分别从研究方法和咨询模式两个角度探讨。可以发现,由于具有共同的方法(论)基础——系统分析,软科学和政策科学也有着相似的研究范式和实践路径,在利益分析方面,它们也存在共同的缺陷。

一、政策研究方法在利益分析方面的总体缺位

首先来看产生较早的软科学领域。软科学是应中国决策科学化民主化的时代要求而兴起的一门综合性学科,但是软科学方法在利益分析方面的不足非常明显。

软科学研究方法大体分为两类。一类是获取信息的方法,这里的"信息"既包括了解问题情景需要的客观信息,也包括各方对问题情景的分析判断以及问题解决建议(方案建议)等主观信息。具体的方法包括:走访、询问、座谈等传统调查法,调查问卷等科学调查法,数理统计分析方法,德尔菲法,KJ法,头脑风暴等方法[②]。另一类是决策方案的分析、评价、选择和试验验证方法,包括运筹学方法,系统分析方法,投入产出法,灰色系统方法,系统动力学,计算机仿真等[③]。严格地说,这些方法都不是政策研究方法,而是属于政策分析技术层面。正如有些学者所批评的,

---

[①] 软科学领域更倾向于用"决策"一词,国内主要期刊有《中国软科学》和《软科学》等,主要会议有"全国软科学年会"等,学术组织有"中国软科学研究会",而政策科学领域则倾向于使用"政策"一词,其学术阵地依托公共管理学科,两个领域形成相对独立的学术共同体。

[②] 杨淑媛. 软科学研究方法述评. 湖南大学社会科学学报, 1992, 6(2): 105-109; 张占仓. 我国软科学研究的发展与创新. 河南科学, 2003, 21(1): 113-117.

[③] 杨淑媛. 软科学研究方法述评. 湖南大学社会科学学报, 1992, 6(2): 105-109.

软科学"主要研究的还是那些技术性和经济性比较强的政策"①,"采取的主要是管理取向,缺乏深层次的价值研究"②,面向利益分析的软科学方法目前为止尚未见到。

软科学在利益分析方面的不足与该学科产生的时代背景有关。软科学兴起于1980年代,当时社会利益分化尚不明显,尽管政策制定中有利益冲突,但在计划经济"全国一盘棋"的大背景下,政策涉及相关各方的利益诉求差异并不显著。因此软科学所倡导的"科学化"就是摒弃先前的领导"拍脑袋"决策,组织专家运用科学方法进行分析论证,而"民主化"则是听取各方面意见,做到"兼听则明",这些都未专门地、深入地涉及利益协调问题。

近年来,一些学者注意到利益冲突的问题。在涉及大型工程项目的研究中,如关于水电工程移民③、跨区域调水④、跨区域资源利用⑤、退耕还林⑥等,已有一些学者讨论了利益协调问题或进行了利益相关者分析。其中,有学者进一步提出"建立有关利益集团代言人共同参与的政治协商制度"⑦,但是对如何建立这种制度则没有具体的阐述。总体上说,相关论著都只是提出了利益分析问题的重要性,但是没有深化到开发可操作

---

① 徐君,李程伟.试析我国软科学视域中的公共政策研究.北京行政学院学报,2002(1):25-28。

② 赵刚,孙相东,王志清.发展中的中国软科学——中国软科学发展的回顾和展望.中国软科学,2005(2):96-104。

③ 例如:陈阿江,施国庆,吴宗法.非志愿移民的社会整合研究.江苏社会科学,2000(6):81-85;徐俊新,施国庆,郑瑞强.水电移民安置利益相关者及其活动分析.安徽农业科学,2008,36(25):11102-11104,11131。

④ 例如:张顺,霍有光.跨流域调水利益补偿问题的经济学分析.生态经济,2006(3):60-63;郭庆汉.南水北调:水源区利益不应忽视.武汉交通职业学院学报,2004(4):1-3,8;杨云彦.南水北调工程与中部地区经济社会协调发展.中南财经政法大学学报,2007(3):3-9。

⑤ 例如:蒋满元.区际关系协调与资源的理性开发利用——基于对南水北调、西气东送等问题的分析.贵州社会科学,2007(2):134-138。

⑥ 例如:柯水发,赵铁珍.退耕还林工程利益相关者行为动态博弈分析.林业经济问题,2008,28(1):47-50,60。

⑦ 张顺,霍有光.跨流域调水利益补偿问题的经济学分析.生态经济,2006(3):60-63。

的利益分析方法的层面,特别是未能与软科学研究方法的创新相联系。

再看政策科学领域。政策科学在1990年代初期引入中国。目前从总体上看,中国的政策学科仍还处于从国外(特别是美国)引进、消化、吸收的初级阶段①。

利益和价值的分配是公共政策问题的本质特征②,但是西方主流的政策科学对利益问题并不特别关注,除了一些强调集团冲突的政治决策模型或决策过程模型,如集团模型③、倡导联盟框架④等,没有专门针对利益分析的政策研究方法。这是因为,在解决公共政策涉及的利益冲突时,西方国家主要是依靠政治解决机制(如议会民主制)来实现的。由此,中国政策科学对国外的学习和模仿带来了一个问题,即面向利益分析的政策研究方法缺位。在中国社会缺乏利益表达与协调机制的国情下,这种缺位的后果无疑要严重得多。

综合对软科学和政策科学两个领域的分析,结论是,当前中国的政策研究基本上是遵循主流的实证主义分析范式,其表现为具有决策权的官僚机构和掌握政策分析专业知识的专家的联盟⑤。按照这种范式,政府

---

① 下述三个事实可以作为佐证:一是尽管中国的国情和政策制定体系有明显的独特性,但国内几乎所有的政策科学著作和教材主要采用国外的理论和内容体系;二是国内政策科学在基础理论研究上比较薄弱,缺乏系统性、原创性和理论前瞻性;三是关于国内具体公共政策问题的研究,也是主要运用国外的概念和理论进行解释,鲜有本土化的理论运用。参见:陈振明,薛澜.中国公共管理理论研究的重点领域和主题. 中国社会科学,2007(3):140-152;徐湘林. 中国政策科学的理论困境及其本土化出路. 公共管理学报,2004,1(1):22-27。

② Easton, D. The Political System: An Inquiry into the State of Political Science. Knopf: New York, 1953: 129.

③ Dye, T. R. Understanding Public Policy (12th edition). Upper Saddle River, New Jersey: Prentice Hall, 2007: 21-22.

④ Sabatier, P. A. An Advocacy Coalition Model of Policy Change and the Role of Policy-Oriented Learning Therein. Policy Sciences, 1988, 21 (2-3): 129-168; Sabatier, P. A. and Jenkins-Smith, H. C. Policy Change and Learning: An Advocacy Coalition Approach. Boulder: Westview Press, 1993.

⑤ Innes, J. E. & Booher, D. E. Planning with Complexity: An Introduction to Collaborative Rationality for Public Policy. London: Routledge, 2010: 4.

部门和分析专家在公共决策中密切合作:政治官员设定政策目标,政策专家帮助来界定问题,提出各种方案,并对其分析评估,决策者在这些信息的基础上做出决策,各级官僚机构付诸实施①。在这种分析范式中,事实和价值相分离②,利益相关者和利益问题被边缘化了,即使纳入考虑,也是通过决策者和专家来进行认知,最终由决策者和政策专家来做出价值权衡和判断。与此同时,利益相关者更主动地参与的机会被剥夺了,他们难以运用自己对问题情景的理解,通过对话和协商获得问题解决共识。尽管现实里很多政策的出台是利益博弈的结果,但在当前主流的政策研究中,利益分析方法未得到充分的发展,出现政治现实和政策研究脱节的现象。

近年来,一些西方政策学者已经开始反思以实证主义方法论为基础的政策科学,转向以后实证主义方法论为基础的政策探究(policy inquiry),协商式政策分析(deliberative policy analysis)或解释型政策分析(interpretive policy analysis)开始兴起③。这些学者认识到政策科学的民主化缺位问题,基于哈贝马斯所言的沟通理性④,倡导政策研究从实证转向解释,从强调专家的专业知识转向强调利益相关者自身的知识运用,从政策研究者对政策制定者的支持转移到对利益相关者的支持。对于这一新的

---

① Innes, J. E. & Booher, D. E. Planning with Complexity: An Introduction to Collaborative Rationality for Public Policy. London: Routledge, 2010: 18.

② Hajer, M. & Wagnaar, H. Deliberative Policy Analysis: Understanding Governance in the Network Society. Cambridge: Cambridge University Press, 2003: 212.

③ Fischer, F & Forester, J. The Argumentative Turn in Policy Analysis and Planning. Durham, NC: Duke University Press, 1993; Fischer, F. Reframing Public Policy: Discursive Politics and Deliberative Practices. Oxford: Oxford University Press, 2003. 在这些论著里,所讲的"政策分析"(policy analysis)实际上等同于本书的"政策研究"。

④ 即communicative rationality,参见:Habermas, J. The Theory of Communicative Action: Reason and the Rationalization of Society. Boston, MA: Beacon Press, 1981.

动向,国内除了周超等个别学者的跟踪外①,鲜见深入研究。此外,即使是对于倡导后实证主义政策分析的西方学者而言,适合于新政策研究思维的研究方法也有待开发,后实证主义政策研究的组织模式更是一个难题②。

二、政策咨询模式在利益分析方面存在的问题

所谓政策咨询模式,是指政策研究者在政策咨询过程中与其他政策主体的组织与互动模式。在政策咨询模式方面,软科学和政策科学两个领域的实践非常类似。其基本模式是:在明确课题之后,根据任务结构,首先由政策研究者和相关领域的专家组成联合项目组;然后项目组通过大量的信息收集、实地考察、听取相关部门和有关专家的意见,形成政策方案,并进行政策方案的分析、评估、优化;最后,项目组向决策部门提交政策建议。

社会系统的复杂性与工程系统的复杂性有很大不同。对于涉及利益冲突较小的技术系统或工程系统,现行的软科学或政策科学咨询模式比较适合。但是,一旦政策较多地涉及到政治、经济、社会等方面,由于常常牵涉到复杂的利益冲突,这些模式就会出现严重的问题。

试看针对北京的交通拥堵问题开展的政策研究,如关于按尾号限行或车辆牌照控制的政策。这时仅有科学分析是远远不够的,因为限行在一定程度上损害了车辆拥有者使用车辆的权利,车牌控制使得潜在的购车者付出高昂的额外成本,对汽车制造和汽车服务产业也有潜在影响。如果不考虑各方的利益关系,试图单纯地通过"科学"的方法来评估分

---

① 例如:周超,易洪涛.政策论证中的共识构建:实践逻辑与方法论工具.武汉大学学报(哲学社会科学版),2007,60(6):913-920;周超,林丽丽.从证明到解释:政策科学的民主回归.学术研究,2005(1):84-89.

② Hajer, M. & Wagnaar, H. Deliberative Policy Analysis: Understanding Governance in the Network Society. Cambridge: Cambridge University Press, 2003: xiv. 专门的讨论参见第十一章。

析,很难做出公平合理、令各方满意的决策。总体而言,当前政策咨询模式存在下述一些问题。

第一,对政策中涉及的各方利益缺少专门的研究。中国现实政策系统中,各方利益缺乏充分的表达和博弈,政策研究中也是如此。如前面所述,现在的主流做法是,政策研究项目组从各方收集信息、意见和建议,但最终如何平衡各方利益,决策部门说了算。无论是政策制定者还是政策研究者,都不习惯把各方利益、各种观点放到一个平台上直接交锋。虽然访谈和调研能够发现一些利益冲突,但是政策研究者和政策制定者获得的大都是利益群体各说各话、甚至相互矛盾的信息。在相关利益方未能充分地进行利益博弈和协调的情况下,直接由政策制定者做出决断(利益分配)难免会过于主观。况且某些弱势群体缺乏正式的意见表达渠道,利益表达不充分,在政策制定中或者政策研究过程中其利益诉求往往被忽视,从而损害了政策的科学性和公正性。

第二,没有明确区分利益分析、价值分析和科学分析(事实分析)。在问题情景中,各种冲突经常是混杂在一起的,到底哪些是利益冲突,哪些是对事实认知的分歧,各方提供的证据是否真实可靠,哪些受到了利益的扭曲,不经过深入的研究很难理清。例如,在北京交通拥堵问题中,某些私车拥有者声称缴纳的各种税费已经非常之高,如果再担负额外的税费(如牌照费或者拥堵费),则难以承受。而另外一些人则针锋相对地指出,政府在道路上的投资比机动车车主缴纳的税费高很多,这些投资的受益人主要是开车出行者。如果用理想的模式分析这一问题,首先要明确概念,对比两种说法,理清政府在道路上到底投了多少资,收缴了多少税费,按什么口径计算比较合理,这些属于科学分析(事实分析)。然后才能分析税费到底是高还是低,这相当于价值分析,因为高、低是一种带有主观性的感受。而在目前不少政策研究中,利益冲突、观点冲突及证据冲突等混为一体,没有进行明显的区分,这既不利于利益的表达和辨析,影响利益的协调和共赢,又妨碍甚至误导了科学分析。

第三,对专家的作用和能力有着不切实际或过于理想化的假设或期待。在当前一些政策研究中,常常存在两种错误的假设。一种假设是,专家们都是利益中立的,专家之间只有知识领域、经验和创造性思维方面的不同,因而专家提出的观点或方案都只是技术性的,不涉及利益关系问题。实际上不然,许多专家观点都带有强烈的倾向性,一些专家的政策建议背后也往往有着浓厚的利益集团色彩,观点中隐含着部门或行业利益,他们实际上扮演着利益集团代言人的角色。与其让这些利益倾向隐藏在貌似客观公正的观点之后,不如促使其表面化,让其直接交锋,在公开透明的平台上进行利益博弈和协调。另外一种假设是,专家无所不能,除了其专业知识优势外,还有价值判断优势。按照这种假设,有了专家的辅助,决策者就可以排除利益相关方的参与,能够掌控利益全局,"英明地"做出利益分配和价值判断。而实际上,专家在价值判断上是没有正当性的,他们也没有这方面的能力优势。

上述问题的存在,使得政策咨询常常难以实现预期的效果。政策制定者本应该在充分了解各方利益诉求和依据后,才能做出较为科学、公平的决策。但是,由于不注重利益分析、或者缺乏行之有效的利益分析方法,现实中的政策研究往通过主观判断或者技术性的方法提出政策建议,从而导致某些现实政策出现严重偏差,使得部分群体承担改革与发展的成本,而另外一些群体却从中不当获益,从而导致社会矛盾不断积聚和激化。

5.2 基于政策实验方法的政策研究

本书政策实验方法的开发,试图弥补当前政策研究中利益分析的不足。

一、政策实验方法的利益分析优势

基于政策实验方法的政策研究,是政策研究者根据政策情景的要求设计并组织政策实验,将实验中获得的发现提供给政策制定者,使其更好地理解政策情景中的利益冲突,以便寻求能够更好地协调各方利益的解决方案。对于利益冲突明显、政策制定公平性要求较高的政策议题,在政策研究和咨询中运用政策实验方法,可以有效地扭转利益分析缺失的局面。

与主流的政策研究方法不同,政策实验方法不回避利益冲突,而是相反,针对政策制定中的利益冲突做出专门的分析。第三章已经对政策实验方法的主要思路进行了系统论述,这里,仅进一步探讨政策实验方法在利益分析方面的有效性和针对性。

对于复杂且利益冲突较严重的政策问题,政策研究者首先需要识别问题情景中涉及哪些利益群体,这可以借助于前章所述的利益相关者分析方法。然后,选择或邀请各利益群体中具有代表性观点的若干成员作为局中人参与实验。局中人在政策研究者的组织下进行利益博弈和证据博弈,就其观点和论据进行直接交锋。与分别访谈有关各方的传统政策研究和咨询模式相比,对抗博弈的形式更有利于暴露矛盾,促进各方利益的充分表达,更好地识别利益冲突和证据冲突、寻找冲突焦点。

此外,政策实验方法将专业团队分别配给局中人,使得各类"专家"回归本位,利用其专业知识优势服务于局中人的价值判断,而非越俎代庖。同时,政策实验方法强调在三类专业人士既分工又协作的综合集成

第五章 政策实验：面向利益分析的政策研究方法

支持①，可以促进观点的提炼和改进，论据的强化和甄别，区分利益冲突和事实冲突，能够避免传统模式里常常出现的各说各话、争执不清、不了了之、甚至激化矛盾的局面。

政策实验方法的利益博弈只是手段，目的是为了识别利益冲突，澄清论据冲突，在此之后，帮助政策研究者和局中人认清利益格局，寻求利益协调的途径和方式才是其最终目的。政策实验方法通过引入利益协调方法和技术，寻求创造性的问题解决方案，探索各方利益的协调与共赢之道，是政策实验方法利益分析的另一关键，这也是国内软科学和政策科学等研究领域目前所欠缺的。

政策实验方法的价值就在于，政策研究者组织的利益博弈为政策情景中的利益相关者提供了一个利益表达、沟通与协调的平台（即政策实验室），而这个平台在现实世界中是不存在或不完善的。采用这种组织模式后，根据政策研究者提交的利益分析和评估报告，政策制定者就能够对政策制定中涉及的利益冲突有更深入的把握，获得依靠传统的政策研究方法难以得到的政策建议。

如第三章所述，只要局中人的观点在利益群体中具有典型性，政策实验方法在政策研究和咨询过程中就具有基本的有效性。因为，按照政策实验方法，实验的输出结果需要为政策制定者采纳并作为政策颁布后才能转化为行动，并不需要利益群体的直接认同。政策实验其实是一个学习过程，该方法在咨询过程中的运用还带来了附加价值，即获得了利益相关者从冲突到共赢的可能学习路径，"博弈-协商"过程其实起到了"投石问路"的探索作用。政策制定者参考这一路径来设计、营销其政策方案，

---

① 中国软科学界的一些领军人物曾号召将综合集成方法引入软科学领域，但还是采用传统的政策研究模式，与政策实验方法中的综合集成专业支持完全不同。参见：成思危. 论软科学研究中的综合集成方法. 软科学研究，1997(3)：72-75；于景元. 软科学研究及其方法论. 软科学研究，1997(6)：68-71。

更容易获得各利益群体的共识,实现利益协调与共赢。

采用新的政策研究和咨询模式后,政策研究者的作用就发生了转变,从原先的直接开展调研和提供政策方案,转变为:引导和促进利益相关者有序地在项目组提供的平台上进行利益表达、博弈和协调;在利益博弈中识别利益冲突、价值冲突和事实冲突,理清事实;观察、凝练和评估各方利益冲突的焦点,探索可能的利益协调和共赢之道;在前述发现的基础上形成研究报告,提交政策制定者作为决策参考。

相对于传统的政策研究方法或模式,在运用政策实验方法开展利益分析时,政策研究者"调研"的角色弱化,更侧重于"组织"、"观察"和"评估",并在此基础上"揭示"实现共赢的策略。

二、政策实验方法的运用:以南水北调中线工程的区域利益协调政策为例

下面结合南水北调中线工程中的区域利益协调问题,通过假设性分析①,来进一步阐述政策实验方法的运用。

水资源不平衡是中国面临的严峻问题。作为重要经济区和人口密集区的黄淮海流域,水资源总量仅占全国的7.2%,人均水资源量仅为全国人均的五分之一,是中国水资源承载能力与经济社会发展最不适应的地区,资源性缺水严重。为解决这一问题,中央决定自长江流域向北调水,即兴建南水北调工程。该工程近期的供水目标为,解决城市缺水为主,兼顾生态和农业用水;其根本目标是改善和修复北方地区的生态环境。经过上世纪50年代以来的勘测、规划和研究,在分析比较50多种规划方案的基础上,分别在长江下游、中游、上游规划了三个调水区,形成了南水北

---

① 政策实验方法并未实际应用到该巨型工程相关的政策分析中,这里仅假设性地探讨政策实验方法如何应用到工程中涉及的利益冲突情景中,以更好地阐释方法。

调工程东线、中线、西线三条调水线路①。

东线工程是利用江苏省已有的江水北调工程，逐步扩大调水规模并延长输水线路，利用京杭大运河及与其平行的河道逐级提水北送。西线工程是指在长江上游通天河、支流雅砻江和大渡河上游筑坝建库，通过开凿输水隧洞，调长江水入黄河上游，解决黄河上中游地区和渭河关中平原的缺水问题。中线工程则从加坝扩容后的丹江口水库引水，沿线开挖渠道，最终到北京、天津，主要为京津冀豫供水。三条调水线路互为补充，南水北调工程规划最终调水规模448亿立方米，其中东线148亿立方米，中线130亿立方米，西线170亿立方米，建设时间约需40至50年。

南水北调工程中涉及许多复杂的、亟待解决的利益冲突和矛盾，特别是中线工程。比如，丹江口水库移民如何合理补偿②？水源区和受水区利益如何平衡？汉江下游的用水权益如何得到保障和补偿，等等。

在调水工程和水资源分配上，计划体制下自然而然地采取一种大城市中心主义，即要求周边地区完全义务地为都市提供水资源，工程所涉及到的移民"舍小家、为大家"做出牺牲，决策中考虑的主要是如何调水以实现成本-效益最佳。但是近年来，调水工程决策开始更加重视地区利益的平衡，考虑如何保障供水省区的经济发展以及环境生态方面的基本利益，也更重视水利工程移民的合理补偿。

这里主要聚焦南水北调中线工程中的区域利益协调问题。按照一些学者和水源区政府的观点，在南水北调中线工程中，水源区的利益被严重

---

① 国务院南水北调工程建设委员会办公室. 南水北调工程规划. http://www.nsbd.gov.cn/zx/gcgh, 2009-3-12。

② 整个南水北调中线工程，河南、湖北两省需要移民搬迁33万人，由于移民安置的一再延后甚至导致南水北调供水进京推迟五年。参见：陈晓舒，刘炎迅. 南水北调再调查. 中国新闻周刊，转引自 http://news.ifeng.com/society/5/200910/1014_2579_1387066.shtml, 2009-10-14。

忽视①。对湖北、河南等水源区来说,水源区承担着每年调出100多亿方水的责任,为工程付出了水、土地等多项资源的投入,承担着确保一库清水的重要责任,还承担着由于调水工程引发的环境、生态以及经济社会等多方面的风险,却得不到适当补偿②。

在运用政策实验方法之前,首先要进行利益冲突评估。如果利益冲突问题不严重,可以沿用以往的政策研究方法而不必采用政策实验方法。在这个案例中,利益冲突显然是极为明显的。通过利益相关者分析,可以大致将参与政策实验的利益相关方划分为三方:湖北、河南、中央政府。前两方以"省"为单位,是因为考虑中国的实际,在此类工程中区域利益一般由省级行政单位代表,并向中央政府提出利益主张;后一方是中央政府而不是直接受水的省市,是因为在目前通过的南水北调规划方案中对水源区的利益考虑欠充分,对水源区的可能补偿将来主要由中央政府支付或通过中央政府制定的政策来转移支付。湖北和河南作为独立的利益主体,是由于丹江口水库跨越鄂豫两省,湖北仅是水源区,而河南既是水源区,又是主要的受水区之一,利益构成更为复杂。

在实践中,主持政策实验的项目组一般应由中立的政策研究人员组成,在开展必要的准备和培训工作后,安排相关利益各方进行利益博弈。各方均派出若干名代表组成局中人团队,站在各自的立场上表达和争取自己的利益。局中人可以是相关部门的政府官员,也可以是受影响地方或群众的代表,当然由两者共同组成局中人团队更好。某一方内部存在的不同子利益群体利益,可以由该方局中人团队中的不同局中人所维护。如果某一利益相关方缺乏组织或难以遴选出适当的代表,政策实验项目

---

① 郭庆汉. 南水北调:水源区利益不应忽视. 武汉交通职业学院学报,2004(4):1-3,8;陕西省委党校课题组. 南水北调中线工程水源保护区利益补偿机制研究. 理论导刊,2006(11):97-101。

② 郭庆汉. 南水北调:水源区利益不应忽视. 武汉交通职业学院学报,2004(4):1-3,8。

组可以代为邀请局中人,只要局中人能够代表相应利益群体的典型立场,具备一定的参与能力即可。

参与利益博弈的各方自行组织10至20人的专业支持团队,由政策分析专家、相关领域专家、技术支持人员组成,辅助其提炼观点、组织论据和支撑论辩。专业支持团队中的政策分析专家和相关领域专家立场无需中立,最好能旗帜鲜明地支持所服务的局中人的立场。根据南水北调工程区域利益协调的问题情景,领域专家要基本覆盖涉及的知识领域,应该包括经济、水资源管理、农林、移民、生态、环境保护、水库工程、法律等方面的专家学者。

采用政策实验方法,利益博弈和协调过程大体可以归并简化为三个阶段:(1)利益表达和博弈;(2)综合集成分析;(3)创造性问题解决。其中第一、第三阶段由利益相关方和政策实验项目组共同参与,采取多回合会议的形式进行,"综合集成分析"阶段需要花费较多的时间,可以由各利益相关方分别完成。下面逐一讨论各个阶段的主要工作。

利益表达与博弈不妨采取模拟听证的形式[①]。在本阶段,由政策实验项目组来组织局中人进行利益表达和博弈,参加利益博弈的各方,按照类似听证的规则提供证词,各方局中人均摆明自己的观点、论据以及方案诉求,了解其他方面的观点和论据,并相互质询。专业团队在此阶段起辅助作用,协助各方形成证词和开展质询。

在综合集成分析阶段,各方局中人分别与其专业团队开展研讨,在前一阶段的利益表达基础上,重点讨论以下问题:其他各方的观点是否有偏颇,其引用的数据是否可信,推理论证是否严谨,引用的专业知识或专业判断是否恰当;本方哪些观点需要调整,哪些论据还有待核实确认或补充搜集,哪些推理论证受到了挑战,引用的专业知识和判断是否无懈可击;

---

① 参见下章。

哪些方案和建议还需要进一步的分析研究,等等。然后,专业团队综合运用各领域的专业知识、统计数据、定性定量模型,开展必要的补充调研或论证,对需要核实、澄清的问题进行分析研究。

此案例中,综合集成分析的重点应该在调水给水源区可能带来的环境、生态以及经济社会等方面的风险的评估及补偿方式上。由于存在信息不对称,局中人出于追求自身利益最大化等目的,难免会出现夸大风险和损失,掩盖收益的局面。因此,一些关键的数据需要双方以对抗质证的方式来共同论证,比如水土保持投入、水源区可用水资源减少带来的社会经济损失等。论证的另外一个重点可能是,由于水源区和受水区双方形成"流域共同体",彼此相互依存、相互制约和相互影响[1],一方的环境损失给另外一方带来的负面连带效应。这一思路可为水源区局中人所采用,是其争取更多的补偿和中央支持的有力工具。

在本阶段结束时,某些观点有望得到澄清,某些有疑问或有冲突的论据可望得到验证,一些方案、建议能够得到来自不同视角的评估。

在创造性问题解决阶段,政策实验项目组引导的重点是,鼓励各方拓展共赢空间,寻求富含新意、又切实可行的综合方案或创新方案。例如,鼓励各方将讨论重点转向长期的利益补偿机制、中央的管理监督机制以及可持续的水源区激励机制上来,努力实现各方的利益共赢。

为了加深对利益格局及其解决途径的认识,三个阶段可能需要往返循环多次,特别是第一、第二两个阶段,参与博弈的各方根据"综合集成分析"的结果,可以重新梳理、调整自己的观点和论据,优化建议方案,确定优先利益和利益底线,重新形成证词,开展新的一轮"利益表达和博弈"。

为了避免出现闭门造车的局面,政策实验需要保持足够的开放性,实验过程最好全程或分阶段公开。一方面,现实世界的利益相关者应该能

---

[1] 杨云彦,石智雷. 南水北调工程水源区与受水区地方政府行为博弈分析——基于利益补偿机制的建立. 贵州社会科学,2008(1):102-107。

够通过互联网或列席来观察或参与到利益博弈与协调实验中来,及时表达其意见,提出建议;另一方面,实验中的专业支持团队也要从实验室外的社会讨论中汲取信息和观点,并反馈给局中人,使其吸收相应利益群体的智慧,并使其观点具有足够的代表性。

通过这一政策实验过程,可以得到关于利益冲突及其解决的更为深刻的认识。政策制定者在此基础上做出决策,有望更好地将各方利益纳入考虑,实现利益协调与共赢。

最后需要说明的是,政策实验方法完全可以和传统的政策研究方法同时运用。例如,在某一政策研究项目中,可以在利益分析和利益研究方面采用政策实验方法,在政策方案科学性分析和可行性研究方面采用传统的政策研究方法,从而更好地发挥各自的优势。

如果从更广阔的视野来审视政策实验方法,一方面,它是丰富具有中国特色的政策研究理论与方法的一个尝试,并与国外后实证主义政策分析发展趋势相契合,可以视为政策研究范式转向的一个中国实例。另一方面,该方法如果加以推广应用,无疑会推进中国政策制定科学化民主化的深入发展并使两者相互融合,对于化解因政策偏差导致的社会矛盾积聚与激化,具有现实意义。

第六章
模拟价格听证:
政策实验方法在公共参与中的应用

价格听证是中国近年来引人注目的一种公共参与形式,本章分析现行价格听证中存在的问题,然后针对其制度性缺陷,将政策实验方法应用于该领域,提出模拟价格听证的思想,并讨论模拟价格听证的实施过程及方式。

6.1 价格听证及当前面临的问题

一、价格听证的背景和主要内容

听证(public hearing)一般是指拥有法定公共权力的机构在制定直接涉及公众利益的公共决策时,听取利益相关者、社会各界以及有关专业人士意见的一种公共参与形式。理想情况下,科学规范、公平公正的听证具有多重效果:更加全面地考虑各种不同意见,做到兼听则明;在政策设计时集思广益,得到更科学合理、切实可行的方案;增加公共决策的透明度,扩大公众参与,提高公共决策的可接受度。

第六章 模拟价格听证:政策实验方法在公共参与中的应用

在中国一些事关民生的政策制定或公共决策中,听证已经成为法定程序,越来越普遍地运用于立法、行政或司法活动之中①。

本章讨论的主要对象是目前开展较多、影响较大的价格听证②。价格听证,即价格决策听证或者政府制定价格听证,是指政府定价机关在依法制定或者调整政府指导价、政府定价过程中,由政府价格主管部门采取听证会形式,征求经营者、消费者和有关方面的意见,对制定或调整价格的必要性、可行性进行论证,以为价格决策提供参考③。

价格听证是伴随中国的市场经济发展和价格决策体制变迁产生和发展的。随着价格改革的推进,由国家计划管理的价格不断减少,市场价格体系逐渐占据重要地位。在市场经济条件下,利益多元化的社会经济格局对政府的价格决策提出了公开化、民主化的客观要求,价格决策机关在制定或调整价格时必须充分听取利益相关者的意见,协调、平衡各种利益关切。1990年前后,一些地方开始探索新的价格决策机制,深圳等地开始开展类似价格听证会的尝试。

1997年《价格法》关于价格听证的规定,总结了价格听证的实践经验,确立了价格听证在中国价格决策中的地位④。随后,原国家计委于2001年制定了专门的价格听证规章,即《政府价格决策听证暂行办法》,

---

① 彭宗超,薛澜,阚珂. 听证制度——透明决策与公共治理. 北京:清华大学出版社,2004。

② 价格听证非中国独有,例如美国也有对受规制企业的费率听证(rate making hearing),听证的主持机构是联邦和各州规制委员会。但是,中国的价格听证在作用和形式上与美国的有很大不同,规模和社会影响也远大于美国。美国的费率听证参见:徐云鹏,张旭昆. 美国的价格听证制度及其启示. 社会科学战线,2008(12):229-232。

③ 关于价格听证制度的介绍,主要引自:李亚,李富成. 价格听证指南. 北京:中国经济出版社,2010。

④ 该法第23条规定:"制定关系群众切身利益的公用事业价格、公益性服务价格、自然垄断经营的商品价格等政府指导价、政府定价,应当建立听证会制度,由政府价格主管部门主持,征求消费者、经营者和有关方面的意见,论证其必要性、可行性。"该规定对价格听证的适用范围、法定形式、听证组织机关、听证会参加人的构成和法律效力均作了原则性规定,是中国价格听证制度的"基本法"和上位法依据。参见:全国人大常委会. 中华人民共和国价格法,2007。

后经2002、2008年两次修订,成为现在实施的《政府制定价格听证办法》(以下简称《办法》)①。在《价格法》和《办法》的基础上,各地也先后出台了关于价格听证实施的地方性规章或实施细则。

按照《价格法》和《办法》的规定,结合各级定价听证目录,价格听证的适用范围主要有以下三大类:(1)公用事业价格,即为满足基本生产生活需要而经营的具有公共用途的服务行业价格,例如铁路、民航、公共交通、电信等方面的价格;(2)涉及公众利益的公益性服务价格,例如学费、医疗收费、博物馆和公园门票、有线电视费等;(3)自然垄断性商品价格,即因自然条件、技术条件和规模经济等要求而无法或者不宜形成竞争的垄断性行业的商品或者服务价格,例如自来水、燃气、集中供热价格等。

价格听证的主体有以下四种:

一是定价机关,即有定价权的省、自治区、直辖市的政府价格主管部门、有关部门,和经省级政府授权的市、县政府。定价机关的职责包括:提起价格听证(或者由其价格主管部门提起),提出定价听证方案②和定价成本监审报告③,在听证会上陈述定价听证方案,公布定价决定和对听证会参加人主要意见采纳情况及理由。

二是听证组织机关,即政府价格主管部门。听证组织机关负责价格

---

① 该办法全面规定了价格听证制度的原则、适用范围、组织机关、听证会参加人的产生、听证会程序、听证效力等内容,是第一件较为完善的全国性价格听证规范,标志着中国的价格听证走上更加规范化的轨道。参见:国家发展和改革委员会. 政府制定价格听证办法,2008.

② 定价听证方案是听证会的核心材料,主要内容是对拟调整什么事项的价格,如何进行调整,为什么要这样调整,以及调整之后可能发生什么影响等问题进行说明,从而为听证会参加人了解制定价格的必要性、可行性以及发表听证意见提供基础材料。定价听证方案应当包括下列内容:拟制定价格的具体项目;现行价格和拟制定的价格,单位调价额和调价幅度;拟制定价格的依据和理由;拟制定价格对经济、社会影响的分析;其他与制定价格有关的资料。参见:李亚,李富成. 价格听证指南. 北京:中国经济出版社,2010.

③ 定价成本监审是指政府价格主管部门制定价格过程中,在调查、测算、审核经营者成本基础上核定定价成本的行为。定价成本监审报告是做出价格决策的基本依据,应当包括下列内容:成本监审项目;成本监审依据;成本监审程序;成本审核的主要内容;经营者成本核增核减情况及其理由;经营者成本核定表;定价成本;其他需要说明的事项。参见:李亚,李富成. 价格听证指南. 北京:中国经济出版社,2010.

听证会的全部组织工作。

三是听证人,即代表政府价格主管部门专门听取听证会意见的人员,由政府价格主管部门指定的工作人员或者聘请的社会知名人士担任,其中听证会主持人由听证人中的政府价格主管部门的工作人员兼任。听证人的主要职责是听取听证会参加人的意见陈述、向听证会参加人询问,并于会后提出听证报告。

四是听证会参加人[①],包括消费者、经营者、与听证项目有关的其他利益相关方、相关领域的专家学者以及政府价格主管部门认为有必要参加听证会的政府部门、社会组织的代表和其他人员。听证会参加人的人数和人员的构成比例由政府价格主管部门根据听证项目的实际情况确定,其中消费者人数不得少于听证会参加人总数的五分之二。

听证会举行前,听证组织机关要组织完成各项筹备工作,主要包括三个环节:(1)听证参与的公告。听证组织机关在听证会举行30日前向社会公告听证会参加人、旁听人员、新闻媒体的名额、产生方式及具体报名办法。(2)听证会事项的公告。相关筹备工作完成后,听证组织机关在听证会举行15日前向社会公告听证会举行的时间、地点,定价听证方案要点,听证会参加人和听证人名单。(3)听证材料的送达。听证组织机关在听证会举行15日前向听证会参加人送达听证会通知、定价听证方案、定价成本监审结论、听证会议程等材料。

听证会可以一次举行,也可以分多次举行,具体议程包括五个环节:(1)主持人宣布听证事项和听证会纪律,介绍听证会参加人、听证人;(2)定价听证方案提出人陈述定价听证方案;(3)定价成本监审人介绍

[①] 2008年的《办法》将原来广为社会接受、深入人心的"听证会代表"改为"听证会参加人"。"听证会参加人"强化了个体意味,淡化了"代表"的意蕴,不尽符合价格听证制度的本意。但学界普遍认为,只有在听证会上陈述意见的人能够代表相关的利益群体,听证会才能达到其目的,此外,实践中价格听证会参加人仍然是要求有代表性的。参见:李亚,李富成.价格听证指南.北京:中国经济出版社,2010.

定价成本监审结论及相关情况;(4)听证会参加人对定价听证方案发表意见,进行询问;(5)主持人总结发言。

听证会结束后,听证人提出听证报告,定价机关在充分考虑听证会意见的基础上修改定价听证方案,并对听证会意见处理情况向社会公开反馈。

二、价格听证面临的困难

由于价格听证涉及的公用事业价格、公益性服务价格、自然垄断经营的商品价格都与人民日常生活息息相关,所以常常会受到社会、媒体的很大关注。近年有较大影响的价格听证有:原国家计委2002年1月举行的"部分旅客列车票价实行政府指导价方案"听证会,北京市2004年11月举行的"世界文化遗产门票价格调整"听证会,北京市2006年4月举行的"北京市出租车租价调整听证会"等。

从以前价格决策的暗箱操作到举办听证,无疑是一个巨大进步[1]。但是近几年,总体而言,中国价格听证实践遇到的困难和挑战也日益明显。具体表现在,听证会走过场倾向比较突出,公众参与热情逐渐萎缩,甚至开始对价格听证漠不关心[2]。国外的公共参与和各类听证也常面对是否有效的争议[3],但中国的价格听证面临的却是对其公正性和有效性

---

[1] 对价格听证作用和意义较深入的分析,参见:Yang, K. & Schachter, H. L. Assessing China's Public Price Hearings: Symbolic Aspects. International Journal of Public Administration, 2003, 26(5): 497-524.
[2] 2007年以后,公众和媒体对价格听证的关注热情和参与热情明显下降。不仅仅是价格听证,很多其他类型的公共参与也面临类似的尴尬。
[3] Cole, R. L. & Caputo, D. A. The Public Hearing as an Effective Citizen Participation Mechanism: A Case Study of the General Revenue Sharing Program. American Political Science Review, 1984, 78(2): 404-416; King, C. S., Feltey, K. M. & Susle, B. O. The Question of Participation: Toward Authentic Public Participation in Public Administration. Public Administration Review, 1998, 58(4): 317-326;〔美〕约翰·克莱顿·托马斯 著. 孙柏瑛 译. 公共决策中的公民参与:公共管理者的新技能与新策略. 北京:中国人民大学出版社,2005。

的双重质疑①。

对价格听证中存在的种种问题已有不少分析②,这里不再一一赘述。问题表层背后可以归于三个深层面的原因。首先是观念上,一些听证主办者观念陈旧,或对听证的意义体认不深,或担心价格听证可能带来不必要的"麻烦",千方百计地想使预设方案尽可能顺利地通过。在这种思维的指导下,主观上就想将听证会导演成为一种"民主秀"。举办听证会燃起了大家的参与意识,但又不认真对待,很容易引起公众对价格决策的敌意,降低对官员和听证制度的信任。这种情况也并非中国独有,国外很多研究也指出,听证制度常常被官员们视为将预设的行为合法化的工具③,或者只是最小限度地遵循法律对听证的要求,缺乏诚意地走一遍过场④。

解决这一问题的有效途径是,通过共赢理念、方法和技巧的教育和普及,逐步促进有关部门、官员和公众的观念转变。使他们认识到,充分的公共参与和利益博弈,并不意味着一定会激化消费者和经营者的矛盾,更不是必然导致局面变得不可收拾,而是有利于通过创造性的解决方案打开共赢空间⑤。

第二个原因是经验和能力方面的。听证在中国毕竟还属新生事物,主办者在听证的组织安排方面还缺乏经验,有时听证程序设计过于粗糙,一些重要环节考虑不周,从而留下缺憾。例如,关于听证前如何进行筹划

---

① 民间、舆论和学界的质疑数不胜数,例如:李富成. 制止听证的"假戏假做". 法人, 2006(8),转引自:http://article.chinalawinfo.com/Article_Detail.asp? ArticleId = 35929, 2008-10-19。

② 学术界和政府部门对价格听证中存在的问题研究和反思都很多,前者例如:袁琳,谭金可. 中国价格听证制度:问题与改革——兼论《政府价格决策听证办法》的不足与完善. 研究与探索, 2008(9): 52 – 55;后者例如:宋力. 价格听证问题分析与理论实践完善. 价格听证理论、方法与实践研讨会. 北京理工大学, 2007。

③ Lando, T. The Public Hearing Process: A Tool for Citizen Participation, or a Path Toward Citizen Alienation. National Civic Review, 2003, 92(1), 73 – 82.

④ Burby, R. J. Making Plans That Matter: Citizen Involvement and Government Action. Journal of the American Planning Association, 2003, 69(1): 33 – 49.

⑤ 李亚,李习彬. 多元利益共赢方法论:和谐社会中利益协调的解决之道. 中国行政管理, 2009(8): 115 – 120。

和准备,如何产生听证会参加人等问题,《办法》里要么没有涉及,要么只有概要性规定,一些地方制订的配套"实施细则"略详细一些,但可操作性仍不足,使得各地开展价格听证的经验难以得到系统的总结、提升和传承,许多地方不得不做很多重复性的探索工作,给价格听证的实施造成了困难,也制约了价格听证制度的发展、完善。

解决上述问题的一个尝试,就是为价格听证的组织者或者主办者,提供更细致的价格听证实施指南或者技术手册,即在相关法律、法规和规章有关规定的基础上,结合各地经验,细化价格听证程序,为价格听证的组织实施提供全面的技术支持、具备可操作性的方法集和行动指南[①]。

前面这两个方面的原因及对策,这里只简单讨论。下面要主要分析第三个原因,即价格听证在制度和技术方法层面的不足。它是现行价格听证中面临的制度性挑战,也是模拟价格听证所要解决的主要问题,也是本章的重点所在。

三、价格听证的制度性挑战

所谓制度性挑战,就是非由组织者或参与者的观念和行为所引发的,而是价格听证的制度设计中先天存在的不足。概括起来,现行价格听证制度主要面临下述三个制度性挑战[②]。

第一,消费者听证会参加人的代表性和专业性难以两全。在目前的价格听证制度设计中,现行的规定是,听证会参加人"包括消费者、经营者、与听证项目有关的其他利益相关方、相关领域的专家学者以及政府价

---

① 这一努力的现实成果,参见:李亚,李富成.价格听证指南.北京:中国经济出版社,2010.该指南除了"价格听证组织者指南"外,还包括面向获得进场机会的听证会参加人和有兴趣的场外人员的"价格听证参与者指南"。

② 李亚.基于讨论式博弈和综合集成技术的模拟听证:完善现行价格听证制度的一种途径.中国行政管理,2006(7):92-96.

格主管部门认为有必要参加听证会的政府部门、社会组织和其他人员。"①需要注意,其中没有明确听证会中专家学者和经营者、消费者参加人的关系。专家学者可以支持消费者或经营者的立场,也可以不支持。由于事前没有安排听证会参加人相互沟通的环节,听证会中的专家参加人只是代表特定领域的专家,甚至更可能仅从个人角度发表意见,而消费者的利益和立场只能主要依靠消费者听证会参加人(以下简称"消费者参加人")来表达。

暂不考虑消费者参加人产生方式等问题,假设消费者参加人产生过程能排除某些方面的主观干预,但有一个问题却无法解决,即消费者参加人的代表性和专业性难以两全的问题。如果消费者参加人确实具有代表性,特别是普通消费者参加人以切身感受和处境道出其所代表群体的心声,往往能够产生巨大的感染力和说服力,但问题是他们一般不具备所需的专业知识和分析技能,在听证会上很难提供有力的证词,某些弱势群体的听证会参加人更是如此。如果消费者参加人恰好是质证能力较强的专家学者,其代表性又往往被质疑。

第二,不同利益群体的听证会参加人之间信息不对称和质证能力不平衡。在价格听证过程中,经营者参加人和消费者参加人在信息掌握和质证能力上存在着"先天"的不对等。定价问题涉及到复杂的需求分析和预测、成本分析、价格敏感性分析和社会经济影响分析,对数据分析和研究论证能力要求极高。目前中国的价格调整申请实际上大都由经营者建议,我们看到,在价格听证中,公用事业的经营者或公益服务的提供者一方的参加人由于有备而来、彼此熟悉,在听证中占尽优势。他们有华丽的演示文稿,令人眼花缭乱的数据支持,往往还有专家的论证报告为佐证。相反,消费者方的绝大多数参加人,则由于准备不足,掌握信息和论

---

① 国家发展和改革委员会. 政府制定价格听证办法, 2008。

据有限,难以进行深入、有理有据的辩驳,质证起来常常有心无力。

由于听证中大部分信息均由经营者提交,即使财务报告经第三方审计,即使消费者参加人可以提前阅读定价听证方案,这种不对等的情况也难有本质的改变。因为,即便不考虑有意的误导,经营者仍旧可以有选择地展现事实。数据后面隐藏着什么,能够说明什么问题,非经专业化的分析解读,很难得出有利于消费者的结论。此外,临时选择的消费者参加人互不相识,缺乏组织和协作,在有限的听证发言时间里,经常是各说各话,观点、论据无法互补以形成合力,使局面进一步向经营者一方倾斜。

第三,社会各界缺乏参与听证的制度化渠道。近年来,中国公民参与意识有了显著提高。价格听证前后,社会各界往往对价格调整议题非常关注,媒体密集报导,专家、群众也会通过各种渠道献计献策。但遗憾的是,社会各界的智慧、观点或建议大多没有在听证会前和听证会过程中得到充分的利用。

尽管主办方常常采取提前发布听证消息、对听证会进行现场直播等方式提高听证的开放性,但外界意见进入听证会的渠道仍非常匮乏。问题关键在于,现行听证制度没有为听证会参加人汇集整理、分析研究、加工提升公众意见提供制度化的途径,听证会参加人本身也缺乏开展这些工作的能力和精力。所以尽管社会讨论轰轰烈烈,但各方意见和智慧不能充分整合,外界很多精彩的论辩、有说服力的数据、独到的观点、深入细致的论证不能在证词中得到采用。结果是,一方面公众智慧被白白浪费,影响了听证论辩的深入程度;另一方面,一些社会人士即使很有见地,但参与无门,其智慧、知识、观点无法有效地反映到听证会中,进而对公共参与产生失落感。

听证是中国目前为数寥寥的利益表达制度安排之一,听证的本意是为了促进公共决策中的公平参与,而事实上参与的明显不平衡已经使刚刚兴起的价格听证面临信任危机。显然,这些问题不是仅靠观念提升、经验积累就能解决的,制度性欠缺必须通过制度创新来弥补,模拟价格听证则为我们提供了一条完善目前价格听证制度的途径。

6.2 基于政策实验方法的模拟价格听证

本节介绍模拟价格听证的基本思路以及相关概念的区别,随后,分析模拟价格听证的参与者构成、过程安排、与现行价格听证制度的融合等一系列问题。

一、模拟价格听证的基本思路

基于政策实验方法的模拟价格听证(以下简称"模拟听证")的基本思路和主要特点是:

(1)在正式的价格听证会前增加一个模拟听证环节,使消费者参加人在专业人士的辅助下进行对抗性的模拟听证演练,目的是大幅度提高消费者参加人在正式价格听证会上的质证和应证能力。

(2)模拟听证基于政策实验方法,采用讨论式博弈的形式。模拟听证的核心参与者包括,即将出席正式价格听证会的消费者参加人、其他利益群体(特别是经营者)和相关各方的参加人(或扮演者)。参与者按照利益倾向或所持基本观点进行分组,然后以讨论式博弈的形式研究将要听证的价格调整议题。

(3)讨论式博弈在各类专业人士综合集成技术支持下开展。特别是消费者参加人在政策分析师、相关领域专家和技术支持人员等各类专业人士的辅助下,逐步加深对议题背景和定价听证方案的认识,分析经营者可能提出的观点及论据,提早发现其中存在的问题。同时在上述专业人士支持下,不断补充、提炼、改进和调整己方观点和论据,促进消费者参加人之间的协调合作,最终使消费者参加人的证词更科学合理、更具说服力和系统性。

(4) 模拟听证强调充分的对外开放。模拟听证的过程和结果对社会公开透明,吸引公众关注和参与,并建立多种渠道收集汇总社会各界的意见、建议、观点、方案,并由专业人士进行分析整理,及时反馈给参与讨论式博弈的各方。

通过参加模拟听证进行综合集成支持下的对抗演练,消费者参加人的弱势地位可以得到明显的改善。之所以能在一定程度上弥补现行价格听证制度的缺陷,是因为模拟听证发挥了以下作用:

首先,依靠政策分析师、相关领域专家和技术支持人员的专业技能和辅助支持,间接提升了消费者参加人的专业程度,使听证各方信息不对称、能力不平衡的形势得到改观。

其次,通过"开门"模拟听证,汇集、整理、分析社会公众意见,并由专业人士加以分析提炼,为听证参加人所用,避免了社会智慧的浪费,有利于更全面地进行价格决策。

再次,通过分组的讨论式博弈和专业人士的辅助,可以使消费者参加人内部组织化程度显著提高,加强各个消费者子群体间的利益沟通和协调,便于他们在正式听证会上配合协作。

最后,引入模拟听证后,一些无法作为正式听证参加人直接参与或旁听价格听证的专家学者和社会人士,可以参与到模拟听证中,给社会各界间接参与公共决策提供了一个新的渠道。

显然,模拟听证完全以政策实验方法为理论基础,因此完全可以把模拟听证视为政策实验方法在听证领域的应用。

政策实验方法的两大技术支柱,讨论式博弈和综合集成技术支持,用在价格听证领域是非常自然的①。

---

① 本章以价格听证为主要对象,但模拟听证的应用前景不限于此,模拟听证在其他类型的听证、特别是立法听证中也大有可为。

第六章 模拟价格听证:政策实验方法在公共参与中的应用

在政治生活和政策制定中,对抗模拟是一种常用的方法。比如,在美国总统电视辩论前,候选人常常以仿真辩论的形式进行准备。一方候选人在智囊团队的辅助下,与竞争对手的扮演者进行模拟辩论①。这种模拟辩论可以弥补候选人在辩论攻防中可能出现的纰漏,使候选人在正式电视辩论中有更好的表现。

讨论式博弈可以使具有不同背景、经验和视角的参与者相互交流、沟通、切磋,使对抗模拟更具活力和创造性,特别是有利于加深对问题的理解。用在模拟听证里,有助于消费者参加人事先地检验和修正己方观点和论据,更充分和有针对性地做好听证前的准备。

解决消费者参加人专业性不足的问题,主要可以选择三种机制:一是采用"委托-代理"机制,如同律师在法庭上直接作为被告或原告的代理人一样,由专业人士代表某些利益群体直接出席听证会;二是由利益群体通过内部选拔或推荐机制遴选出较具能力的利益群体代表;三是由专业人士提供后台支持,间接提升听证参加人的能力和表现。

目前中国社会组织化尚不充分,利益群体、特别是弱势群体的利益整合还受到制约,难以为"委托-代理"或内部选拔推荐提供组织化的保障。因此,在现阶段,前两种机制的有效性值得怀疑。

模拟听证采取的是第三种机制,也就是由专业人士提供综合集成技术支持。价格决策表面上是价格的调整,但实际上牵涉面极广,往往涉及到社会福利与保障、公共财政、产业经济、技术经济、公平与效率等诸多方面的问题。这些问题相互影响、相互交织,使得价格决策的复杂性大为增加。因此价格决策是典型的复杂社会系统问题,综合集成方法在此有广

---

① 例如,2008年美国总统大选的第一场电视辩论前,民主党候选人奥巴马进行了密级的模拟辩论演练,由其顾问之一克雷格(Craig)扮演共和党总统候选人麦凯恩。克雷格还曾在2004年的总统电视辩论前,扮演布什总统,作为民主党总统候选人克里的模拟演练对手。参见:MacAskill, E. US Election Candidates Prepare for Make-or-break Presidential Debates. The Guardian, 2008-9-22.

阔的应用前景。

二、模拟价格听证与相关概念的区别

除本章所讨论的基于政策实验方法的模拟价格听证外，"模拟听证"这一术语还被应用于其他两种场合或文献，但其目的和内涵和这里的模拟价格听证有着根本性的不同。

第一种是美国的模拟国会听证。在美国，模拟国会听证（simulated congressional hearing）较为流行，但此类模拟国会听证主要用于公民教育或政治学、法学、行政管理等学科的教学领域，其目的是通过生动活泼的教学形式，使学生深入了解国家的政治体制，特别是国会运作机制①。

美国的模拟国会听证主要是模拟国会的议事规则，不要求配备专业人员进行辅助分析，议题是假定的或虚拟的，对实际决策也没有参考价值。而本书的模拟听证却是直接地用于改进和扩大社会参与，有着明显的社会功用。模拟听证强调组织化、层次化的参与，强调专业人士的技术支持，其参与者也不仅是接受教育的公民或学生，而是社会利益群体的代表（或扮演者），最主要的是即将参加正式听证会的消费者参加人。

第二种是国内近年开展的模拟立法听证。清华大学当代中国研究中心分别于 2002 年和 2005 年举办了两次艾滋病防治模拟立法听证会，就与艾滋病防治立法相关的有争议的问题，听取各方的意见②。清华大学的模拟立法听证采取了和正式的立法听证会几乎相同的程序和形式，听证代表均为自己主动报名。其主要目的是，一方面通过公开听证记录、提交听证报告，给政府决策者提供参考，推动解决中国艾滋病防治面临的问

---

① Carleton, F. et al. Educating Towards the 21st Century: Active Learning in American Government and Politics. http://teachpol.tcnj.edu/conference_papers/_manuscripts/cfr96a.pdf, 2005-3-12.

② 魏铭言，郭少峰. 艾滋病防治模拟立法听证会举行. 新京报, 2005-11-27.

题;另一方面,探索第三方组织听证的形式,为中国的立法听证和行政决策树立典范。

与此相对照,本章的模拟听证以政策实验方法为理论基础,具有讨论式博弈和综合集成技术支持两大特点,在价格决策中,它是正式听证会的补充而非替代,无论在形式还是目的上与艾滋病防治模拟立法听证都有本质的区别。

三、模拟听证的参与者及模拟听证过程

根据职责、知识背景和能力要求的不同,和政策实验方法类似,可以把模拟听证的参与者划分为以下五种主要角色:模拟听证组织者、模拟听证局中人、政策分析师、相关领域专家和技术支持人员。

模拟听证组织者负责模拟听证的总体规划与设计,组织领导和控制模拟听证全过程,可以视为模拟听证的总设计师和总导演。模拟听证组织者必须熟悉模拟听证的理论和方法,具备一定的引导和控制艺术。

模拟听证局中人包括消费者、经营者和其他社会各界的"代表"(或扮演者)。他们各自代表着价格决策中的相关利益群体或有关方面,在模拟听证中负责确认、表达和维护自身利益,或代表某些方面提出其关切。其中,消费者局中人应当主要邀请已被确定参加正式价格听证会的正式消费者参加人,只有这样才能切实提高他们的听证能力,架起模拟听证和正式价格听证之间的桥梁。其他各方的局中人主要担当"陪练"对手的角色,人选确定方式则比较灵活,既可以从社会上征集,也可请人模拟扮演。

政策分析师应有多人。部分政策分析师要特别地安排给参加模拟听证的消费者参加人,为其提供专属的支持:帮助其确认关键利益,对消费者的观点和论据进行整理和分析,并提出修正和补充建议,分析定价听证方案,采集外界观点和意见,辅助消费者参加人加工、提炼证词,并协助其

进行任务分工和协调配合。为了加强对抗性,也有必要给经营者局中人配备政策分析师,通过强强对抗,使模拟听证更加深入。

相关领域专家提供价格调整议题涉及各领域所需的专业知识或专业分析。他们是模拟听证的知识库,是模拟听证专业化的重要保障。

技术支持人员提供数据收集、统计、调研、预测、仿真分析等专业技术服务,特别是定量分析服务。他们从政策分析师那里领受分析任务,完成任务后反馈给政策分析师,然后提供给模拟听证的局中人使用。

除上述五种主要角色外,模拟听证还需一些辅助人员,承担模拟听证全程的后勤保障、联络、记录等行政助理工作。所有这些参与者,以讨论式博弈为核心,各尽其能、相互支撑,形成类似政策实验方法的组织化机制。

模拟听证的过程也和政策实验过程类似,但也略有不同。这一过程主要包括六个关键步骤:

(1)模拟听证准备。模拟听证组织者首先要熟悉听证背景,确定模拟听证的时间、地点、规模、组织方式和程序。其次,需要邀请消费者参加人出席,选择确定参与模拟听证的其他各类人员,并进行必要的培训。此外,模拟听证组织者还需准备相关资料,如定价听证方案、定价成本监审报告、其他相关的背景材料或论证材料等。

(2)无支持的局中人对抗模拟。出席模拟听证的各方局中人,参照正式听证会的规则和程序进行观点表达、提供证词,还可增加正式听证会上可能没有的相互质证。政策分析师、相关领域专家与技术支持人员观摩旁听,不介入局中人的对抗模拟。通过本轮对抗模拟,各方局中人摆明了自己的立场、观点,并了解了其他各方的观点和论据。专业团队成员,特别是政策分析师通过观察,掌握了各方的立场、观点和论据,对各方证词的薄弱之处有了初步的认识,为后面的辅助分析打下了基础。

(3)协作式分组会商。各方局中人及其所属政策分析师分组进行会商,针对前一阶段对抗模拟的表现,寻找其他各方观点和论据可能的漏洞,检讨己方的观点和论据还需要做哪些调整或补充,对一些方案和建议进行分析。

(4) 综合集成技术支持。根据前一阶段提出的问题分析和检讨需求,政策分析师将问题分解为相对独立的子任务,根据相关领域专家和技术支持人员的技术专长,请其运用必要的专业知识或技术手段,对这些子任务进行研究分析,得出结论后反馈给政策分析师和相关局中人。各方局中人在得到相关专家和技术支持人员的分析结果,听取政策分析师的建议后,在政策分析师的辅助下,重新梳理、调整己方的观点、论据,优化各自的方案建议,确定优先利益和利益底线,并对证词进行加工和提炼。

(5) 综合集成支持下的讨论式博弈。本阶段,各方局中人在专业人士的支持下进行讨论式博弈。此时,同一方的局中人可以在政策分析师的协助下进行分工合作,政策分析师、相关领域专家和技术支持人员也可以做必要的补充说明。本轮综合集成支持下的讨论式博弈和前面无支持的局中人对抗模拟相比,无论在证词的专业性和精辟程度,还是对抗的水平和深入程度方面都会有显著的提高。

(6) 模拟听证总结。由模拟听证组织者和政策分析师对模拟听证进行总结回顾,对各方局中人、特别是消费者参加人的表现进行点评指导,必要时进行个人辅导。根据消费者参加人的需求,可以协助其制定正式听证时的证词方案。

根据模拟听证开展的具体情况和时间条件,模拟听证过程的中间四个步骤可进行多次反复,以提升模拟听证效果。

四、模拟听证的实际操作

模拟听证可以由正式价格听证的组织者来主办,也可由独立的政策研究机构来主办。

利益博弈政策实验方法：理论与应用
Experimental Policy Research Methodology for Interest Analysis: Theory and Application

正式价格听证的组织者（即政府价格主管部门）兼作模拟听证的组织者有两个好处。首先，使模拟听证具有权威性，有利于提高模拟听证的影响力，把模拟听证纳入听证过程成为一个正式的环节。其次，正式听证会组织者亲自介入，能够促使消费者听证会参加人参与模拟听证，便于在模拟听证过程中参考使用各种相关资料，例如未公开的论证报告等，保证模拟听证的逼真性和现实感。

独立政策研究机构，特别是政策实验室，作为模拟听证的组织者也是一种很好的方案。政策实验室可以作为一个中立、开放、常设的模拟听证平台。它拥有相对稳定和富有经验的组织者、政策分析师和技术支持团队，临时的人员招募和培训工作量会大大减少，可以更好、更低成本地开展模拟听证工作。此外，还有利于避免政府部门的倾向性影响，开辟一条依托独立第三方的新的公共参与途径。

听证前的教育培训对听证的成功至关重要[1]，模拟听证可以视为听证前教育和培训的一种重要方式。引入模拟听证后，原先的价格听证程序会有所变化：在模拟听证之后、正式听证之前，宜增加一个"证词调整与补充"阶段，使听证双方能够根据模拟听证发现的问题，进一步调整或补充证词、收集论据，使模拟听证的成果得到利用。

当然，在增加了"模拟听证"和"证词调整与补充"两个环节后，为使整个过程不至于仓促，从确定听证方案、选定听证参加人到正式听证会举行的时间间隔需要延长，以给新增环节留出更充裕的准备和操作时间。

制度要和国家政治经济发展水平以及人们的观念相适应，因此价格听证制度的发展完善需要一个较长的过程。把引入模拟听证作为完善当前价格听证制度的一个着手点，在不对现行价格听证制度做大的改变的情况下，只需增加一两个环节就能显著增进效果。

---

[1] Baker, W. H., Addams, H. L. & Davis, B. Critical Factors for Enhancing Municipal Public Hearings. Public Administration Review, 2005, 65(4): 490–499.

除作为正式听证前的模拟演练环节外,模拟价格听证还能为定价机关或者经营者单方所用——称之为"反向模拟听证"。它的意思是,在定价机关提出定价听证方案前,或者经营者试图提议价格调整之前,事先运用模拟听证的思路来分析制订定价听证方案或者价格调整建议方案。

当前常见的现象是:定价机关或经营者先是一厢情愿地推出定价方案,向社会公开后导致民怨沸腾,然后再被动地加以修改。利用反向模拟听证,能够很大程度上避免这种现象的出现。在反向模拟听证中,可以采取角色扮演的方式安排消费者或经营者局中人。通过反向模拟听证,定价机关或者经营者就有可能提前发现定价听证方案或者价格调整建议方案中的问题,预测社会各界、特别是消费者的可能反应,使其有机会提前检验并优化其方案。

第七章
政策实验方法在教学中的应用

本章探讨政策实验方法在公共管理与公共政策教学中的应用前景。首先,回顾当前公共管理与公共政策领域的主要教学方法并分析其不足;然后,介绍政策实验教学法的思路和要点;最后,再结合一个以颐和园门票价格调整为背景的教学案例,介绍政策实验教学法的组织和过程。

7.1 主流的教学方法及其不足

当前公共管理与公共政策领域常见的教学法主要有四种:以讲授为核心的传统教学,研讨式教学,案例教学,角色扮演或情景模拟[①]。传统的讲授教学无需多言,下面首先逐一介绍其他三种教学方法,分析其功能和特色,然后再综合分析这些方法在公共管理与公共政策教学中面临的挑战。

一、研讨式教学

研讨式教学(seminar)是为研究某问题或专题由学生与教师共同讨

[①] 本章的教学既包括本科生教学也包括研究生教学,还包括在职人员培训。此外,这里提到的四种方法应当视为"元"方法,在实践中它们常常会有所交叉或融合,例如,案例教学中有时也有角色扮演。

第七章 政策实验方法在教学中的应用

论的一种教学方式。它最早见于18世纪教育家佛兰克创办的师范学校中。1737年,德国学者格斯纳在哥廷根大学创办哲学研讨班,从而把研讨班引入到大学中。后来研讨班在柏林大学得到进一步改造,发展成为结合科研的一种基本教学形式。1820年代,研讨式教学法传到美国,并逐步得到传播和普及[①],目前在公共管理与公共政策[②]、政治学、法学、历史学、文学、医学等学科广泛运用。

研讨式教学的形式多样,但一般由教师概要性讲述和专题研究两部分组成[③]。概要性讲述时,教师提纲挈领地介绍有关问题或专题的发展脉络和背景,使学生大致了解该问题或专题的主要思想和观点,为专题研究打下铺垫。专题研究部分则是课程的主要环节。学生根据研究方向、个人兴趣或教师指派,分别就相应的内容模块做充分的准备,包括文献阅读、分析评述等,并做专题报告,和包括教师与学生在内的所有课程参与者交流。通过提问、回应和辩论,学生对所学内容获得更加深刻的认识。研讨教学的最后阶段,一般是由教师进行总结和点评。

研讨式教学与传统的讲授方式有明显的区别。讲授式教学方法侧重教师在授课中将一个较为完整的知识体系传授给学生,学生通常只是被动地接受大量的课程信息。而研讨式教学则不同,它并不把让学生掌握一个系统的、已经结构化的知识构架置于优先地位,而是强调培养学生的批判精神和创新能力,推动学生自主地进行学习[④]。总体而言,研讨式教学在促进师生互动,倡导师生平等,激励思考和创造,面向研究性学习等

---

① 研讨式教学的形成及历史,参见:雷安军. Seminar 源流及对当前法学教育的意义. 福建论坛, 2007(2): 18 - 21。
② 关于如何在政策科学中运用研讨式教学,一个典型案例参见:Brunner, R. D. Teaching the Policy Sciences: Reflections on a Graduate Seminar. Policy Sciences, 1997, 30(4): 217 - 231.
③ 沈文捷,朱强. Seminar 教学法:研究生教学的新模式. 学位与研究生教育, 2002(7-8): 43 - 47。
④ 马宗国. "Seminar"在管理类课程中的应用研究. 中国大学教学, 2006(7): 26 - 27。

方面具有鲜明的特色和明显的优势①,在欧美等国,研讨式教学早已取代传统的讲授成为一种主流的教学方法。

二、案例教学

教学案例是一段故事的描述,它有明确的教学目的,学习者经过认真的研究和分析后会有所收获。而案例教学(case method),就是教师借助于教学案例,使学生达到特定学习目的教学方法②。

案例教学方法有三个要素:案例、学生参与案例的准备和课堂上的讨论③。其中,一个公共管理或公共政策的案例应包括以下几个基本方面:问题陈述,行动者及角色,背景与约束,决策过程和解决问题的方法,决策或解决问题之道④。案例的形式多样,有些是描述性的,有些则是决策导向的;有些是基于真实事件和情景而改编的,有些则是针对特定的教学目的专门创作的。

案例教学始于英国,1870 年左右引入哈佛法学院⑤。到了 1910 年,美国所有一流的法学院均已使用案例方法教学。第一次世界大战后,哈佛商学院也开始采用案例教学。1930 和 1940 年代,案例教学方法已经在商学院中普及。在此期间公共管理学科也开始效仿。到了 1950 年代后期,案例教学已经应用到大多数的人文和社会科学学科⑥。至于公共

---

① 重新归纳自:陈潭,程瑛. Seminar 教学法、案例教学法及其课堂教学模型构建. 湖南师范大学教育科学学报,2004,3(4):57-59。
② 周金堂. 哈佛公共行政管理案例教学的特点与启示. 江西行政学院学报,2008,10(3):72-76。
③ Velenchik, A. D. The Case Method as a Strategy for Teaching Policy Analysis to Undergraduates. Journal of Economic Education, 1995, 26(1): 29-38.
④ 〔美〕小劳伦斯·E·列恩. 公共管理案例教学指南. 北京:中国人民大学出版社,2001。
⑤ 早在 1829 年,英国的贝雷斯(Byles)就开始在法律教学中运用案例教学方法。美国哈佛法学院的琅德尔(Langdell)教授于 1870 年引入案例教学法。参见:张梦中,〔美〕马克·霍哲. 案例研究方法论. 中国行政管理,2002(1):43-46。
⑥ 案例教学在各个学科中的广泛应用,参见:Gullahorn, J. T. Teaching by the Case Method. School Review, 1959, 67(4): 448-460.

管理与公共政策领域,案例教学则早已成为教学中最常用的方法之一。

案例教学与传统教学模式相比,具有几个特点①:一是情景性。"案例教学法是对实际行动中的行政管理人员和管理者群体面临的情景所进行的部分的、历史的、诊断性的分析。这种分析以叙事形式出现,并鼓励学生参与进来,它提供对于分析特定情景至关重要的——实质的和过程的——数据,以此来设计替代行动方案,从而实现认清现实世界复杂性和模糊性的目的。"二是自主性。在案例教学中,知识和思想在教师与学生之间双向流动,并在学生中互相交流。通过这种方式激发学习者的学习热情和求知欲望,使其处于积极主动的学习状态。三是目的性。通过直接体验问题情景,案例教学能够加深学生对知识理论的理解。四是体验性。案例教学可以使学生在教室环境中,通过"实践"来培养诊断问题、分析选项、做出决策的信心和能力,学生能在一定程度上感受制度和组织背景,又无须担心其行为后果。

三、角色扮演或情景模拟

角色扮演(role-playing②)或情景模拟③(为简便起见,以下统称"角色扮演")同样是生动活泼、广为运用的教学方法,但与研讨式教学或案例教学相比,国内对角色扮演的教学应用和理论研究都相对较少。

---

① 前三个特点参见:陈潭,程瑛. Seminar 教学法、案例教学法及其课堂教学模型构建. 湖南师范大学教育科学学报, 2004, 3(4): 57 - 59;后一个概自:Leone, R. A. Teaching Management without Cases. Journal of Policy Analysis and Management, 1989, 8(4): 704 - 711.

② 有学者认为应该严格区分 role-playing 和 role-taking 两个概念,其观点是,前者是社会学概念,强调行为模式,后者是心理学概念,强调心理上的移情,参见:Coutu, W. Role-Playing vs. Role-Taking: An Appeal for Clarification. American Sociological Review, 1951, 16(2): 180 - 187. 本书认为,角色扮演是 role-taking 基础上的 role-playing。

③ 角色扮演(role-playing)和情景模拟(simulation)两个术语常相互替代地被使用。有学者认为,两者的区别是,在情景模拟中,学生所需的全部数据已经由教师准备好,而角色扮演则要求学生自己开展数据收集工作。因此,情景模拟一般更多地处于教师控制之下,而角色扮演则更为开放,学生是不是能够收集到足够的数据以开展后续活动并未得到保证,参见:Keller, C. W. Role Playing and Simulation in History Classes. History Teacher, 1975, 8(4): 573 - 581.

概括说来,角色扮演就是在设定的问题情景中,由学生分别扮演情景中涉及的相关角色,不同角色有着各自的目标,学生设身处地地采取所扮演角色的观察视角并模拟其行为,开展分析并做出决策,以此推演事件的后续发展,从而加深对理论的理解和复杂问题情景的认识。

角色扮演作为一种现代教学手段用于教学中,产生于1940年代的社会学领域①。并在随后的十年间快速发展、普及,应用到历史学②、政治学③、国际关系④、经济学⑤、公共管理与公共政策⑥等领域的教学中⑦。

典型的角色扮演教学包括以下几个步骤或要点。首先,选择一个有突出意义的问题情景,但选题不能超出学生可理解或可观察的范围。其次,设置场景,使学生感受问题的背景并做必要的准备。第三,在自愿与

---

① 未包含用于军事计划和训练的角色扮演作战模拟。角色扮演实际在教学中采用可能更早,但在1940年代才开始有意识地称为角色扮演。最早可能是出现在社会学、社会心理学领域,从心理剧(psychodrama)或社会剧(sociodrama)演化而来,参见:Kay, L. W. Role-Playing as a Teaching Aid. Sociometry, 1946, 9(2/3): 263 - 274; Bowman, C. C. Role-Playing and the Development of Insight. Social Forces, 1949, 28(2): 195 - 199.

② 国外历史教学中非常强调角色扮演教学方法,例如:Gorvine, H. Teaching History through Role Playing. History Teacher, 1970, 3(4): 7 - 20.

③ 例如:Rubery, A. & Levy, D. Congressional Committee Simulation: An Active Learning Experiment. PS: Political Science and Politics, 2000, 33(4): 847 - 851.

④ 例如:Bloomfield, L. P. & Padelford, N. J. Three Experiments in Political Gaming. American Political Science Review, 1959, 53(4): 1105 - 1115; Guetzkow, H., Alger, C. F., Brody, R. A., Noel, R. C. & Snyder, R. C. Simulation in International Relations: Developments for Research and Teaching. Englewood, NJ: Prentice Hall, Inc., 1963.

⑤ 经济学教学中角色扮演也应用广泛,微观经济学领域的角色扮演例如:Joseph, M. L. Role Playing in Teaching Economics. American Economic Review, 1965, 55(1/2): 556 - 565;宏观经济学领域的例如:Dolbear, F. T., Attiyeh, R. Jr. & Brainard, W. C. A Simulation Policy Game for Teaching Macroeconomics. American Economic Review, 1968, 58(2): 458 - 468;劳资谈判和工业关系方面的案例如:Lloyd, J. W. Role Playing, Collective Bargaining, and the Measurement of Attitude Change. Journal of Economic Education, 1970, 1(2): 104 - 110.

⑥ 角色扮演在政策教学中的早期探讨,参见:Lasswell, H. D. Technique of Decision Seminars. Midwest Journal of Political Science, 1960, 4(3): 213 - 236. 公共管理中的角色扮演教学,例如:Watson, R. P. Public Administration: Cases in Managerial Role Playing. New York: Longman, 2002.

⑦ 在政治学和经济学等学科中,角色扮演也常被称为课堂游戏(classroom game)、演练(exercise)或模拟(simulation)。

教师指派相结合的基础上分派角色,但要避免让学生扮演不合意的或有心理抵触的角色。第四,按照既定的规则展开剧情推演,各角色根据需要做出决策或反应。一般说来,在充分地展现各方对问题的判断和解决方式后,角色扮演就应适时终止,不能期待直到有理想的问题解决结果后才结束。最后,学生和教师对角色扮演的过程、结果和有关启示进行讨论①。

角色扮演形式生动,容易激发出学生的强烈学习兴趣,使学生获得逼真的体验和深刻的体悟。当然,教师驾驭的难度也相对较高,应用也比较具有挑战性。

四、当前公共管理与公共政策教学方法的不足

在中国目前的公共管理与公共政策专业教学中,课堂讲授仍是主流,但是近些年从国外引进的研讨式教学、案例教学、角色扮演或情景模拟等方法也得到了较为广泛的运用。特别是案例教学,在公共管理硕士(MPA)项目快速发展的带动下,至少形式上已在国内主要公共管理项目中普及②。教学手段的丰富化,对于改进教学效果,培养学生的政策经验,增强公共管理与公共政策课程的现实性,活跃课堂气氛,无疑大有助益。但是,仅靠现有的教学手段或方法仍是不够的,一些深层次的教学需求仍无法满足③。

---

① Westerville, E. C. Role Playing: An Educational Technique. Marriage and Family Living, 1958, 20(1): 78-80.

② 中国的 MPA 教育评估中,"最近一届 MPA 研究生在核心课程学习中使用案例数 ≥20 个,并均已正式书面发给学生,另筹建案例数 ≥10 个,有文字材料证明"和"具有与学生规模相适应的较高标准专用案例教室和案例讨论室"分别被列为 25 个二级评估指标的两条,教育评估在推动各高校公共管理硕士案例教学的普及中发挥了重要作用,参见:国务院学位委员会办公室、全国 MPA 教育指导委员会.中国高校公共管理硕士(MPA)专业学位教学合格评估方案(修订版),2009.

③ 实际上,这些情况不仅限于中国,在国外也不同程度上存在。

首先,缺乏能够覆盖公共政策全过程的、全方位的模拟演练。现有的教学方法,无论是案例讨论,还是角色扮演或情景模拟,多数以课堂为依托,可用时间有限①,大都只覆盖公共政策的某个或某些环节,训练学生某一方面分析或问题解决能力,很少能提供全程的政策体验,包括政策问题的识别、分析、决策和执行,因而不能全面锻炼学生的各种能力,如政策分析、信息收集、表达与沟通、政治决策等。这些局限性,使得学生对公共政策问题的体验仍缺乏深刻性、连贯性和沉浸感。

其次,针对利益冲突和协调的教学手段不足。国内在这方面差距尤为明显②。尽管角色扮演能带给学生从不同视角分析问题的冲突体验,但多是限于利益表达和博弈环节的模拟,利益协调的模拟往往缺位。这样的模拟演练是不完整的,不能充分反映利益冲突、博弈、协调的全过程,使学生难以充分认识政策制定中利益冲突和协调的复杂性,难以理解公共政策制定中的博弈和妥协,以及其中的推动力和制约因素。

第三,缺乏以政策分析技术为支撑的研究性的问题解决训练。主要有两个表现:一方面,现今采用的案例分析、角色扮演等教学方法,虽然形式生动,也受学生欢迎,但在方法的层面并没有为深入的政策分析和论据

---

① 有些角色扮演持续时间较长,特别是国际政治和外交政策领域。比如,一个克什米尔冲突角色扮演案例持续多次课,参见:Newmann, W. W. & and Twigg, J. L. Active Engagement of the Intro IR Student: A Simulation Approach. PS: Political Science and Politics, 2000, 33(4): 835-842;一个外交政策角色扮演案例持续两周,参见:Cohen, B. C. Political Gaming in the Classroom. Journal of Politics, 1962, 24(2): 367-381;一个关于中国外交政策角色扮演的案例包括前期准备持续了一学期,参见:Miner, N. R. Simulation and Role-Playing in the Teaching of East Asian History. History Teacher, 1977, 10(2): 221-228。虽然时间拉长,但这些角色扮演只是准备更为充分,演练更加精细而已,仍然未覆盖政策制定全过程,对学生能力的锻炼也不是全方位的。

② 美国的情况较好。一方面,由于美国特有的政策制定体系,政治学、公共管理、公共政策领域的案例和模拟都比较强调如何做好利益协调,另一方面,美国的冲突解决或协作治理等交叉学科领域较为发达,相关学者开发了大量的有关协商的案例。参见:Wheeler, M. Teaching Negotiation: Ideas and Innovations. Cambridge. MA: PON Books, 2000; E-PARCC. http://sites.maxwell.syr.edu/parc/eparc/default.asp, 2010-3-30。

质证提供有效接口①，其后果是不同角色的扮演者往往各说各话，无法加以验证，最终使案例分析和角色扮演中折射出的冲突停留在表层，陷入不了了之的困境；另一方面，公共管理和公共政策等相关专业的学生，或多或少地都要学习政策分析或定量分析的方法和技术，可是目前真正能够锻炼学生使用这些方法和技术的教学手段少而又少，使得学生难以体验它们在政策制定中的价值和作用。

从上述分析可以得出，公共管理与公共政策教学手段亟需新的突破和发展。在教学中，除了简单的案例分析，还需要深入的问题研究；除了思辨式的争论，还需要有理有据、以政策分析技术为支撑的研究性辩论；除了基于小组的表层讨论，还需要组织化了的深入博弈；除了以每讲教学内容为主题的、一个个单独的案例体验，还需要综合运用所学理论和知识、贯穿政策制定始终的课程实习。政策实验方法，为我们展现了这样一种新的教学模式。

7.2 政策实验教学法

政策实验教学法，简而言之，就是以政策实验的形式开展教学模拟。和应用于政策咨询的政策实验方法相比，政策实验教学法的组织模式和实施要点都有所区别。

一、政策实验教学法的角色分配

政策实验教学法中不存在"委托人"，"政策研究者"需要由教师担

---

① 角色扮演多数时候只需学生准备必要的资料后参与即可。某些角色扮演教学中，参与者可以用计算机或模型来开展分析，例如：Dolbear, F. T., Attiyeh, R. Jr. & Brainard, W. C. A Simulation Policy Game for Teaching Macroeconomics. American Economic Review, 1968, 58(2): 458-468，在涉及到经济分析和预测时提供了计算机的辅助支持。但总的说，目前的角色扮演教学法绝大部分并不需要参与者本身做复杂的政策分析工作。

任,其他的四种角色"局中人"、"政策分析师"、"领域专家"、"技术支持人员"均由学生承担。当然,视情况可以对三类专业人士的角色进行合并:如果定量分析的工作较少,可以将"政策分析师"和"技术支持人员"两种角色合并;如果需要专业领域知识较少,可以将"政策分析师"和"领域专家"合并;同时出现上述情况,甚至可以将三类专业人员合并为一种"专业支持"角色。此外,在政策实验教学法中,出于工作量平衡等考虑,"局中人"负责分析和提取相应的利益群体的观点。

普通的角色扮演教学中,一般只是把学生划分为若干角色,每一种角色对应一个小组,小组内的学生角色相同,职责相同,所需的知识或技能也相同,小组讨论只是起到集思广益作用。而在政策实验教学法中,学生的角色是比较丰富的、多层次的。局中人负责利益博弈,而其他的几种专业人士角色负责政策分析和论据分析,他们相互补充、彼此互动。政策辩论和利益博弈不再停留在浅层次,真正成为以政策分析技术为支撑的研究性辩论和组织化的利益博弈。这样,学生所学的政策分析技术也能在政策实验中得以运用。

政策实验教学法强调博弈角色和支持角色的分工,这是该方法的特色,也是该方法的优势。一方面,现实世界的政策制定系统中,各类参与者本来就是有分工的,幕僚人员或智库开展政策分析,而政策制定者针对这些分析来做出综合评估并决断。政策实验教学法中有人进行分析研究,有人做出政治决策,其角色分工更好地反映了现实。更有利的是,因为有了这样的角色划分,每个学生都可以集中精力,在自己的角色上全力以赴,无论是利益分析还是论据分析都有条件更加深入,使得模拟演练向深层次推进。另一方面,虽然学生在参与政策实验教学时,扮演不同类型的参与角色所得到的训练是各有侧重的,比如"局中人"和"政策分析师"的职责和所需要运用的能力不同,但是,由于综合集成支持和讨论式博弈的有机结合,各种角色间有着密切的协作和相互的支撑,使得大家可以从体验中相互学习,深切地感受角色间任务的联系,以及自己在整个政策制定中所发挥的作用。

二、政策实验教学法的主题选择

开展政策实验教学,首先要选择一个主题,即政策议题背景。由于学生的阅历或经验以及实验可用资源等限制,政策实验教学法在选定实验主题时也面临一些约束。这里将其提炼为选题的四项准则。

准则一,实验主题需要源于现实的政策问题。作为实验主题的政策问题一定要源于实际,这一点是首要的。和其他学科中可以自行编拟习题不同,公共政策研究中政策问题必须是真实的,纯粹的虚拟问题不仅现实意义有限,而且由于需要大量的编撰和推敲工作,进行实验设计的难度和工作量也要远远超过选择真实问题。

准则二,选择相对"不太复杂"的政策问题,并做必要的简化。复杂性是政策问题的本质特征,所有的政策问题都是复杂的。这里的"不太复杂"首先是指政策问题涉及的利益格局相对简单,涉及利益群体较少,且利益格局容易分析。此外,"不太复杂"还指涉及的主要专业领域有限,方案选择的空间也有限,不至于漫无边际。这样一来,政策实验需要的政策局中人分组较少,实验规模容易控制,实施的难度也不会太高。即便如此,政策议题也要有所简化。简化包括两个方面,一是利益格局仍要简化,有二至三个利益群体是最佳的;二是做一些必要的假设,略去枝节性的问题,使实验集中到问题的主要矛盾上。当然,简化的一个重要前提是,简化后政策议题的核心不会发生根本性变化。

准则三,学生容易理解问题背景,最好具备一定的切身感受或经验。学生的社会阅历和生活经验都较少[①],为了使学生在较短的时间内理解

---

① 当然,对于在职学员(如 MPA)教学培训,问题选择的自由度会大得多,准则三的限制就不那么明显。

相关背景,掌握政策问题的实质,并且在实验中较快地投入角色——能够比较真实地像所代表的利益群体成员一样思考和采取行动,必须选择学生具备一定的切身感受或经验的问题作为政策实验主题。

准则四,易于获得相对充分的、均衡的背景资料和分析素材。政策实验教学法强调定性定量相结合的分析。实验中,"政策分析师"、"领域专家"和"技术支持人员"的支持是至关重要的。由于实验参与者均为学生而非现实中与政策相关的专业人员,实验中涉及的专业知识和关键数据多要通过二手途径获得。中国的很多政策制定公开程度有限,相关的数据或资料并非唾手可得。因此,在选择实验主题时,这一原则不能忽略。另外,可获取的支持不同观点或利益的背景资料和分析素材尽量相对均衡,如果不同方面局中人可利用的论据明显不均,政策实验将会发生倾斜,论辩和分析将难以引向深入。

三、政策实验教学法的应用形式

一个完整的政策实验过程实际上几乎覆盖了政策制定的全过程:从利益的表达,到各方利益和观点的博弈,再到利益的协调和共赢,最后还有模拟政策执行环节。另外,政策实验也兼顾了政策制定的两个侧面:政治层面的利益群体博弈,以及技术层面的政策分析和论证。由此可以看出,基于政策实验方法的教学模拟实际上是一项非常综合的模拟训练,学生几乎能够用到其在政策相关课程中学到的所有知识。因此,政策实验教学法非常适合作为课程结束后的综合实习手段。

在中国,由于各方面的条件限制,公共管理和公共政策相关专业的学生很难在学习期间找到能够运用其所学的实习机会。在这种情况下,依托政策实验室开展政策实验教学模拟,成为了一个很好的替代手段。这种综合演练,一般以教学班级为参与单位,在课程结束后集中一段时间以实习的形式开展全程的政策实验,学生在实验中体验模拟的政策环境,从而加深对相关理论的理解,掌握相应的方法和技能。

当然,政策实验教学法也仍可以继续依托课堂教学,化整为零,只针对政策过程中的某些环节,或者利益表达、博弈与协调过程中的某些阶段来进行。穿插在课堂教学中进行某些环节的专门演练,好处是时间可控,不必打破原有的教学安排。

四、政策实验教学法的其他功用

对教师而言,政策实验教学法除了提高教学效果的功用外,还有着多重好处。首先,加深师生对政策实验方法的学习和理解。参与政策实验教学模拟,有助于使参与的学生熟悉和体验政策实验方法,而教师则可以积累运用政策实验方法的经验,这些宝贵的经验可以为教师将政策实验方法用于政策研究或咨询中提供指导。

其次,政策实验教学还可以与教师的政策研究相结合。从事公共政策研究的科研人员面临着诸多困扰:缺乏实践和咨询机会,政策研究与实际政策制定脱节,只能"空对空"地开展研究;对政策环境理解不深,政策建议往往隔靴搔痒。在这种情况下,相关专业的教师可以将政策实验室作为教学和研究的双重平台。将教师关注的政策问题设置为实验主题,开展政策实验教学,在学生有所收获的同时,教师通过对实验过程和结果的观察,也会加深其对政策问题的认识,从而成为政策研究的一种补充。

7.3 "北京世界文化遗产门票价格调整"政策实验教学案例分析

本节介绍笔者依托北京理工大学公共政策实验室,以北京世界文化遗产门票价格调整为主题,组织部分学生开展的一次政策实验模拟教学①。

一、实验主题及其背景

这次实验的主题源自于北京市2004年11月广受争议的世界文化遗产门票价格调整。其背景是,故宫、颐和园、八达岭长城等位于北京的六个世界文化遗产景点打算大幅度提高门票价格,如故宫打算把淡旺季门票价格由40/60元调整为80/100元,颐和园打算由20/30元提升到60/80元②。各景点(背后是遗产管理机构)的主要理由有三:一是目前这几处景点收入仅能维持景区基本运行费用,而它们数十年来都未进行全面系统的修缮,为了使这些文化遗产在2008年北京奥运会前得到较好的修缮,需要通过门票提价来筹集部分资金;二是北京六处世界文化遗产参观点的门票价格大大低于外地同类景点,不能反映其历史、文化价值;三是利用涨价来限制目前超负荷的参观客流,保护文物古迹③。当然不出意外,这一方案遭到公众的强烈反对。

如前章所述,尽管目前中国绝大多数的价格由市场决定,但政府仍保留对公用事业价格、公益性服务价格、自然垄断性服务价格等三类价格的管制。世界文化遗产门票价格属于政府管制价格,按照有关法律,在价格需要调整时,必须举办价格听证会。

北京世界文化遗产门票价格调整听证会(以下简称"听证会")于2004年11月下旬举行。听证会引起了媒体的高度关注和激烈的社会争论。由于价格听证制度设计的内在缺陷以及一些操作上的原因,这次听

---

① 本次实验教学于2005年4月举行,是政策实验方法在教学中的首次尝试,参见:李亚. 首次公共政策实验总结报告. 北京理工大学, 2005。
② 王建新. 北京六大景点:门票涨价四大疑问. 人民日报, 2004-12-1。
③ 同上。

证会本身可以说并不很成功。比如,会上听证代表基本都认可涨价,仅有个别代表对涨幅有所异议,这与场外绝大多数公众反对涨价反差很大;此外,颐和园大部分游客来自外地,而听证会上的消费者代表均来自北京本地,本地游客可以通过购买优惠年票或月票不受或少受涨价影响,因而外地消费者的利益未得到有力的维护。但是从另一方面讲,听证会起到了聚焦作用,由于社会反应强烈,出于种种考虑,价格调整最终没有实施,各景点门票价格维持不变。

我们把实验主题确定为北京世界文化遗产门票价格调整所带来的争议,符合政策实验教学法的选题要求。首先,这个主题来自现实,2004年11月30日北京曾专门为此召开价格听证会(符合选题的准则一);其次,学生对北京的景点、公园比较熟悉,该主题涉及的确是大家熟悉的社会生活领域(符合准则三),部分同学参与过课上相关问题的讨论,对该议题有一定的了解和认识。另外,该主题也曾为社会广泛关注,相关背景资料比较充分,便于从公开渠道获取,并且支持各方观点的资料相对均衡。此外,作为组织本次政策实验教学的笔者,曾作为相应价格听证会的旁听者直接参与,并持续关注这一议题,也积累了大量的相关资料和素材,可以为大家使用(符合准则四)。价格调整问题利益格式相对明晰。为了控制实验主题的复杂性,笔者将政策问题做了简化,简化了利益格局(见下文),另外只考虑颐和园的门票价格调整,不考虑故宫、长城等其他几处世界遗产的门票价格问题[①],一定程度上缩小了问题规模(符合准则二)。另外一个原因是,颐和园有更多的公开数据可以获取,此外离北京理工大学很近,便于学生开展各种形式的调研。

至此,我们确定的实验主题是:颐和园打算进行门票价格调整,拟由20/30元(分别为淡/旺季门票价格,下同)涨为60/80元,各方为此展开

[①] 实验中约定,在考虑对北京市旅游市场和外地旅游者的总体影响时,可以假设其他五处世界文化遗产的门票价格也拟进行类似的上调,拟上调幅度参照价格听证会上的披露。

利益表达、博弈和协调。

二、实验设计

我们的工作是组织一次小型的探索性实验,应用政策实验教学法来研究颐和园的门票价格调整问题,实验的参与者是北京理工大学公共管理专业的部分师生。实验的目的有两个,一是通过政策实验使学生更好地理解公共政策分析和制定,体验政策制定的复杂性,二是对政策实验方法本身进行演示验证,看其组织模式和过程设计是否可行,政策实验教学法的运用能否产生有启发的结果。

如前章所述,价格听证是中国开展较多、影响较大的一种公共参与形式,而且特别符合政策实验教学的应用场景:第一,运营者(在本案例中是景点管理机构及其政府主管部门)和消费者(主要是作为游客的公众)之间有明显的利益冲突;第二,消费者一方人数众多,但处于弱势地位,消费者听证代表的专业性和代表性难以两全,消费者缺乏有组织的参与,而运营者则具有信息资料、质证能力和组织优势;第三,价格背后涉及的政策议题广泛,牵涉面大,深入的议题讨论需要许多专门知识和较多的数据支持。

通过对问题情景的分析,我们认为可以适当简化利益博弈格局,只考虑两组主要的利益群体:游客(消费者)和园方(经营者)。实验中设两组局中人,每组三人,均由公共事业管理专业的本科生扮演,分别代表游客和园方的利益。游客局中人中,我们指定一人主要维护本地游客利益,一人主要维护外地游客的利益,另一人兼顾两个子群体的利益。

为了使局中人能尽可能地代表相应群体的利益,我们在角色分配前调查了学生对颐和园等景点门票价格调整的观点倾向,只有支持或部分支持涨价的学生才能作为园方局中人,反对涨价的才能作为游客局中人。

本次实验还有一个重要的假设前提是,政府对于包括颐和园在内的文化遗产的财政拨款不会在短期内大幅增加。因为如果按照多数发达国家的做法，文化遗产的管理和定期维护均主要依靠政府拨款，门票大幅涨价的做法根本是难以理喻的。在这一假设下，未把政府作为参加博弈的第三方。

我们为两组局中人都提供了专业团队，每组各三人，均是公共管理专业的硕士研究生。他们都接受过政策分析和定量分析方面的课程训练，具备一定的分析能力，大体可以胜任其角色。三人组成的专业团队中，一人作为侧重数据支持的技术支持人员，一人作为领域专家，一人作为政策分析师。

对于门票价格调整问题，社会对此问题已有较多的讨论，加之还有先前的价格听证会为基础，这两个因素降低了学生扮演局中人和专业团队的不利影响。

笔者承担了实验中的"政策研究者"角色。考虑到研究生担任实验中至关重要的政策分析师能力可能会有所不足，在实验中我也为双方专业团队中的政策分析师提供了有限的协助。在政策实验教学中，教师根据实际情况适当地介入局中人和政策分析师的分析工作，适当地进行一些提示是有必要的，有益于提升实验效果。

为了检验实验的成效，我们设定了两组问题，通过在实验后询问回答者的主观感受，来检验政策实验教学的有效性。第一组问题的提问对象是参加政策实验的所有学生，实验结束后，他们要对以下每个问题回答"是"、"否"或"说不清"。实验参与者对下述问题的肯定回答越多，就说明本次实验越是成功。

问题1-1：对政策议题所涉及的利益冲突，是否认识得更加清楚？

问题1-2：是否更系统地了解到各个相关利益群体的主要关切？

问题1-3：社会上围绕此议题的各种意见、建议、论点，回头看是不是觉得条理化了？

问题1-4:是否真切地体会到数据支持、专业领域知识支持在政策分析中的重要性?

问题1-5:实验过程中,是否发现很多流行的观点在逻辑上或论据上是站不住脚的?

问题1-6:实验中是否涌现了一些新颖的问题解决方案?

问题1-7:对利益协调之道是否有了更清楚的眉目?

问题1-8:通过模拟政策执行,是否发现了一些建议方案可能存在执行问题?

问题1-9:如果你是听证会的代表,参加完实验后去参加听证,会不会更有信心和说服力?

问题1-10:对政策实验方法的作用和价值是不是有了更深的体验?

第二组问题的提问对象是未参加实验的学生。提问是在他们了解社会上的有关讨论,阅读听证会的实录,并阅读本次政策实验的总结报告之后。同样,肯定的回答越多,就越是说明实验的成功。这些问题包括:

问题2-1:阅读实验报告后,是否能够更系统地了解到各个相关利益群体的主要观点和关切?

问题2-2:实验报告是否将社会上的各种观点、意见和建议条理化了?

问题2-3:相对于听证会上消费者代表的证词,实验中游客局中人一方的证词说服力是否有提升?

问题2-4:通过实验,是否发现社会上或听证会上出现的一些观点在逻辑上或论据上是站不住脚的?

问题2-5:通过实验,是否大体澄清了一些相互冲突的论据?

问题2-6:实验中是否产生了促进双方共赢的新的创造性方案建议?

问题2-7:如果你是决策者,阅读实验报告后,对共赢的问题解决是否更有信心?

此外,实验前,我们也为参与者拟定了角色规范,并提出了实验信息采集和记录要求。前者有利于学生更好地遵从其角色需要,保证实验质量,后者则在实验的同时也保留下实验过程的重要信息,便于实验后的总结和分析。

三、实验过程和结果

本次实验以课外实习的形式举行。实验划分为七个阶段:实验规划、培训和准备,无技术支持的利益表达,协作式会商,综合集成的分析,综合集成支持下的利益博弈,创造性问题解决,模拟政策执行。

实验规划包括问题情景研究、利益相关者分析、实验设计和实验参加人遴选等工作,这由担任实验组织者的教师负责,培训和准备包括参加人熟悉背景、角色适应、收集相关资料、政策实验方法培训等,由所有参加实验的人员共同完成。

无技术支持的利益表达是指,参加教学模拟的扮演游客和园方局中人的学生,按照类似听证的规则分别提供证词,承担专业支持角色的学生观摩旁听,就各方立场、观点和论据予以整理记录。

在协作式会商阶段,游客和园方局中人分别与其专业团队开展研讨,在前一阶段的利益表达基础上,重点讨论双方观点和论据中可能存在的疑点或漏洞,并归纳和提炼成需要分析的一个个问题。

综合集成分析阶段,扮演专业人士的学生根据协作式会商的结果,综合运用数据、模型、知识及智慧,对需要核实、澄清和研究的问题进行分析。

在综合集成支持下的利益博弈阶段,两方局中人在专业团队的辅助下,重新梳理、调整自己的立场、观点和论据,优化其方案建议,确定优先利益和利益底线,重新形成证词。然后,局中人在专业团队的支持下进行讨论式博弈。

在创造性问题解决阶段,教师引导的重点是,鼓励双方跳出对价格的争执(这只能是零和博弈),拓展共赢空间,寻求富含新的政策思维、又切实可行的综合方案或创新方案。这个阶段,我们采用头脑风暴法促使双方提出了19个新的方案,通过打分法让双方对其利益诉求进行排序,运用调整赢家法协助进行利益分配,然后连同利益表达阶段双方原先提出的方案建议,进行归并后,逐一评估是否能使双方达成共赢,是否具有技术上的可行性。最终,我们确认了若干能够实现共赢的较优方案,作为实验报告的方案建议。

模拟政策执行阶段,学生针对提议的方案开展执行模拟,发现方案的执行漏洞,并提出完善建议。

不含实验规划、培训和准备阶段,实验前后持续了十天。实验以多回合形式安排,共分为九节,每节三个小时。"无技术支持的利益表达"、"协作式会商"、"综合集成支持下的利益博弈"、"创造性问题解决"四个阶段各用两节的时间,"模拟政策执行"用了一节时间,"综合集成的分析"由于需要花费较多的时间,由学生在正式实验时间外的间隙来完成。实验后,根据实验中的观察,笔者撰写了30多页的实验报告。

实验效果超出我们的预期,其成果主要体现在以下几个方面:

首先,经过实验,主要利益群体的立场、观点和论据得以高度结构化,得到较充分地表达,本地游客和外地游客的利益得到区分。

其次,检验了一些有争议的论据,评估、推演了各方的方案建议。例如,在实验中园方声称,2008年前的大修和遗址恢复费用约6.5亿人民币,目前颐和园年游客量为每年600多万人次,按园方建议方案大幅度提价后,年游客量降低到约450万人次。这些数据出现在价格听证会上颐和园一方提出的官方陈述中,是其确定涨价幅度的核心论据之一。游客方专业团队通过对比其他景区提价后的游客变化等历史数据以及在颐和园实地访问游客等手段,对这三个数据均提出质疑,双方为此进行了较深入的讨论。

第三,实验中产生了五个在社会讨论中未见的创造性新方案。比如,实验中我们发现,冲突的焦点之一实质上是把用门票大幅涨价来补偿未来四年内的巨大维修资金需求。然而大规模修缮之后呢?资金需求突降,但是门票价格依然居高不下,实际上长期看,游客付出的成本大大超过了园方的需求。实验参加者发现,即使不增加政府投入、不削减维修项目,也可以考虑以下两个新的方案:一是期限内涨价方案,即把票价涨幅部分不直接作为票价,而是作为遗产维修特别费向游客征收,一旦筹集满所需资金,取消特别费,这样可以避免游客的负担永久化。二是费用长期摊付方案,即首先通过贷款或发行债券来支付维修资金,然后以较长的时间分期偿付,倘若如此,短时期内的门票大幅提价的压力将有效缓解,经测算,门票涨幅可以减小到原先提议的30%以内。这两个方案,均既满足了园方的资金要求,也较大地提升了游客方的满意度。

对预设的两组问题的回答也说明了实验的成功,除了问题1-1做出肯定回答的只有50%左右(可能是由于先前的社会讨论已经比较充分),其他问题的肯定答复均在80%以上。仅仅十几个学生参加的探索性实验,就能明显加深人们对问题情景的理解,产生如此多的新发现,政策实验教学法的前景无疑是非常令人鼓舞的。这一实验和我们后续开展的实验表明,政策实验教学法可广泛地运用于本科生、研究生和公共管理硕士(MPA)的公共管理与公共政策教学以及官员培训项目中,完全有潜力发展成为一种高水准、生动活泼、与传统案例教学和情景模拟互补的新型教学与培训形式。

第三篇 理论扩展篇

第八章
政策研究中的四种实验方法：
分析与比较

实验是政策研究的一种主要手段。在政策研究领域，除了本书的"利益博弈政策实验方法"外，还有实地政策实验、社会实验、系统动力学政策实验等常见的实验方法。本章从更广阔的角度审视这些"政策实验方法"[①]。首先介绍什么是实验方法，并对其按四个维度分类，然后分别回顾其他三种常用的政策实验方法，最后讨论利益博弈政策实验方法在实验方法体系中的定位，并对这四种实验方法进行比较。

8.1 实验方法及其分类

一、实验方法及其发展

科学的发展与实验密不可分。在物理、化学等自然科学领域，正是因

---

① 为区别起见，本章将"政策实验方法"作为政策研究中各种实验方法的总称，本书的"利益博弈政策实验方法"一律采用其全称。只有本章进行这样的区分，其他章节仍将"政策实验方法"作为"利益博弈政策实验方法"的简称。

利益博弈政策实验方法:理论与应用
Experimental Policy Research Methodology for Interest Analysis: Theory and Application

为科学地运用实验方法,几个世纪以来人们对自然世界的认识才取得的巨大进展。可以毫不为过地说,科学实验是自然科学发展的最有力的杠杆[①]。

然而直到 19 世纪末期,实验方法才逐步运用到非自然科学领域。1879 年,德国心理学家冯特在莱比锡大学建立了世界上第一个心理学实验室,开始用实验的方法研究心理学。19 世纪末 20 世纪初,德国教育学家、心理学家梅伊曼和拉伊共同奠定了教育实验的基础。20 世纪初期,实验方法开始出现在管理学领域,泰罗的时间-动作研究可以视为实验方法在管理领域的早期运用,1924 至 1932 年间美国芝加哥西方电气公司所属的霍桑工厂进行的一系列实验是实验方法在管理学中成熟的重要标志。近些年,由于在经济学上的成功运用,实验方法再次受到人们的瞩目。实验经济学已经成为经济学的重要分支,2002 年诺贝尔经济学奖授予弗农·史密斯(Vernon L. Smith),正是对实验经济学的充分肯定。

同样,在政策研究中,实验方法也得到越来越多的应用和关注,"政策实验"、"政策实验室"在诸多文献中屡见不鲜。这一方面是由于政策系统的复杂性和不确定性,相对于逻辑推理和思辨,有时实验研究更具说服力;另一方面是由于政策具有滞后效应并可能带来严重后果,实验研究往往能更快、更低成本地检验政策成效,减小政策风险。

二、政策实验方法的分类

在政策研究这样一个应用导向极强的交叉领域,"实验"一词的内涵和外延也被大大地扩展了。在不同的情景之间,所谓的"政策实验"常常有着较大的差异。例如,在某些场合,和自然科学中的实验类似,政策实验是通过对对象系统施加某种控制,通过调控一个或多个变量的变化来

[①] 董京泉. 社科研究与理论创新. 北京:社会科学文献出版社,2003:15-16.

观察该变量对其他变量的影响,检验对象系统变量之间的因果关系。而在另外一些应用中,政策实验则是指通过研究对象系统的模拟系统,来获得关于对象系统某种规律的认识。

为了便于更深入、全面地考察目前各种常见政策实验方法之间的区别,可以从四个维度对它们进行分类[①]。

首先,按照实验的主要目的,政策实验方法可以分为评估型政策实验方法、探索型政策实验方法以及教学型政策实验方法。评估型政策实验方法是指依靠实验对既定政策的效果、效益或效率进行评估检验,从而为政策的取舍和改进提供依据。探索型政策实验方法是指通过实验对特定政策系统的规律和政策制定的关键进行研究探索,为科学的政策制定提供基础。教学型政策实验方法,顾名思义,则主要是为了使学生加深对政策或政策制定的理解,获得相关知识和体验。

其次,按照实验的观察和作用对象,可以分为直接政策实验方法和模型政策实验方法。直接政策实验方法是指对政策客体或政策环境直接施加干预并进行观测,来研究政策系统的规律。而模型实验方法则是间接的,通过建立反映政策系统某一方面特性的抽象模型,一般说来是数学模型或仿真模型,利用模型和原型之间的相似关系,通过研究模型来近似地得到原型系统的有关规律。

第三,按照开展实验的场所,政策实验方法也可以划分为实验室政策实验方法和现场政策实验方法。实验室政策实验方法是指在某种人工环境(通称实验室)的环境下开展实验,而现场政策实验方法则是指在真实世界、即现实政策空间中进行实验。

第四,按照是否开展对比研究,还可以把政策实验方法分为对比政策实验方法和非对比政策实验方法。对比政策实验方法即安排实验组和控

[①] 黄洁萍,李亚. 综合集成技术支持下的模拟利益博弈:一种新的政策实验方法. 云南行政学院学报,2008(5):90-94。

制组,以不同的政策作为输入变量,分别作用于两组实验对象,通过效果比较得到所关注政策效用的结论。非对比政策实验方法,则指在实验中没有或不依赖对照比较。对比政策实验方法又可以进一步划分为随机分配实验(纯实验)和准实验。随机分配实验要求严格控制实验环境和研究变量,随机分派实验组和控制组,准实验则不必满足纯实验所要求的严格随机条件。

下面,将首先介绍实地政策实验、社会实验和系统动力学政策实验这三种在其他场合中经常使用的政策实验方法[1],对每种实验方法,都根据前面的四个分类维度对其进行方法学定位;然后再从实验方法创新的视角讨论利益博弈政策实验方法;最后对四种方法进行综合比较。

8.2 实地政策实验

实地政策实验(pilot policy experimentation)即我们常说的政策"试点",是公众最为熟悉的"政策实验"[2]。安德森咨询公司曾发布报告对这种实验方法进行了详细讨论[3]。试点一般不选择对照组和控制组,不引入控制变量,完全是在真实环境中对政策进行检验。它往往只对政策推

---

[1] 还有一种行为政策实验(behavioral policy experimentation)。它类似心理学实验,选择适当的控制组和对照组,对实验条件进行控制,通过有选择地控制政策输入,对人们的行为反应进行观察,获得有关政策成效的更多信息,从而为政策制定提供参考。这种方法源于心理学,而心理学和政策分析传统上有着一定的学科距离,因此在政策研究中比较边缘化。同时这种方法侧重于政策影响的微观层面,较难把握政策的宏观效应。由于这些局限性,行为政策实验的实际应用不多,本章也就不再单独介绍。参见:Amir, O. et al. Psychology, Behavioral Economics, and Public Policy. Marketing Letters, 2005, 16(3/4): 443 - 454.

[2] 也常被称为"政策试验"。"实验"和"试验"有所区别,前者是为了检验某种科学理论或假设而进行某种操作或从事某种活动,后者为了察看某事的结果或某物的性能而从事某种活动,参见:http://baike.baidu.com/view/57974.htm。"实验"比"试验"的涵义更广,所有的"试验"都是"实验",这里统一称为"政策实验"。

[3] Andersen Consulting. The Public Policy Laboratory: Taking a Fresh Approach to Policy Implementation and Securing Policy Outcomes. http://www.netnexus.org/library/papers/andersen.htm, 2005-1-24.

行的地域、范围或时间区间有所选择,因此属于非对比的评估型或探索型的现场政策实验,也是一种直接政策实验方法。

在中国的改革开放中,这种方法应用特别广泛。"中国在制定经济政策方面之所以显示出强大的适应能力,关键在于把广泛的政策试验和设定长期政策重心这两个方面以非同寻常的方式加以结合。"[①]邓小平的基本改革思路就是政策试点:"在全国统一方案拿出来以前,可以先从局部做起,从一个地区、一个行业做起,逐步推开。中央各部门要允许和鼓励他们进行这种试验。"[②]改革开放初期的一些重要改革措施,如农村联产承包责任制、取消人民公社制度、统购统销制度的改革、扩大企业自主权、城市经济体制改革等等,都是经过试点后才在全国推行[③]。

早期的经济特区,通过在全国率先发展外向型经济、引进外资和技术,成为改革开放的排头兵。而新世纪以来,上海浦东新区、天津滨海新区、重庆和成都市、武汉城市圈和长株潭城市群等国家综合改革配套试验区,按照解决当地实际问题与攻克面上共性难题相结合的原则,先行试验一些重大的改革措施,国家提供相应的配套政策,试点成功后再在全国进行推行[④]。经济特区和综合改革配套试验区都起到了"政策实验室"的作用。

政策试点在国外也同样被广泛采用。例如,美国的各州经常被称为联邦政府的"政策实验室",因为很多政策都是首先在州一级尝试,在证实有效后,被联邦政府所采纳并在全国推行[⑤]。美国的立法机构,有时也会有一些过渡性的立法,通过一段时间的实践检验其成效,然后再进一步明确政策。例如,1996年的农场法案,尝试政府减少对种植的干预和农

---

① 〔德〕韩博天(Heilmann, S.). 中国异乎寻常的政策制定过程:不确定情况下反复试验. 开放时代,2009(7):41-48。
② 邓小平文选(第二卷). 北京:人民出版社,1994:150。
③ 黄秀兰. 论改革开放进程中的政策试验. 探索,2000(3):66-69。
④ 郝寿义. 国家综合配套改革试验的意义、政策设计和动力机制. 城市,2008(6):6-8。
⑤ 美国是典型的分权自治体系,各州的政策由州自主决定,因此这种"政策实验"和中国通常由上级政府主导和计划的政策试点不同。

产品价格的支持,由农场主根据市场价格信号做出生产和销售决策,以求达到减少市场和库存波动的目的。该法案为期七年,在此期间对政策的有效性进行检验①。

实地政策实验方法适用于已有较完整的政策方案,但不能确定政策是否真正有效的情况,或者难以承受全面实施该政策的失败后果的情况,其主要目的是在控制风险的同时对政策的实施效果进行实际检验。这种方法的突出优点是,能够在真实的政策环境中评估政策效果,尽早地发现政策缺陷并完善政策细节,合理设计政策执行机构和配套措施,通过分析得失,为政策在更大范围内的推行打下基础。同时,对一项好的政策方案来说,实地政策实验也是最好的政策"推销员",它能够扩大政策影响、减小实施阻力。实地政策实验的局限性是实验周期比较长,和实验室内的实验相比,成本相对较高。此外,由于资源投入相对较大、社会关注度高,"往往被人为附加很多有利的条件,以保证实验的成功"②,如此可能损害实验的内在有效性。

8.3 社会实验

社会实验(social experimentation)是指以随机分配的方法将实验参与者分成实验组和控制组,分别施加不同的政策干预,通过在真实世界中跟踪观测和对照比较,评估政策项目对参与者的影响,进而检验不同政策的效果③。社会实验在现实世界中进行,其作用对象是政策的目标群体。

---

① Agricultural Policy Analysis Center. Freedom to Farm: An Agricultural Price Response Experiment: What Have We Learned in Four Years? Policy Matters, 2000, 5(4): 1-4.

② 刘钊,万松钱,黄战凤. 论公共管理实践中的"试点"方法. 东北大学学报(社会科学版), 2006, 8(4): 280-283.

③ Greenberg, D., Linksz, D. & Mandell, M. Social Experimentation and Public Policymaking. Washington, D.C.: Urban Institute Press, 2003.

因此，从方法类型的四个维度上讲，社会实验分别属于评估型政策实验、直接政策实验、现场政策实验和对比政策实验方法。

按照实验组参与者的产生方式，社会实验可以分为随机分配社会实验和准实验[①]，前者实验组参与者完全按随机方式产生，而后者则并非随机产生，一般是自愿参与实验或者实验组织者根据需要来选择[②]。

一、社会实验的发展

在1930年代罗斯福新政时期，凯平（Stuart Chapin）主张运用实验的方法对政策实施前和实施后进行对比，考察政策的有效性，这是社会实验方法的早期雏形。但直到接近30年后，到了肯尼迪和约翰逊时代，学术界才对社会实验方法重燃兴趣[③]。现代随机分配社会实验的设想始于1962年[④]。第一个有重要影响的社会实验，是1968至1972年间美国新泽西州和宾夕法尼亚州的负所得税政策实验[⑤]。

社会实验的发展可以大体划分为三个时期：1974年前，社会试验数量较少，实验时间普遍比较漫长，费用也较昂贵，实验的目的也雄心勃勃，

[①] 在多数文献中，社会实验一般仅指严格的随机分配实验，这里采取广义的理解，随机分配实验和准实验都包含在内。

[②] Cook, T. D. & Shadish, W. R. Social Experiments: Some Developments over the Past Fifteen Years. Annual Review of Psychology, 1994, 45: 545-580.

[③] 罗斯福新政时期和肯尼迪、约翰逊时期，联邦政府都推出了大量的社会政策项目，检验政策成效的需求都很大，社会实验方法也就应运而生，参见：Riecken, H. W. & Boruch, R. F. Social Experiments. Annual Review of Sociology, 1978, 4: 511-532.

[④] 现代社会实验的思想由美国麻省理工学院的研究生 Heather Ross 于1962年在其论文研究计划中提出，参见：Greenbreg, D., Shroder, M. & Onstott, M. The Social Experiment Market. Journal of Economic Perspectives, 1999, 13(3): 157-172.

[⑤] 在1968至1980年间，总共开展了四个负所得税政策实验，这是其中的第一个，被视为树立了社会实验的典范。参见：Levine, R. A. et al. A Retrospective on the Negative Income Tax Experiments: Looking Back at the Most Innovative Field Studies in Social Policy. The Ethics And Economics of the Basic Income Guarantee (Widerquist, K., Lewis, M. A. & Pressman, S. eds.). Aldershot: Ashgate Publishing, 2005, 95-106; Moffitt, R. A. The Idea of a Negative Income Tax: Past, Present, and Future. Focus, 2004, 23(2): 1-8.

利益博弈政策实验方法：理论与应用
Experimental Policy Research Methodology for Interest Analysis: Theory and Application

主要用于评估一些政策方向有重大转变的社会政策;1975 至 1982 年间,社会实验的数量开始增长,实验的目标更为适度,主要用于评估已有政策项目的调整效果;1983 年以后是第三个阶段,社会实验数量增长更快,社会实验的成本低于第一阶段,但要高于第二阶段①。

目前,社会实验的方法已经相当成熟,已有可操作的社会实验指南②,甚至出现了专业化的社会实验市场③。截止到 2003 年 4 月,已知的社会实验项目有 273 个,其中 261 个为随机分配样本的实验,12 个为准实验④。

迄今已经开展的绝大部分社会实验都属于社会福利政策领域,如收入支持、低收入家庭补助、就业培训、教育、食品券、医疗补助等,而且大多数的社会实验对象都是处于弱势地位的个人或者家庭。这是因为,社会福利政策相对容易定位和跟踪实验对象,较容易做到随机指派,而且由于面向弱势群体,也容易获得实验所需的资金和政治支持。

从未来的发展趋势看,社会实验的领域正在逐渐扩展。一些新的实验领域开始出现,如针对无家可归人群的救助政策、老年看护政策等,面向普通群体的社会政策实验越来越多。此外,实验资金的来源也更为多元,原先主要来自于政府机构,而如今非政府机构在资金支持上的强度越来越大。

---

① Greenbreg, D., Shroder, M. & Onstott, M. The Social Experiment Market. Journal of Economic Perspectives, 1999, 13(3): 157 – 172.
② 例如:Orr, L. L. Social Experiments: Evaluating Public Programs with Experimental Methods. Thousand Oaks, CA: Sage Publications, 1998.
③ 1990 年代,美国已经出现了专门开展社会实验评估的三大公司,按开展的项目计算,它们占据接近 50% 的市场份额,而且开展的大都是最为昂贵和最有影响力的社会实验,参见:Greenbreg, D., Shroder, M. & Onstott, M. The Social Experiment Market. Journal of Economic Perspectives, 1999, 13(3): 157 – 172.
④ 这些实验中,2003 年 4 月前已经完成的有 251 个,其中 240 个为随机分配样本的实验,11 个为准实验。参见:Greenberg, D. & Shroder, M. The Digest of Social Experiments (3rd edition). Washington, D. C. : Urban Institute Press, 2004.

社会实验的研究和应用目前主要集中在美国,美国之外的其他国家,社会实验发展则比较滞后。这种格局的形成有多种因素。美国是典型的分权国家,立法和行政相互制约,很多政策很难一下子在全国推行,但局部试行相对容易,而且美国的社会福利等政策不像欧洲国家一样是普遍覆盖的,所以可以针对不同的人群来比较不同的政策[1]。此外,美国社会普遍关注福利项目的混乱和低效问题,因此衡量福利政策效果的需求很强。另外,美国还要求必须将社会项目的一部分预算用于项目评估,这也刺激了社会实验的发展[2]。

至于中国,关于社会实验方法的研究基本尚属空白[3],实施社会实验的许多重要条件(如相关政府部门的组织、支持或配合)也不具备,严格意义上的社会实验尚未出现。

二、关于社会实验的争议

社会实验同实地政策实验一样,适用于已有较完整的政策方案、但不能确定政策是否有效的情况。因为在真实的政策环境中实施评估,经过精心设计的社会实验能够在一定程度上避免内部有效性问题,具有较好的政策检验效果。

但同时,社会实验也可能会有些难以避免的偏差,如随机分配偏差、霍桑效应、干扰偏差以及替代偏差[4]。随机分配偏差是指,在实验对象自愿参与的情况下,有些不喜欢相关政策的人很可能不会参与实验,样本选择很难做到随机分配。霍桑效应则指如果实验对象知道其行为被观察、

---

[1] Greenbreg, D., Shroder, M. & Onstott, M. The Social Experiment Market. Journal of Economic Perspectives, 1999, 13(3): 157-172.

[2] Oakley, A. Public Policy Experimentation: Lessons from America. Policy Studies, 1998, 19(2): 93-114.

[3] 余向荣. 公共政策评估的社会实验方法:理论综述. 经济评论, 2006(2): 73-79.

[4] Pierre, G. A Framework for Active Labour Market Policy Evaluation. Employment and Training Department of International Labour Office Geneva, 1999.

被评估,可能会有意无意地改变其行为,进而影响到实验结果。干扰偏差的意思是,管理决策者如果知道参与实验,也会同平时不一样,他们可能会对实验过分热情或反对,使实验结果在一定程度上被"操控"。替代偏差是指,当人们被拒绝参与实验时,组织者有时会自动地为其提供替代政策,这样也会导致偏差。

社会实验的其他问题还有,由于需要随机选择参与者以及对照比较,而且常常要设置两套机构分别负责推行不同的政策,相应的成本较为高昂①,实验周期也长。此外,对样本随机选择是否符合伦理道德也一直有不少质疑②。

鉴于社会实验的优点和缺点都很突出,学界对它的作用有很大争议③。一些观点认为,与其他方法相比,社会实验的结果更易于为政策制定者所理解,其成本虽然较高,但往往收益更大,因此,综合考虑可靠性、实用性和费效比,社会实验方法是一种非常好的选择④。另一派则认为,社会实验方法对实际政策制定的影响甚微,效果可能言过其实⑤。甚至还有人建议,要尽量避免使用社会实验方法,该方法只能作为其他方法不可用时的最后手段⑥。

---

① 1994 年前的社会实验,累计直接花费就已经超过了 10 亿美元,参见:Burtless, G. The Case for Randomized Field Trials in Economic and Policy Research. Journal of Economic Perspectives, 1995, 9(2): 63 – 84.
② Heckman, J. J. & Smith, J. A. Assessing the Case for Social Experiments. Journal of Economic Perspectives, 1995, 9(2): 85 – 110.
③ Heckman, J. J. & Smith, J. A. Assessing the Case for Social Experiments. Journal of Economic Perspectives, 1995, 9(2): 85 – 110.
④ Burtless, G. The Case for Randomized Field Trials in Economic and Policy Research. Journal of Economic Perspectives, 1995, 9(2): 63 – 84.
⑤ Greenberg, D. & Robins, P. K. The Changing Role of Social Experiments in Policy Analysis. Journal of Policy Analysis and Management, 1986, 5(2): 340 – 362.
⑥ Ferber, R. & Hirsch, W. Z. Social Experimentation and Economic Policy: A Survey. Journal of Economic Literature, 1978, 16(4): 1379 – 1414.

8.4 系统动力学政策实验

系统动力学(system dynamics)也是一种典型的政策实验方法。弗罗斯特(Jay W. Forrester)1958 年正式提出系统动力学,并于1961 年出版了第一部学术专著[①]。系统动力学最初用于企业管理领域,用于解决企业中的生产、雇佣和库存等问题,所以也被称为工业动力学。1968 年,弗罗斯特把系统动力学扩展到社会领域,研究城市中的低成本住房等政策,这是城市动力学的开端。1970 年,弗罗斯特开始把注意力转移到世界和国家问题上,通过建立世界模型和国家模型来分别研究世界可持续发展以及国家的宏观经济问题[②]。

系统动力学是一种基于系统思维的计算机模型方法,它通过对实际系统的建模和仿真,来分析系统的特性和行为,以及系统的演化趋势。因果关系图和系统流图被用来描述系统的结构。因果关系图以反馈回路为组成要素,系统流图则由流位变量、流率变量和信息等基本元素组成,这些元素在实际系统中都具有明确的物理、经济或社会意义[③]。

由于系统动力学能够很好地分析系统状态随时间的演进情况,而且通过改变条件和参数,能够预测不同政策输入的后果,因此完全可以被视为一种政策实验方法。

按照实验目的,系统动力学政策实验主要用于政策的评估和探索,还

[①] 分别参见:Forrester, J. W. Industrial Dynamics: A Breakthrough for Decision Makers. Harvard Business Review, 1958, 36(4): 37 – 66; Forrester, J. W. Industrial Dynamics. Cambridge, MA: Productivity Press, 1961.

[②] 关于这段发展历程的详细描述,参见:Forrester, J. W. The Beginning of System Dynamics. Banquet Talk at the International Meeting of the System Dynamics Society, 1989-7-13.

[③] 许光清,邹骥. 系统动力学方法:原理、特点与最新进展. 哈尔滨工业大学学报(社会科学版), 2006, 8(4): 72 – 77.

利益博弈政策实验方法：理论与应用
Experimental Policy Research Methodology for Interest Analysis: Theory and Application

可以作为一种新的教学模式，使学生更好地理解社会和环境的演变趋势[1]。按照实验观察和作用的对象，系统动力学政策实验显然属于模型政策实验方法。就实验的场所而言，它无疑是基于实验室的方法。当然，从实验受控和对照情况看，它也是一种非对比政策实验方法。

系统动力学自出现以来，就被广泛地用于政策研究中[2]。最著名的系统动力学应用是罗马俱乐部支持开展的世界模型。该模型预测了1970年时的发展模式对世界经济、人口、环境和自然资源的长期影响[3]，其研究成果影响非常深远，从此关系人类未来的可持续发展成为世人关注的重要主题。

与社会实验相比，系统动力学在中国的影响要大得多。1970年代末期，系统动力学便被引入中国，此后国际系统动力学学会中国分会、中国系统工程学会系统动力学专业委员会又相继成立。经过几十年的发展，系统动力学在中国已经称为一门显学，人数最多时全国的系统动力学工作者超过两千，他们在区域和城市规划、企业研究、产业研究、科技管理、生态环保、海洋经济和国家发展等领域开展研究和应用，取得了很大成绩[4]。

与国外首先在企业里应用再推广到城市、国家和世界层面不同，中国

---

[1] 弗罗斯特非常强调系统动力学在教学中的作用，参见：Forrester, J. W. System Dynamics and the Lessons of 35 Years. The Systemic Basis of Policy Making in the 1990s (De Greene, K. B. ed.). Cambridge, MA: MIT Press, 1991. Available at http://sysdyn.clexchange.org/sdep/papers/D-4224-4.pdf, 2007-4-7.

[2] 国外应用最多的是能源和环境等政策领域，例如：Naill, R. F. A System Dynamics Model for National Energy Policy Planning. System Dynamics Review, 1992, 8(1): 1–19. 社会政策领域也有一些应用，例如：Tawileh, A., Almagwashi, H. & McIntosh, S. A System Dynamics Approach to Assessing Policies to Tackle Alcohol Misuse. Proceedings of the 26th International Conference of the System Dynamics Society (Dangerfield, B. C. ed.), 2008. Available at http://systemdynamics.org/conferences/2008/proceed/papers/TAWIL185.pdf, 2009-5-5.

[3] Meadows, D. H., Meadows, D. L. & Randers, J. The Limits to Growth. New York: Universe Books, 1972.

[4] 钟永光, 钱颖, 于庆东, 杜文泉. 系统动力学在国内外的发展历程与未来发展方向. 河南科技大学学报(自然科学版), 2006, 27(4): 101–104。

的系统动力学在1980年代软科学兴起的大背景下,直接将应用定位于政策层面[1],尤其是水土资源、环境、农林、生态、宏观与区域经济、可持续发展、城市规划、能源矿藏及其安全等领域[2]。因此完全可以说,系统动力学在中国一开始就是和"政策实验室"连接在一起的[3]。对于中国系统学界的学者而言,政策实验基本上就意味着系统动力学实验。

政策问题非常复杂,而"人们的直觉和主观判断不可能深入精细地正确认识这种大系统内部的各种复杂关系"[4]。系统动力学将反馈和延迟等因素纳入考虑,精心构建政策系统的结构和动力模型,因此在复杂政策系统的仿真和预测方面效果突出,在研究和预测长期性、周期性、战略性的问题时具有较大的优势。此外,因为实验是以计算机模拟的形式进行,实验成本相对低廉,并且可以在实验室里重复进行,反复验证假设,或者通过改变政策变量,比较不同政策输入的结果。

系统动力学的局限性在于,虽然它也在反馈回路中考虑人的主观能动性,但在模型中很难反映政策的价值取向和利益冲突,因此价值和利益问题是被排除在外的。从这种意义上说,系统动力学所应对的"复杂性"是不全面的[5],在涉及价值冲突和利益冲突明显的政策问题时,这一局限性更为突出。

---

[1] 王其藩. 系统动力学的历史现状与未来. 系统工程, 1987, 5(3): 26-31。
[2] 张力波, 方志耕. 系统动力学及其应用研究中的几个问题. 南京航空航天大学学报(社会科学版), 2008, 10(3): 43-48。
[3] 特别是1980年代中后期,这一提法非常盛行,例如:马名驹. 现代战略与决策的实验室——系统动力学的兴起和发展. 科学-经济-社会, 1987, 5(3): 179-182。
[4] 黄振中 等. 中国可持续发展系统动力学仿真模型. 计算机仿真, 1997, 14(4): 3-7。
[5] 参见第九章。

8.5 利益博弈政策实验及政策实验方法比较

一、利益博弈政策实验方法的创新

纵览学术界对于政策实验方法的研究,可以发现一个比较明显的遗憾:各种实验方法完全被分隔在不同的学术领域,比如社会实验和系统动力学实验,彼此形成独立的学术共同体,擅长不同方法的学者之间互不往来,缺乏在更高层面上对政策实验方法进行的梳理和比较。

在国内,政策实验方法的现状更不能令人满意:关于社会实验的研究和实践几近空白;实地政策实验虽然有不少实践,但在实验方法上远未形成系统的理论,目前的研究多是经验性的总结或归纳;系统动力学政策实验基础相对较好,应用的广度和深度可以与国外相媲美,但理论研究仍是以跟踪为主;最重要的是,关于政策实验的相关研究一直限于复制和模仿,在创造性地满足国内独特的需求方面乏善可陈。

前面提到的几种政策实验方法,作为政策分析或评估工具,确实都能在特定的场合下发挥一定的作用,但是,它们对于中国政策制定中特别迫切需要的利益分析问题却无能为力。

在这一背景下,利益博弈政策实验方法可谓是对政策实验方法的一个创新。通过适当的设计和控制,实验室可以模拟出现实世界中无法或难以具备的条件。利益博弈政策实验方法的主旨就是,在中国政策制定体制得到完善前的转轨过程中,通过营造模拟的利益博弈平台,使相关利益群体的参与者(局中人)在专业团队的技术支持下有组织、较为均衡、较为深入地开展利益表达、博弈与协调,政策研究者通过对局中人的行为进行观察、分析,为政策制定提供依据。也就是说,在现实世界缺乏制度保障的情况下,这个平台成为政策研究者、进而政策制定者观察和研究利益问题的实验室。

按照前述的归类方法,可以对利益博弈政策实验方法进行方法学的定位。显然,利益博弈政策实验属于实验室政策实验和非对比政策实验。从探索利益关系的影响以及服务教学科研的双重作用看,利益博弈政策实验可以归为探索型政策实验和教学型政策实验。按照实验的观察和作用对象,它属于模型政策实验方法。但不同的是,以系统动力学为代表的传统模型政策实验方法是建立反映系统发展规律和状态演变的数学模型或仿真模型,而利益博弈政策实验方法则充分考虑了人的因素,实际上是建立了大体反映现实世界利益关系的利益博弈模型,把现实世界中潜藏的或表达不充分、不均衡的利益冲突表面化了。

二、四种政策实验方法的比较

本章所述的四种政策实验方法,可以从多个维度进行比较,如表8-1。

表8-1 四种政策实验方法的对比

	实地政策实验	社会实验	系统动力学政策实验	利益博弈政策实验
实验目的	评估型或探索型	评估型	评估型、探索型、教学型	探索型或教学型
实验观察作用对象	(直接)政策系统	(直接)政策系统	(间接)系统动力学模型	(间接)利益博弈"模型"
实验场所	现场	现场	实验室	实验室
对比研究情况	非对比政策实验	对比政策实验	非对比政策实验	非对比政策实验
特色或关注重点	试点的选取和评估	抽样、实验控制	系统结构、反馈、仿真模型	利益表达、博弈和协调
适用领域	各政策领域	社会政策领域	资源环境、可持续发展、城市规划等领域	利益冲突明显的政策领域

利益博弈政策实验方法是基于中国独特的问题情景提出的。西方发达国家有一套较成熟的利益表达、博弈和协调机制,因此在实验室中进行

利益博弈实验的需求会小些,但是它仍可以在教学和研究中发挥较大的作用。

利益博弈政策实验拓展了政策研究方法,开辟了一条研究解决中国当代公共政策问题的新途径。当然,同任何方法一样,利益博弈政策实验方法也有自身的适用条件和范围,它不能替代其他政策实验方法。在政策研究中,根据研究目的和问题特点选择适当的政策实验方法,在必要的时候多种实验方法配合运用,会有更好的效果。

第九章
系统视角的政策实验方法

政策实验方法既是一种政策研究方法,也可以视为一种系统方法。本章从系统视角来考察政策实验方法:首先简要介绍系统方法及其分类,讨论政策实验方法在系统方法体系中的定位;然后通过与综合集成方法和战略假设表面化检验这两种分别源自中西的系统方法进行对比,讨论政策实验方法对系统方法发展的价值和意义。

9.1 作为系统方法的政策实验方法

一、系统方法及其分类

系统思想源远流长。古希腊亚里士多德时代以及中国古代的《易经》中,就已有系统思想的萌芽[1]。而现代意义上的系统研究,则以贝塔朗菲的一般系统论为发端。

---

[1] 顾基发,唐锡晋. 从古代系统思想到现代东方系统方法论. 系统工程理论与实践, 2000, 20(1): 89-92.

按照研究对象和发展历程,现代系统研究大体可以划分为三个分支①。第一个分支是"探索客观世界"的系统研究,包括前"一般系统论"研究、一般系统论和控制论、自组织和复杂性研究。第二个分支侧重"理解人类思维",例如,自动机(automata)和人工智能研究、二级控制论(second-order cybernetics)、自创生(autopoiesis)理论等。第三个分支则是研究"管理组织行为",又大致分为"组织设计和管理"以及"系统方法"两大领域。

本章主要就系统方法展开探讨②。系统方法主要指以系统思想为指导的一系列问题解决程序、组织模式和具体技术③。根据其基本定位,常见的系统方法大致可以分为四类:旨在提升目标实现能力以及生存能力的,探寻目的和价值的,保障公平的,以及促进多样性的④。

第一类方法的主要功用是探讨在实现目标的过程中如何更高效地运用资源。它们也常常被称为"硬"系统方法或"功能主义的"系统方法,典型的如运筹学、系统工程、系统动力学等方法。这类方法的特点是,"把管理对象和过程视为系统,用工程原则来组织安排过程和步骤,尽量运用自然科学和数学方法。"⑤因为工程系统相对较为"客观",目标比较明确。

---

① 三个分支的划分参见:朱志昌. 当代西方系统运动. 系统科学与工程研究(许国志 主编). 上海:上海科技教育出版社,2001:592-612。原文采用"系统运动"一词,来表达"当代西方系统研究和实践的内容结构和发展过程"。三个分支之间的划分也"只是为了表达方便的划分",并非有鲜明的界限,发展过程也不是严格的先后关系,彼此之间"往往是并存、制约、补充和促进的关系"。

② 很多学者采用"系统方法论"(systems methodology)一词,并认为"系统方法论"和"系统方法"是有区别的,但也有很多学者认为可以通用。如果采用"系统方法论"的说法,后文将出现"政策实验方法是一种系统方法论"这样的论断。为简单起见,这里统一采用"系统方法"。"系统方法论"和"系统方法"的严格区别,参见:Midgley, G. Systemic Intervention: Philosophy, Methodology, and Practice. New York: Kluwer Academic/Plenum Publishers, 2000: 105-106.

③ 李习彬. 系统工程——理论、思想、程序与方法. 石家庄:河北教育出版社,1991。原文采用"系统方法论"这一术语。

④ Jackson, M.C. Systems Thinking: Creative Holism for Managers. Chichester: John Wiley & Sons, 2003. Jackson对"系统方法"的界定更为广义,包括"组织设计与管理"的方法,这里只借用其分类方式。

⑤ 朱志昌. 当代西方系统运动. 系统科学与工程研究(许国志 主编). 上海:上海科技教育出版社,2001:592-612。

"硬"系统方法在工程系统中的运用是比较成功的。

第二类方法"着重研究社会成员和组织成员之间的认知体系、价值体系、动机体系和利益体系的复杂性和系统性,以诠释学和现象学的原则和方法协调管理者和被管理者的想法和行为"[1]。这些方法也就是常说的"软"系统方法或"解释的"系统方法,典型的如软系统方法论、战略假设表面化检验、交互式规划[2]等。"软"系统方法比较适用于社会系统或组织系统,因为在这些系统中,有不同价值观和利益诉求的"人"对问题的界定和解决至关重要,对"系统"的目的和边界也可能存在不同的理解,此时系统方法必须要应对多元认知或多元价值观所带来的挑战。

第三类方法旨在保障问题解决过程中的公平参与。它产生的背景是,功能主义或解释的系统方法没有充分关注所有利益相关者的平等参与,无法解决由于参与不平等带来的不公[3]。这类方法常被称为解放系统方法或批判系统方法[4],典型的如批判系统启发法[5]和团组协整方法[6]。解放系统方法适用于关系很不平等的社会系统或组织系统,它强调促进

---

[1] 朱志昌. 当代西方系统运动. 系统科学与工程研究(许国志 主编). 上海:上海科技教育出版社,2001:592-612.

[2] 交互式规划(interactive planning)由系统学者 Russell Ackoff 提出,它强调各种利益相关者在组织规划过程中的参与,使组织规划能充分反映利益相关者的价值和共识,而不是职业规划师的专业意见,参见:Ackoff, R. L. Re-creating the Corporation: A Design of Organizations for the 21st Century. New York: Oxford University Press, 1999.

[3] Jackson, M. C. Systems Thinking: Creative Holism for Managers. Chichester: John Wiley & Sons, 2003: 212.

[4] 对于批判系统思考(critical systems thinking, CST)的理解有两种流派,这里是狭义的,仅指"促进反思和解放的"系统思考,关于 CST 的界定有两种流派,参见:Ulrich, W. Beyond Methodology Choice: Critical Systems Thinking as Critically Systemic Discourse. Journal of the Operational Research Society, 2003, 54(4): 325-342.

[5] 批判系统启发法(critical systems heuristics)的提出者是系统学者 Werner Ulrich,它注重在规划和决策过程中体现所有利益相关者的价值,该方法突出了"边界"概念,关注弱势群体的参与,参见:Ulrich, W. Critical Heuristics of Social Planning. Bern: Haupt, 1983.

[6] 团组协整(team syntegrity)由系统学者 Stafford Beer 提出,该方法设计了一种对等的参与结构,使利益相关者公平地开展对话和参与,参见:Beer, S. Beyond Dispute: The Invention of Team Syntegrity. Chichester: John Wiley & Sons, 1994.

弱势群体参与问题解决以及保障弱势群体的权益。

第四类方法主要指后现代的系统方法,它的主旨是摆脱前三类系统方法所带来的主导性的现代主义话语来促进被压制的声音表达,激励人们充分释放创造性①。这类系统方法在实践中还较少运用。

二、政策实验方法在系统方法体系中的定位

政策实验方法本质上也是一种系统方法。一方面,政策实验方法的目的就是更好地进行问题分析和解决,和其他系统方法相比,它的优势在于政策研究这一特殊的问题解决领域;另一方面,政策实验方法有一套完整的问题解决程序、组织模式和具有可操作性的技术,具备系统方法的全部要素。

前述的四类系统方法反映了不同的系统思考范式。政策实验方法吸收了几种范式的优点,实际上是一种多范式的系统方法②。首先,在对政策环境的假设上,它采取了利益冲突视角,整个方法建立在对价值和利益的分析之上,这与"软"系统方法的范式是一致的。其次,通过运用综合集成技术支持手段,政策实验方法吸收了传统政策分析和系统分析的成果,一定程度上集成了"硬"系统方法的优点。第三,政策实验方法强调弱势群体的平等参与,通过构建模拟的民主环境,以及为弱势群体局中人配置专业团队,促进公平的利益表达和博弈,"服务于贫困者和弱势

---

① Jackson, M.C. Systems Thinking: Creative Holism for Managers. Chichester: John Wiley & Sons, 2003: 254.

② 系统方法可以是跨越多种范式的,关于多范式系统方法(multi-paradigm methodology),参见:Mingers, J. Multi-paradigm Methodology. Multimethodology: The Theory and Practice of Combining Management Science Methodologies. (Mingers, J. & Gill, A. eds.). Chichester: John Wiley & Sons, 1997: 1-20; Mingers, J. & Brocklesby, J. Multimethodology: Towards a Framework for Mixing Methodologies. Omega, 1997, 25(5): 489-509.

者"①,从而也具备了解放系统方法的鲜明特点。

在所有的系统方法中,和政策实验方法关联程度最高的有两个,一个是中国系统学界倡导的综合集成方法,另一个是战略假设表面化检验。前者与政策实验方法的渊源显而易见,因为综合集成的技术支持正是政策实验方法的核心理论支柱之一。后者是一种对抗式方法,在形式上和过程上都和政策实验方法有类似之处。

下面两节介绍综合集成方法和战略假设表面化检验,分别讨论政策实验方法和这两种系统方法的联系和区别,并从系统研究的视角分析政策实验方法的价值与贡献。

9.2 政策实验方法与综合集成方法

综合集成方法的思路在第三章已有介绍,此处不再重复。这里重点从产生背景、基本假设等方面来分析综合集成方法的特点。可以看到,在解决工程系统问题时,或者在政策实验方法中作为支持手段,综合集成方法能够发挥较大的作用,但当独立地用于复杂社会系统问题解决时,综合集成方法的局限性也非常明显。

一、综合集成方法的产生和发展

由于长时期地与国外学术界相隔绝,中国的系统研究大大滞后于西方发达国家,改革开放初期的 1980 年前后,系统研究才作为一个学科而

---

① Schecter, D. Participatory Research: An Emancipatory Methodology for Systems Practice. Systems Thinking in Europe (Jackson, M. C. et al. eds.). New York: Plenum Press, 1991: 391 - 396.

兴起①。在整个1980年代,中国的系统方法以运筹学、优化方法和技术、系统工程方法为核心,研究对象以工程、经济、武器装备、人口、农业和环境等系统为主。相对于原先的单一专业视角,系统方法更为关注这些系统的宏观管理和计划问题,因此取得了较大的成功,使得"系统工程"在1980年代风行一时。到1990年代早期,中国的系统方法仍一直沿该路径发展,基本上遵从传统的系统研究范式②,按照先前的系统方法分类,无疑都属于"硬"系统方法。

根据钱学森等的研究③,以运筹学和系统工程为代表的系统方法比较适于处理简单巨系统问题。简单巨系统的子系统或组元虽然为数众多,但具有同质性,之间的关系也不复杂,如资源配置问题,尽管可能有成百上千的变量,但可以通过线性规划来有效地加以解决。

但是对于开放复杂巨系统则不然,此类系统的子系统为数众多,且具有异质性,子系统关联复杂,系统和外界环境之间有复杂的物质、信息和/或能量交换。开放复杂巨系统问题,往往错综复杂、关联甚广,问题解决需要集成多学科的知识以及多种多样的问题解决能力。这时,具有模型化、步骤化倾向的系统工程等方法的不适应就越来越清楚地显现出来。

在这样的背景下,钱学森等提出了应对开放复杂巨系统问题的综合集成方法。综合集成方法强调数据、模型技术和知识、智慧运用的集成,人和计算机问题解决能力的集成,定性分析和定量分析技术的集成,比较有效地应对了开放复杂巨系统的复杂性。之后,钱学森等还进一步提出了综合集

---

① 成为一个学科的标志是钱学森等著作的出版,参见:钱学森 等. 论系统工程. 长沙:湖南科学技术出版社,1982;钱学森 等. 论系统工程(新世纪版). 上海:上海交通大学出版社,2007。

② Midgley, G. & Wilby, J. Systems Practice in China: New Developments and Cross-cultural Collaborations. Systemic Practice and Action Research, 2000, 13(1): 3-9.

③ 钱学森,于景元,戴汝为. 一个科学新领域——开放复杂巨系统及其方法论. 自然杂志,1990(1): 3-10。

成研讨厅的思想①。研讨厅基于综合集成方法,为研究和解决开放复杂巨系统问题提供了人机结合的平台。综合集成方法和综合集成研讨厅在不少领域得到应用,例如武器装备体系分析②,国家宏观经济分析③,可持续发展④,复杂交通系统⑤,大型工程项目管理⑥,甚至近期的汶川地震重建⑦等。

1999年,国家自然科学基金重大项目"支持宏观经济决策的人机结合综合集成体系研究"启动⑧,国内14家研究机构的60多位研究者参与项目研究,标志着综合集成方法的影响力达到了高峰。在国际上,综合集成方法也具有一定的影响,国际系统学界的交流中,综合集成方法总是占有一席之地⑨,被视为东方系统方法的代表之一⑩。

---

① 王寿云. 国防系统分析的综合集成——挑战、机遇、对策. 复杂巨系统理论·方法·应用. 北京:科学技术文献出版社,1994:33-41;王寿云 等. 开放的复杂巨系统. 杭州:浙江科学技术出版社,1996;顾基发,王浣尘,唐锡晋. 综合集成方法体系与系统学研究. 北京:科学出版社,2007。

② 例如:Hu, X. & Li, Y.(李亚). Hall for Workshop of Meta-synthetic Engineering: Design Issues and an Example. Proceedings of the ICSSSE'98 (Gu, J. ed.). Beijing: Scientific and Technical Documents Publishing House, 1998: 234-239.

③ 例如:于景元,涂元季. 从定性到定量综合集成方法——案例研究. 系统工程理论与实践,2002,22(5):8-11。

④ 例如:Gu, J. & Tang, X. Some Developments in the Studies of Meta-synthesis System Approach. Journal of Systems Science and Systems Engineering, 2003, 12(2): 171-180.

⑤ 例如:张国伍. 交通复杂系统研究方法创新与应用:综合集成研讨厅与人工交通系统. 交通运输系统工程与信息,2006,6(4):1-8。

⑥ 例如:盛昭瀚,游庆仲,李迁. 大型复杂工程管理的方法论和方法:综合集成管理——以苏通大桥为例. 科技进步与对策,2008,25(10):193-197。

⑦ 参见:徐玖平,卢毅. 地震灾后重建系统工程的综合集成模式. 系统工程理论与实践,2008,28(7):1-16。

⑧ Gu, J. & Tang, X. Meta-synthesis Approach to Complex System Modeling. European Journal of Operational Research, 2005, 166: 597-614.

⑨ 例如:Midgley, G. & Wilby, J. (eds.). Systems Methodologies: Possibilities for Cross-cultural Learning and Integration. Kingston upon Hull, UK: University of Hull, 1995; Wilby, J. (ed.) Systems Methodology II: Possibilities for Cross-Cultural Learning and Integration. Kingston upon Hull, UK: University of Hull, 1996.

⑩ Zhu, Z. Confucianism in Action: Recent Developments in Oriental Systems Methodology. Systems Research and Behavioral Science, 1998, 15: 111-130.

二、社会系统复杂性的挑战

尽管综合集成方法取得了很大成绩,但却难以让人忽视这样一个现实:虽然综合集成方法声称能够用于解决包括社会系统问题在内的复杂巨系统问题,但现实中,特别是进入21世纪以来,却很难看到综合集成方法在复杂社会系统问题解决中的应用,尽管至今许多领导人仍习惯于将复杂和艰巨的改革与建设任务称作为"系统工程"①。中国转轨过程中,重大政策问题比比皆是,如医疗、教育、住房、社会分配等方面的政策问题,无论是普通百姓还是高层决策者都甚为关注,但在这些政策问题的讨论和研究中,却几乎听不到系统研究者的声音。这一尴尬局面,和1980年代"系统工程"的鼎盛时期形成鲜明的对比。综合集成方法缺席重大政策制定不是偶然的,其弱点仍根植于中国系统方法始终未能摆脱的"硬"范式传统之中。

和一般的开放复杂巨系统相比,社会系统还有着更为独特的复杂性,就是由于"人"的卷入而带来的不可避免的利益纷争。因此,研究和解决社会系统问题,包括政策问题,无法回避"利益"分析和对利益冲突的研究和处理。对于这种复杂性,无论是稍早的系统方法还是综合集成方法,都未给予充分关注。

这一缺憾的产生既有客观也有主观的原因。客观上,中国系统方法发展的早期应用主要集中于工程、武器装备、农业、环境等系统,这些系统相对较少牵涉利益问题。系统方法也有在社会经济系统方面的应用,但由于彼时中国尚实行计划经济,社会利益分化并不明显,忽视利益冲突也未给问题解决带来严重的后果。比如,1980年代在研究经济系统以及区域规划等问题时,系统学者纷纷采取自上而下的系统规划方法,这与当时

---

① 李习彬. 系统工程的困境与出路. 决策科学理论与创新(中国系统工程学会决策科学专业委员会 编). 北京:海洋出版社,2007:456-462。

的计划经济模式是一致的,因此这些方法的使用不仅未暴露出明显的问题,反而被视为一剂灵丹妙药。

整体社会环境的客观制约的另一个佐证是,1990年代初期,随着切克兰德著作的翻译,国外的软系统方法被介绍到中国,部分学者也曾掀起"软"系统方法引进和研究的小高潮①。但由于"软"系统方法基于多元主义,而中国社会的多元发展尚处于初级阶段,因此这股"软"系统思潮就像一阵时尚,很快烟消云散,在中国没有得到充分、持续的回应,未对中国系统方法的发展产生深远影响。

主观方面,中国系统学者的知识背景也左右着系统方法的发展方向。与任何其他研究领域一样,系统研究也是知识路径依赖的。不同学科领域、不同背景的学者在系统研究上有着各自的视角,正是这些互补的视角构成不可分割的系统研究全景。中国的问题是,系统研究的视角相对单一。主流的系统学者基本为理工科背景,长期以来把研究重点放在自然系统、工程系统及其管理系统的复杂性上,对社会系统的复杂性则较少关注,常常是有意或无意地回避社会中的利益纷争。这样,这些系统研究者的"社会工程"思维根深蒂固,在遇到文化和政治等因素时,他们倾向于通过对"硬"方法进行"软化"来处理,比如增加一些反映人的因素的指标等②,而不是进行范式上的根本反思与改造。

另一方面,由于1950年代以来中国自然科学、工程技术和人文社会科学领域之间形成了巨大的学科鸿沟,出身于人文和社会科学领域的系统学者即使对社会系统的复杂性有所关注,但限于思路和手段的局限,研究大多是描述性、解释性或思辨性的,很难深入下去。

---

① 相关的研究例如:陈俊,夏维力,江一.对软系统方法论(SSM)的探讨.管理工程学报,1990,4(4):41-47;杨建梅.对软系统方法论的一点思考.系统工程理论与实践,1998,18(8):91-95。

② 这种思路倒是和美国运筹学界的做法有些类似,参见:Mingers, J. Taming Hard Problems with Soft O. R. OR/MS Today, 2009, 36(2):48-53.

综合集成方法是在对先前"硬"的系统方法反思的基础上产生和发展的,但从本质上看,综合集成方法仍属于"硬"系统方法,是一种略微"软化"了的"硬"系统方法。即使在社会利益问题如此突出的今天,综合集成方法的研究热点仍然集中于模型集成、意见综合、研讨环境等技术层面①,利益分析在方法中仍然是缺位的。

综合集成方法提出了数据、知识和智慧集成,人-机集成,定性定量方法与技术集成等很好的思路,但对于多元利益的分析和整合却没有有效的应对方法,甚至没有认真地加以考虑。如果说对于复杂的自然系统或工程系统,综合集成方法还卓有成效的话,在面对复杂的社会系统问题时,由于基本假设和社会实际脱节,综合集成方法就遇到了真正的挑战,如表 9-1。

表 9-1 综合集成方法的假设和政策制定的现实②

	综合集成方法的假设	政策制定的现实
关于问题解决涉及的利益格局	问题解决中的利益格局是一元化或准一元化的,不考虑重大的利益冲突	多元利益格局,越是复杂的问题,其中的利益问题越是无法忽略
关于问题解决中专家的作用和分歧	不同观点或方案的分歧只是技术性的,专家利益中立,各专家之间只有知识领域、经验和创造性思维方面的不同	各种观点或方案常常带有明显的利益色彩,专家意见也不例外
关于如何达成最终解决方案	通过人机结合、定性定量相结合的评估分析总可以达成共识或找到有效的解决办法	最终实行的往往不是技术上或经济上最优或次优的方案,而是为各利益相关者认可和接受的方案

---

① 顾基发,唐锡晋. 综合集成方法的理论及应用. 系统辩证学学报,2005,13(4):1-7,22。

② 引自:李亚. 基于利益博弈和综合基础的政策实验方法——和谐社会政策制定的一种途径. 中国系统工程学会第 15 届学术年会论文集(陈光亚 主编). 香港:上海系统科学出版社(香港),2008:79-83。

三、政策实验方法对系统研究的贡献和价值

至此,可以更明显地看出政策实验方法对系统方法的贡献:它是源自中国的第一种直接涉及利益分析的"软"系统方法和解放系统方法。政策实验方法将利益分析置于方法的中心,利益群体对问题的不同理解和关注得到尊重,弱势群体由于得到专业团队的支持因而在政策实验能够平等地表达与维护自身利益,从而有利于实现政策(研究)的公平和正义。

政策实验方法将综合集成方法吸收进来,但将其工具化了。综合集成方法不再是问题解决的全部,而是成为从属和服务于实验室中利益表达和博弈的手段。这一处理方式,对综合集成方法而言,起到了扬长避短的作用。

从另一个角度看,政策实验方法也可以被视为对综合集成方法的发展。政策实验方法拓展了"集成"的外延,除了先前的三个"集成"外,还将各方利益的综合与集成纳入进来,如图9-1。相应地,综合集成方法中的"专家"外延也被扩展,除了各个知识领域的专家外,政策实验方法还引入了擅长利益分析的"专家",即政策分析师,使之参与研讨和分析,辅助开展利益分析。如此改造后,综合集成方法在复杂社会系统问题领域的适用性就会大大提高。

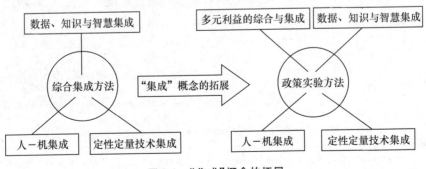

图 9-1 "集成"概念的拓展

9.3 政策实验方法与战略假设表面化检验

一、战略假设表面化检验概要

战略假设表面化检验(Strategic Assumption Surfacing and Testing, SAST)由系统学者梅森(Richard O. Mason)和米特夫(Ian Mitroff)提出①。1970年代后期,他们发现管理者在组织决策和战略规划过程中常常面临"乱局"(messes):问题相互交织,相关人员有不同的目的,有不同的问题界定和分析视角。在"乱局"情景中,传统的系统方法难以奏效。为了解决"乱局"中的这些"劣问题"(wicked problems),管理者必须有新的思路②。

战略假设表面化检验的基本思想可以概括为四项原则③:

第一,问题解决应当是参与式的(participative)。其逻辑是,对于劣问题,问题解决和最终方案实施所需的知识和资源通常分布在组织的不同层级和部门,甚至在组织之外,因此必须要将各种利益相关者吸纳进问题解决过程中。

第二,研究问题的最好形式是对抗式的(adversarial)④。它基于这样的信念,不同的利益相关者对问题的看法和判断会有很大的区别,理清问题最好的办法就是让相反的观点展开辩论。

---

① Mason, R. O. & Mitroff, I. I. Challenging Strategic Planning Assumptions: Theory, Cases and Techniques. New York: John Wiley & Sons, 1981.
② Jackson, M. C. Systems Thinking: Creative Holism for Managers. Chichester: John Wiley & Sons, 2003: 137.
③ Mason, R. O. & Mitroff, I. I. Challenging Strategic Planning Assumptions: Theory, Cases and Techniques. New York: John Wiley & Sons, 1981.
④ 也被称为辩证的方法(dialectical approach),它强调从相反的两个视角来对问题情景展开完整的、有逻辑的分析,这一方法 1969 年为 Mason 所提出,参见:Mason, R. O. A Dialectical Approach to Strategic Planning. Management Science, 1969, 15(8): B403-B414.

第三，问题解决需要建立在整合各方意见的基础上(integrative)。其基本思想是，要想为决策提供有效的指导，必须把那些不同的假设和解决方案整合起来，而这种整合的前提是，那些对抗的和参与进来的利益相关者能够达成一致。

第四，问题解决的终极目的是提升管理者的认识水平(managerial mind supporting)。通过揭示观点背后的假设，加深管理者对劣问题的认识，提升其对组织战略和计划的洞察力。

战略假设表面化检验的实施包括四个主要步骤：小组形成，假设表面化与排序，小组间辩论，观点综合。下面依次进行介绍①。

小组形成(group formation)是方法实践的第一步，也是后面几个步骤的基础。首先，要识别对"问题"有不同理解、判断和解决建议的人，并把他们汇集在一起，观点越多越好。然后按照以下准则中的一条或几条将这些人划分为小组：不同战略的倡导者或拥护者，各种利益主体，不同的个性类型，来自不同职能部门的管理者，来自不同组织层级的管理者，不同的时间视角(长远的或短期的)，等等。

比如，在研究企业战略时，各个部门对企业的发展方向也许有不同的判断，这时就可以按照部门(如研发、行政管理、财务、人力资源、质量控制、市场营销等)来形成小组，每个小组反映一种部门视角。

在选择使用以上标准时，应尽量使小组内成员的观点接近，以凝聚小组立场，同时，又要尽可能地使不同小组间的观点相区别，以利于展开对抗。小组成员以六到八人为宜。为了形成辩论，每一个小组的观点都要有挑战者，即至少和另外一个小组的观点相冲突。

第二步是假设表面化和排序(assumption surfacing and rating)。在本阶段，每个小组都应该形成其所偏爱的战略或解决方案。本步骤的目的

---

① 这些步骤介绍基于：Flood, R. L. & Jackson, M. C. Creative Problem Solving: Total Systems Intervention. Chichester: John Wiley & Sons, 1991.

是令各个小组揭示和分析其战略或解决方案所依赖的关键假设,该步骤可以通过借助三种技术来完成。

第一项技术是利益相关者分析(stakeholder analysis)。要求各小组确定对其战略成败至关重要的个人或群体,该过程可以通过以下提问来进行:谁会受到该战略的影响?谁会对此感兴趣?谁能影响战略的采纳、贯彻或实施?谁关注这一问题?

第二项技术是假设说明(assumption specification)。每个小组都对其确定的每个利益相关者询问下述问题:若使我们小组偏爱的战略取得成功,需要什么样的前提假设。逐一询问后,这些假设被全部列出。

第三项技术是假设排序(assumption rating)。每个小组将所有假设按照两个标准来排序,即针对每个列出的假设提问以下两个问题:该假设对这个战略的成败影响的重要性如何?在多大程度上可以确信该假设的合理性?

小组应将假设根据其重要性和确信度进行排序,然后标示在假设排序图中,如图9-2。既重要又确信的假设(右上象限)是这个战略的核心假设。重要但不能确信的假定(右下象限)需要进一步的检验和研究。位于图左侧两个象限的那些重要程度不高的假设则被搁置,如果资源和时间允许,这些假设也可以进行进一步检验。但后面的步骤实际上只需考虑那些最为关键的假设,每个小组都要把这些假设单独列出。

战略假设表面化检验的第三个步骤是小组间辩论(dialectical debate)。在本阶段,所有小组重新聚在一起,每个小组的一位发言人陈述他们的假设排序图,并重点阐述对议题而言既重要又确信的假设。在小组介绍过程中,允许提出的问题只限于要求对方澄清观点。当所有小组陈述完毕后,所有的假设并放在一起以供公开的评估、辩论和讨论。

然后小组间进行辩论。辩论可以通过提问以下问题来引导:每个小组间的假设有何不同?小组间的假设在重要和确信程度排序上有何不同?

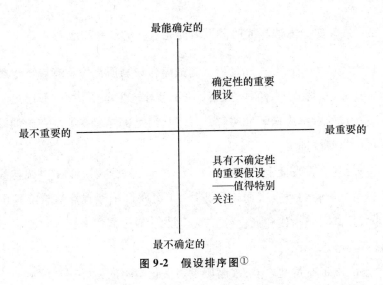

图 9-2 假设排序图[①]

对于每个小组而言,觉得其他小组的哪些假设最令人困惑?进行一段时间的辩论后,每个小组都应该考虑调整其假设。所有小组都公认的核心假设可作为下一步的基础,有分歧的假设则需进一步讨论。

战略假设表面化检验的最后一个步骤是观点综合(synthesis)。观点综合的目的是通过对假设的妥协得到新的、更高层次的战略或解决方案。在本阶段,各小组继续讨论和调整假设,然后列出得到一致认同的假设。如果得到共识的假设足够多,就可能在其基础上产生新的战略。这个新战略应该能够缩小各小组初始战略的差距,并在认识层次上有所超越。如果无法达成综合各方意见的新战略,那么就将分歧记录在案,并讨论为了解决这些分歧应开展哪些研究,之后再次寻求共识。

[①] 引自:Mitroff, I., Emshoff, J. R. & Kilmann, R. H. Assumptional Analysis: A Methodology for Strategic Problem Solving. Management Science, 1979, 25(6):583-593; Jackson, M. C. Systems Thinking: Creative Holism for Managers. Chichester: John Wiley & Sons. 2003:146, 略有改动。

二、政策实验方法与战略假设表面化检验的联系和区别

政策实验方法在形式和过程上与战略假设表面化检验有着不少类似之处。首先,在形式上,两种方法都以分组对抗为基本特点,都通过不同利益或观点的对抗来揭示冲突、加深认识,而且都寻求在组内一致的基础上再探讨组间的冲突。

其次,在过程设计上,政策实验方法的利益表达、博弈和协调与战略假设表面化检验的假设表面化和排序、小组间辩论和观点综合有些异曲同工,都是试图先构建和强化各方观点,然后通过博弈来建设性地揭示矛盾,最后再寻求共识。

此外,除了对抗性之外,战略假设表面化检验的另外三个原则——参与、整合、提升认识——也同样为政策实验方法所认可:吸收利益相关者参与到政策问题的分析中;强调创造性地整合各方利益,达成共赢;希望通过政策实验,使政策研究者和政策制定者更好地认识和理解政策情景中的利益冲突和解决之道。

但是,与战略假设表面化检验相比,在组织模式和技术手段上,政策实验方法有着重要的区别,从而使其在认识深度和应用领域上都有明显超越。

政策实验方法的组织模式是有层次的,局中人的利益表达、博弈和协调有专业团队的支持,从而有条件、有能力对各方的分歧进行深入的论证和检验。战略假设表面化检验的所有参与者的角色都是对等的,利益相关者直接参与问题的分析和解决,使得问题的分析深度和解决质量尤其依赖于参与者的个人知识和能力,这在复杂问题解决时是个不小的挑战。

在技术手段上,政策实验方法通过引入综合集成的技术支持团队,特别是政策分析师和技术支持人员,为"硬"方法的运用提供了接口。这种在"软"方法中嵌入"硬"支持的方式,为问题解决提供了更强有力的工

具。相反,战略假设表面化检验纯粹是一种"软"方法,问题分析和解决主要依靠各小组的"讨论",但很多时候,这种"讨论"很难深入下去①。

从应用领域看,政策实验方法的应用领域更为宽广。尽管主要用于研究政策问题,但政策实验方法本质上也是一种系统方法,如果将其用于组织问题研究,也无任何障碍。反之则不然,战略假设表面化检验用于研究组织内的问题,特别是组织战略或规划问题,较为有效,但按其方法设计,难以应用到社会问题解决领域。这是因为,战略假设表面化检验中,问题解决的参与者主要是组织内部的关联者,他们既可以直接参与问题分析,又拥有问题解决所需的相关信息、知识和专业判断(尽管不完整)。比如在一个企业里,市场部门的人士组成一个小组开展假设表面化和小组间辩论等工作时,他们至少对该企业的市场营销等情况比较熟悉,其专业知识能够支持其开展假设排序和辩论。因此,辩论的参与者实际上集"利益相关者"与"专家"于一身。在企业问题研究中,参与者承担双重角色存在可能,但在政策领域却很难做到这一点:利益群体作为一个整体,对政策问题可能有直观的感受和立场,但说到专业的、科学的分析和判断,就可能勉为其难;专业人士尽管有相应的能力,但又无权也无合法性代替当局者做出价值判断。

上面的分析表明,组织模式和技术手段限制了战略假设表面化检验在其他领域的应用,而政策实验方法的适用范围则大得多。

---

① 其实除了战略假设表面化检验,很多"软"系统方法都存在类似问题,如软系统方法论,也秉承"孤立主义"的发展路线,缺乏和其他方法的接口,参见:Mingers, J. An Idea Ahead of Its Time: The History and Development of Soft Systems Methodology. Systemic Practice and Action Research, 2000, 13(6): 733-755.

第十章
协商式规章制定、协作式政策制定与政策实验方法

西方发达国家政策制定中的利益协调机制,主要内化于其政治体制之中,但他们也有一些特定的利益协调办法。本章首先介绍美国的两种利益协调机制——协商式规章制定和协作式政策制定,然后讨论政策实验方法与它们的区别。

10.1 协商式规章制定

协商式规章制定(negotiated rulemaking)是20世纪后期在美国兴起的一种行政立法程序,它特别适合协调行政规章制定中的利益冲突。

一、产生的背景

传统上,美国行政部门制定规章[①]时所遵循的程序大体分为两

[①] 这里的规章是指"行政部门发布的具有普遍适用性或特殊适用性、并对将来生效的文件的全部或一部分,其目的在于实施、解释、规定法律或政策,或规定机关的组织、程序或活动规则……",引自:Administrative Procedure Act of 1970, 5 U.S.C. §551(4).

种①：正式程序和非正式程序②。正式程序是指听证程序，一般包括公告、听证、公布、司法审查等四个步骤。非正式程序也称为通告-评论程序（notice and comment），这是一种咨询性的程序，行政部门向公众提供参与机会，使之能以口头或书面的形式发表意见，但行政部门做出决策时不受这些意见的限制③。

非正式程序给予了行政部门过大的自由裁量权，公众意见仅供参考，行政部门无义务解释其决策背后的原因，公众难以对其决策形成有效制约。正式程序尽管避免了这一问题，但由于程序复杂、对抗性强，需要耗费参与听证各方很多资源和精力，实际上也很少采用④。因此，"在一个对政府很不信任的时代，这两种程序都不能满足理性决策和公共责任的期望"⑤。

到了1960年代中期，混合程序模式逐渐兴起。由于当时的规章内容涉及到越来越复杂的经济问题，行政部门在出台一项规章之前不得不寻找和参考大量的事实材料⑥，因此就在原有的通告-评论之上增加了一些对抗性元素，行政部门要举行听证和回应当事人的异议，规章内容的合理性要得到记录中所载事实的证明⑦。但这种程序仍容易引发各方行政相对人之间强烈的对抗性，规章制定过程中人力、物力、时间、资金等耗费很

---

① 美国联邦政府每年最终发布的规章有4000多件，一些特定情况下，会有更灵活的程序，参见：Copeland, C. W. The Federal Rulemaking Process: An Overview. CRS Report for Congress, 2005: 1.

② Hamilton, R. W. Procedures for the Adoption of Rules of General Applicability: The Need for Procedural Innovation in Administrative Rulemaking. California Law Review, 1972, 60(5): 1276 - 1337.

③ 王锡锌. 行政过程中公众参与的制度实践. 北京：中国法制出版社，2008: 32 - 33。

④ 在美国，90%以上的行政活动采用非正式程序，正式程序不到1%，参见：王锡锌. 行政过程中公众参与的制度实践. 北京：中国法制出版社，2008: 32。

⑤ Breger, M. J. The APA: An Administrative Conference Perspective. Virginia Law Review, 1986, 72(2): 337 - 361.

⑥ 杨峥. 政策制定中多元利益共赢的博弈-协商程序——基于协商式规章制定的研究. 北京理工大学硕士学位论文，2010: 12。

⑦ 王锡锌. 行政过程中公众参与的制度实践. 北京：中国法制出版社，2008: 34。

大,而且容易激发行政相对人对规章结果的不满,进而引发法律诉讼①。

在这种背景下,协商式规章制定作为一个行政法概念出现于1970年代后期,以应对通告-评论程序和混合程序所出现的问题②。1974至1975年间任美国劳工部长的邓洛普(John Dunlop)认为,有必要研究在行政规章制定中能否用协商程序替代对抗程序。随后,他提出"被规章所影响的群体应该更多地投入到规章的形成过程中"③。后来,美国行政法学者哈特(Philip Harter)发展和细化了邓洛普的理念,于1982年全面阐述了协商式规章制定的思想和程序④。

二、核心思路

协商式规章制定实际上是建立在原有的通告-评论程序基础上的,并非一个完全独立的程序。与通告-评论程序不同的是,协商式规章制定改变了规章草案的拟定方式。协商式规章制定要求,拟定规章草案的工作将不再由行政部门内部人员独自完成,而是通过协商委员会的协商会议由各方代表合作完成。协商委员会由该行政部门组建⑤,人数一般在25人以内⑥,其成员是与该规章有关联的所有利益相关方的代表,这些利益相关方包括规章涉及的商业行会、社会组织、公民团体、政府部门以及负责制定该规章的行政部门自身。协商委员会负责协商、拟定规章草案的内容。如果协商委员会能够在协商中对规章形成共识,则行政部门将以

---

① 杨峥. 政策制定中多元利益共赢的博弈-协商程序——基于协商式规章制定的研究. 北京理工大学硕士学位论文,2010:13。

② Perritt, Jr., H. H. Negotiated Rulemaking in Practice. Journal of Policy Analysis and Management, 1986, 5(3): 482-495.

③ Dunlop, J. T. The Limits of Legal Compulsion. Labor Law Journal, 1976, 27 (2): 67-74.

④ Harter, P. J. Negotiating Regulations: A Care for Malaise. Georgetown Law Journal, 1982, 71: 1-118.

⑤ 该委员会的组建和管理,需要符合联邦咨询委员会法的要求,参见:Negotiated Rulemaking Act of 1996, 5 U.S.C. § 565 (a).

⑥ Negotiated Rulemaking Act of 1996, 5 U.S.C. § 565 (b).

此共识为基础拟定待公布的规章草案;若各方无法形成共识,行政部门则按照传统的规章制定程序独自完成规章草案的拟定。

在协商式规章制定过程中,由于制定规章草案的过程是由协商委员会成员共同完成的,它通常能够全面地体现各方的意见,同时又打破了明显的对抗局面,取而代之的是为各方创造合作的氛围。它不仅为各方提供了交换信息和聆听他方观点的机会,同时用群策群力的方式更节时省力地创造出令利益相关各方较为满意的规章[①]。

从行政立法的角度看,协商式规章制定是行政部门制定规章的一种程序,但是从相关群体和公众的角度看,它是一种公共参与形式,也是一种替代性争端解决(alternative dispute resolution)方法[②]。

三、应用前提

使用协商式规章制定,需具备以下条件[③]:

- 与该规章相关的利益相关方为数不多,并且容易确定。
- 每个参与方都有协商的诚意,并对协商的结果抱有期待。
- 各方都能产生参与协商的代表。
- 待讨论的问题为各方所广泛理解,并且当下是可以做出决策的成熟时机。
- 规章中包含多个议题供各方讨论,能让各方在多个议题之间权衡和取舍。
- 任何一方都无须在原则性问题上妥协。

[①] 杨峥. 政策制定中多元利益共赢的博弈-协商程序——基于协商式规章制定的研究. 北京理工大学硕士学位论文, 2010:14。

[②] 替代性争端解决是相对于诉讼手段解决争端而言,包括但不限于下述非诉讼手段:安抚、协调、调停、事实考察、小型审判、仲裁和独立调查,或是以上手段的组合。参见:Administrative Dispute Resolution Act of 1996, 5 U.S.C. § 571(3)。

[③] 杨峥. 政策制定中多元利益共赢的博弈-协商程序——基于协商式规章制定的研究. 北京理工大学硕士学位论文, 2010:17-18。

- 行政部门有使用协商式规章制定的强烈意愿,真诚地愿意参与其中。
- 在参与协商的过程中各方地位和权力大体平等。
- 协商有明确的时间期限或能够设定明确的截止日期。
- 如果协商委员会达成共识,行政部门愿意以该共识为基础制定规章草案。

四、基本程序

协商式规章制定的程序大体可以划分为五个阶段①。

（1）行政部门开展初步评估

该阶段分为三个环节。

- 初步检查。行政部门的规章事务、技术、法律相关人员组成"任务小组",分析潜在的规制领域,看其是否适用于协商式规章制定,任务小组尝试性地识别问题和可能的利益相关者。
- 对照适用标准。任务小组对照前述的协商式规章制定适用标准开展评估。如果协商式规章制定不适用或不必要,则程序终止,否则进入下一环节。
- 行政部门首长批准。任务小组的评估如果表明协商式规章制定适用该场合,应向部门领导汇报以得到最终的批准。这是因为,如果采用协商式规章制定程序,实际上涉及该部门的对外授权,这一决策必须由部门首长做出。此外,部门首长可能更熟悉涉及规章制定的前因后果或具有其他的独立信息来源,考虑会更为周详。

---

① 当然行政部门可以根据其特定需要来裁剪这一过程,但这五个阶段基本上是协商式规章制定的最低要求。关于程序的介绍依据:Center for Public Policy Dispute Resolution. Texas Negotiated Rulemaking Deskbook. Texas:University of the Texas School of Law, 1996:20-30.

第十章 协商式规章制定、协作式政策制定与政策实验方法

（2）评估与召集

这实际上相当于筹划阶段，分为九个环节。

- 研究召集范围。"召集"（convening）是协商式规章制定的一个术语，是指这样一系列活动：评估协商该规章的可行性，设计协商委员会的人员构成和组织结构，以及识别待协商的事项。本环节非常重要，决定了整个协商式规章制定的成败。召集范围和以下因素有关：规章制定的性质、待协商事项的复杂和争议程度、议题影响的广度、各方立场的初始差异。

- 选择召集人（convenor）。召集人是辅助行政部门开展"召集"活动的个人或团队。理想的召集人应当熟悉协商式规章制定并具备相关组织与沟通技能。召集人可以是来自外部的专业人士，也可以是来自政府部门，有法律背景和技术专长更好，但没有也无妨。

- 识别潜在相关利益方。召集人通过非正式网络来识别可能参与协商的利益相关者以及其他关注者，包括行业协会等组织、游说团体、公共利益团体、其他政府部门以及个人。当然，与负责规章制定的行政部门的相关人员沟通肯定大有助益。

- 与潜在相关方沟通。召集人和识别的潜在相关方交换意见，预知可能存在的协商障碍。例如，是否协商事项关系到某方不愿让步的核心价值，是否有某一关键方不愿参与，是否存在可能使协商陷入困顿的事实争议，是否参与方过多或问题太复杂。潜在相关方通过沟通也可以更多地了解协商式规章制定的理念和程序。

- 召集人向行政部门汇报。汇报内容包括以下方面：是否有必要继续推进协商程序，哪些相关方应当参与协商委员会（以下简称"委员会"），哪些事项相关方愿意协商，哪些不愿或不能协商，还有哪些相关方应当得到协商进程的通报，存在的任何障碍和可能的解决方案，关于协商过程的设计方案。

- 行政部门做出协商决策。基于召集人的报告,行政部门决定是否继续协商程序。如果继续,则决定协商事项,选定协商参与方,确定委员会名额分配和协商程序。召集人还需要重新和相关方沟通,得到各方正式参与的承诺。

- 行政部门公告协商事宜。公告内容包括协商的参与方、协商事项、协商计划等,听取各界的反馈。

- 协商方案最终确定。行政部门根据各界的反馈意见,修改协商方案。例如,增加新的协商参与方,调整委员会构成,使各方力量更加平衡、合理。与此同时,协商各方应自行确定其参与协商的代表。

- 设定协商最后期限。行政部门应当根据协商的复杂程度和相关法律规定为委员会设定提交报告的最后期限,这样有利于其更有效率地开展工作。

(3) 协商委员会正式运作前的准备

该阶段包括三项工作。

- 选定协调人(facilitator)。协调人是委员会的中立主持人,负责主持会议和斡旋调解。有了协调人,行政部门就可以作为当事一方参与协商过程。协调人可由行政部门推荐,但需要得到委员会批准,否则就需要更换人选。如再有争议,委员会就需要商讨该人选产生的方式。如果协调人在协商过程中失去委员会的信任,委员会可以做出更换决定。协调人可以是一个小组,应当具备相应的能力和技巧。他们可以来自公共部门,也可以是外部专业人士,但不能来自该行政部门内部。一般情况下,沿用先前的召集人作为协调人,会有利于继承经验、降低成本。

- 召开准备会议,确定委员会运作相关事宜。行政部门负责组织该会议,议程包括介绍委员会成员及其所代表的利益,介绍协商式规章制定的理念和实际操作,简单讨论待协商事项,确定委员会的工作准则、规则和议程。准备会议应达成如下成果:核定协商目的和范围,行政部门承诺采纳委员会的共识报告,各方承诺不反对共识报告,各方承诺真诚参与协商并贡献有关信息,共识的定义①,全部或一部分协商事项不能达成一致时的约定,关于会议记录、议程和通告的约定,会议开放的有关规定,工作组和内部协商规定,会议计划和出席规定,关于接受媒体采访的相关约定,明确利益相关者的身份,全体代表的参与和投票规则,行政部门的后勤支持职责,协调人的角色和责任,退出协商的权利等。

- 发布会议公告。行政部门应当公布委员会会议的安排和议程,这些会议要公开举行,允许公众旁听。

(4) 协商委员会开展协商

这是协商式规章制定的核心阶段,包括以下工作内容。

- 委员会逐项讨论待协商事项。随着协商的推进,新浮现的事项可以添加进议程。

- 建立必要的工作组或子委员会。它们可以更深入地探讨某些专门问题,并向委员会全体会议汇报。工作组或子委员会中,各方力量也应均衡。

- 评估现有信息并获得新的所需信息。这些信息对问题的解决至关重要,信息获取工作通常交由委员会下属的工作组或子委员会完成。

- 委员会起草并商讨规章措辞和草案内容。规章的内容蕴涵在其措辞之中,这也意味着委员会就核心问题展开协商。

- 形成规章文本。经过对规章条款的多次讨论之后,委员会应当确定一个规章文本,并将共识反映在其中。

---

① 一般认为,当各方认为其主要利益已经在最终的方案中被纳入考虑并得到满意的处理时,而且很难在不侵害某方利益前提下进一步提升,就算是达成了共识,参见:Center for Public Policy Dispute Resolution. Texas Negotiated Rulemaking Deskbook. Texas: University of the Texas School of Law, 1996: 27.

(5) 编写报告并提交给行政部门

该阶段是协商的收尾工作,包括以下内容。

- 委员会完成协商并向行政部门提交报告。委员会协商完毕后,无论能否达成共识(包括完全共识或部分共识),其使命均已完成。随后,委员会应当将协商中收集的信息和共识成果形成报告,提交给行政部门。此报告对行政部门制定该规章或考虑相关事宜非常有价值。对于达成的共识,委员会成员应承诺以后不会反悔。

- 行政部门根据报告采取行动。如果委员会就规章取得共识,行政部门必须遵守其承诺,将共识内容采纳到规章草案中。如果共识内容有与法律冲突的地方,行政部门应当进行相应的修改,但必须在修改前通知委员会成员,做出解释并考虑其反应。

- 启动传统的"通告-评论"程序。行政部门公布规章草案,公众将就此进行评论。根据公众评论,如需对规章做出修改,协商委员会可能需要再次召开会议进行讨论,关于此类会议,也要在当初协商前的准备会议上事先做出约定。

- 行政部门公布最终规章。整个行政立法过程结束。

五、应用情况及其争议

哈特系统阐述协商式规章制定思想后不久,美国行政会议[①]就近乎没有争议地采纳和公布了82-4号建议,要求行政部门认真考虑将协商式规章制定作为起草规章的方法之一,同时,还建议将协商式规章制定纳入行政程序法的法律框架之中[②]。

---

① 美国行政会议(Administrative Conference of the United States)是联邦政府的一个独立机构,创立于1968年,其主要使命是为联邦政府提供建议,以提升其规章制定、行政决定、许可、调查等活动的公平性和有效性。参见其网站首页 http://www.acus.gov。

② 刘强. 协商式规章制定:综述与评析. 北京理工大学本科毕业论文, 2007: 12.

第十章　协商式规章制定、协作式政策制定与政策实验方法

1990年,美国国会通过了"协商制定规章法"(Negotiated Rulemaking Act),对试验已近十年之久的协商制定规章程序予以正式法律认可。1996年,国会又以"行政争议处置法"(Administrative Dispute Resolution Act)再次永久性地批准了"协商制定规章法"[①]。1993年及1998年,克林顿总统也分别通过总统备忘录要求行政部门推广应用协商式规章制定[②]。

至于应用方面,美国环保署是采用协商式规章制定最多的联邦部门,其次是教育部、内政部和运输部。在州一层面,1990年代中期,美国半数的州已经开始采用协商式规章制定程序,德克萨斯等四个州还通过了相关的法律[③]。

一些经验研究表明,协商式规章制定的实施产生了很多积极效应[④]。但同时,另外一些学者却对其法理依据或实际效果持怀疑态度[⑤],主要包括:协商式规章制定有违行政程序法的立法原则,推卸了行政部门的责

[①] "协商制定规章法"有自动废止条款,生效至废止日期为六年。参见:沈岿. 关于美国协商制定规章程序的分析. 法商研究,1999(2):83-91.

[②] 分别参见:The White House. Memorandum for Executive Departments and Selected Agencies Administrator of the Office of Information and Regulatory Affairs, 1993-9-30; The White House. Memorandum on Agency Use of Alternate Means of Dispute Resolution and Negotiated Rulemaking, 1998-5-1.

[③] Beechinor, J. R. Negotiated Rulemaking: A Study of State Agency Use and Public Administrators' Opinions. Applied Research Projects Paper 198, Texas State University-San Marcos, 1998: 15-17.

[④] 例如:Freeman, J. & Langbein, L. I. Regulatory Negotiation and the Legitimacy Benefit. New York University Environmental Law Journal, 2000, 9: 60-151; Harter, P. J. Assessing the Assessors: The Actual Performance of Negotiated Rulemaking. New York University Environmental Law Journal, 2000, 9: 32-59.

[⑤] 详细些的讨论,参见:刘强. 协商式规章制定:综述与评析. 北京理工大学本科毕业论文,2007;沈岿. 关于美国协商制定规章程序的分析. 法商研究,1999(2):83-91.

任,忽视了公共利益[1];它把共识和基于共识的决策过于理想化了[2];这种程序到底能否减少资源消耗和诉讼[3];共识的过程中缺乏技术支持,以及要求各方都能产生合法代表[4],等等。

10.2 协作式政策制定

协作式政策制定(collaborative policy making),是加州州立大学萨克拉门托分校协作政策研究中心倡导的一种政策制定方法。

一、基本思路

协作式政策制定强调公共权力机构要通过与受政策影响或有助于政策执行的相关各方对话来寻找政策方案,其中涉及的公共权力机构可以是一个或多个,而对话则必须是以共识为驱动的[5]。这里所指的"共识"有两个涵义,一是成果意义上的共识,即各方对最终的决策结果达成一致;二是过程意义上的共识,即各方对如何取得共识的社会过程和认知过程达成一致[6]。

---

[1] Funk, W. Bargaining toward the New Millennium: Regulatory Negotiation and the Subversion of the Public Interest. Duke Law Journal, 1997, 46(6): 1351 – 1388.

[2] Coglianese, C. Does Consensus Work? A Pragmatic Approach to Public Participation in the Regulatory Process. Renascent Pragmatism: Studies in Law and Social Science (Morales, A. ed.). Aldershot: Ashgate, 2003: 180 – 194.

[3] Coglianese, C. Assessing the Advocacy of Negotiated Rulemaking: A Response to Philip Harter. Regulatory Policy Program Working Paper RPP-2001-08. Cambridge, MA: Center for Business and Government, John F. Kennedy School of Government, Harvard University, 2001.

[4] Rose-Ackerman, S. Consensus versus Incentives: A Skeptical Look at Regulatory Negotiation. Duke Law Journal, 1994, 43(6): 1206 – 1220. 这两点也是后文要进一步阐述的,参见本章第三节。

[5] Center for Collaborative Policy. What Is Collaborative Policy Making? http://www.csus.edu/ccp/collaborative, 2010-3-1.

[6] Schuman, S. P. Reaching Consensus on Consensus. http://www.csus.edu/ccp/collaborative/CCP_Reaching_Consensus_on_Consensus.pdf, 2010-3-1.

现代社会多样化和多元化程度提高,政策制定复杂度和不确定性增加,而公众对传统政府及政府行为的信任程度则降低。面对这样的新形势,"政治空间"不得不进行拓展,政府机构之间必须合作,政府机构与社会组织和公众必须合作,以便共同应对挑战。由此,协作式政策制定应运而生[1]。

近十年来,协作政策研究中心立足美国加州,开展了不少应用尝试,其中,在水资源管理、区域规划等领域的应用取得了很好的成效[2]。

通过各方协作、形成共识来做出决策,既有现实的好处,又有长远的利益。由于拥有更多的信息,对各方的利益理解得更加深入,协作式政策制定有利于产生高质量、更好地服务公众的政策成果,政策实施起来也会获得较高的认同度,减少引发的诉讼,并能够充分使用各方资源。长远地看,协作过程还有助于打造一个紧密合作的政策网络,使得各方相互共享知识,建立良好的工作关系,发展协同解决问题的能力,其积极影响将是长期的、深远的。

二、适用条件

使用协作式政策制定方法,需要具备下述前提条件[3]:
- 政策问题不涉及宪法规定的权利或最基本的社会价值。
- 政策问题涉及多个议题,有折中和谈判、达成协议的潜在空间。

---

[1] 沈忱. 协作式政策制定研究. 北京理工大学本科学位论文,2009:4-5。

[2] 例如:Innes, J. E., Connick, S., Kaplan, L. & Booher, D. E. Collaborative Governance in the CALFED Program: Adaptive Policy Making for California Water. Working Paper 2006-01. Institute of Urban and Regional Development, University of California, Berkeley & Center for Collaborative Policy, California State University, Sacramento, 2006; Ambruster, A. Collaborative versus Technocratic Policymaking: California's Statewide Water Plan. Center for Collaborative Policy, California State University, Sacramento, 2008.

[3] 参见:Center for Collaborative Policy. Conditions Favorable to Initiate a Collaborative Process. http://www.csus.edu/ccp/collaborative/initiate.stm, 2010-3-1。

- 能够识别主要的相关群体,他们也有参与的意愿。
- 每方都有具有合法性的发言人。
- 具有阻碍问题解决能力的相关方也能被邀请到协商进程中来。
- 除了协作进行问题解决外,各方难以保证通过其他渠道会得到更好的结果。
- 各方以后还会再打交道,保持良好的关系是共同的需要。
- 相关各方的力量大体是平衡的。
- 存在一定的外部压力,促使各方达成协议。
- 具有协商的时间和其他资源。

三、实施过程

协作式政策制定的程序包括五个阶段:评估/计划、组织准备、沟通、协商/决议、执行。下面逐一介绍[①]。

(1)评估/计划

这一阶段主要是分析政策问题及环境,以评估协作式政策制定的适用性,识别可能的利益相关者,判断是否具备开展工作的相关条件。其要点包括:

- 冲突分析及评估。需要考虑以下问题:相关各方是否有协商意愿,政策问题是否可以协商,相关各方能否在别处寻得更好的解决方案,协商成功的可能性如何。
- 识别政策问题,分析需要解决的议题,以及进行初步的过程设计。
- 代表性问题和利益相关者分析。此时需要考虑的问题有:谁能促成问题解决,谁能阻碍问题解决,哪些群体应该参与进来,谁是各利益群体的合法代言人。

---

① 参见:Center for Collaborative Policy. Five Stages of Collaborative Decision Making on Public Issues. http://www.csus.edu/ccp/collaborative/stages.stm,2005-5-7. 略有调整。

- 资源评估。检查是否具有开展协作式政策制定所需的时间、人力、物力和财政资源。

(2) 组织准备

本阶段的要点包括：

- 就基于利益的协作展开培训。
- 协作式政策制定的后勤准备与计划安排。
- 解决各相关群体的代表权问题。这是一项关键工作，必须明确相关群体是如何做出内部决策的，然后据此促其产生具有合法性的协商代表。
- 各方就协商的任务和目标达成一致。
- 大家一起制定协商规则，包括最终决策的规则、媒体沟通规则、相关角色和职责等。
- 确定协商代表、协作会议和各方委托人、经选举或任命产生的相关机构、公众之间的沟通和责任机制。
- 为下一阶段设定议题和议程。

(3) 沟通

本阶段需要投入充分的时间，其要点包括：

- 回顾政策问题的历史、背景和涉及的相关法律。
- 促进对政策问题和议题的共同理解和认识。
- 搁置主观判断，深入了解彼此的利益诉求和关切。
- 就有助于达成协议的最可能的政策方案展开沟通。
- 建立共同的信息基础，逐项检查：现有哪些信息，哪些信息为各方都能接受，还需要哪些数据，如何得到这些数据。
- 各方代表向各自的群体成员或选民通报沟通情况。
- 建立协商框架，包括需要协商的议题范围及顺序。

(4) 协商/决议

这是最核心的环节,包括以下工作内容:

- 将各方利益诉求转换为可操作的决策准则,以限定决策边界。
- 集思广益,生成方案。
- 检验各个方案是否能为各方所接受。
- 形成协议,包括协议的原则和细节,各自的承诺等;如达成协议有困难,则重新进行利益沟通,或者重新审视达成协议之外各方的其他可选方案。
- 参与协商者和各自的群体成员或选民持续沟通,获取反馈。
- 将政策执行纳入协议中考虑。
- 协议获得各方群体成员或选民的批准。

(5) 执行

政策执行关系到协作式政策制定的有效性,因此也被纳入考虑。

- 使协商达成的协议在其他相关决策中得到落实。
- 监督政策执行情况,确保遵守协议,情况有变时,进行必要的变通。

综上可以看出,与协商式规章制定相比,协作式政策制定程序更为灵活,组织模式也没有严格的限定,可以视实际情况做出灵活安排,而协商式规章制定由于是用于行政立法,程序设计较复杂,组织模式也更为严密。

10.3 政策实验方法与协商式规章制定和协作式政策制定的对比

虽然在过程上有局部的相似,也有不少共同的"关键词",如"利益相关者"、"沟通"、"协商"、"共识"等,但政策实验方法与前面两种方法还

第十章 协商式规章制定、协作式政策制定与政策实验方法

是有着本质的不同。

从定位和作用上讲,协商式规章制定和协作式政策制定,均直接用于政策制定,其最终的输出就是政策方案或政策草案,而政策实验方法用于政策研究,其最终成果是以利益分析为核心的政策研究报告,仅供政策制定者参考。

从应用领域上讲,协商式规章制定适合行政立法,协作式政策制定适合地方层面的政策制定,政策实验方法可应用的范围更广,理论上说,它适合一切存在明显利益冲突的政策问题。

下面,重点从适用条件、组织模式和实施过程等三个方面,将政策实验方法与协商式规章制定和协作式政策制定进行对比。

一、适用条件

协商式规章制定和协作式政策制定的适用条件比较类似,这不令人意外,因为广义上说,它们都属于协作式参与[1]。在两者共同的适用条件中,最值得关注的有三个。

首先,它们均要求参与协商的各方力量大体均衡。这是因为,无论在协商式规章制定还是协作式政策制定中,参与协商的各方都得不到外部帮助,都只能依靠自己的力量在协商中表达、争取和维护自身利益。如果各方的力量悬殊,协商的公平性就无从保障,运用这两种方法自然就难以取得满意的结果。

其次,它们均要求参与各方都能产生具有合法性的协商代表。显然,这要以各利益群体的组织化为前提。直接参与协商的代表们得到相应群体的授权,协商结果也就容易得到相应群体的认可。

第三,它们均要求负有法定责任的政府部门有授权的意愿。政府部

---

[1] Innes, J. E. & Booher, D. E. Reframing Public Participation: Strategies for the 21st Century. Planning Theory & Practice, 2004, 5(4): 419-436.

门愿意作为平等的一员,和利益相关者一道参与协商,并同意接受协商结果,以此为依据制定最终的政策方案。

以上三个条件,在中国都很难得到满足。如第二章所述,中国现实社会中的不同阶层和群体的利益表达和博弈能力往往是不均衡的;社会的组织化程度很低,除了少数行业协会外,众多的利益群体很难产生得到授权的协商代表;在中国现行体制下,行政部门处于绝对的强势地位,指望其放弃主导政策制定的权力,很不现实。

政策实验方法正是针对中国这一特殊的政策环境而提出的。政策实验方法不仅不以上述三个条件为应用前提,而且特别地针对这种"不理想"的政策环境做出相应的设计,从而通过研究方法的创新来弥补现实世界的缺憾。

二、组织模式

协商式规章制定和协作式政策制定的组织模式也类似,都是采用协商会议的形式。区别是,协商式规章制定明确采用了"协商委员会"的组织形式,并有较严格的程序安排,而协作式政策制定则相对灵活。

在协商会议中,各方利益相关者以及官方政策制定者都是对等的参与者。由于他们对政策问题都已经非常熟悉,不需要专业人士的支持。在沟通与协商时,如果遇到信息不完整或信息冲突等问题,参与各方就用联合确认事实的方法来处理①。

政策实验方法则采取讨论式博弈的形式。官方政策制定者不参加讨论式博弈,而是作为局外观察者。由于局中人本身不具备深入开展利益

---

① 联合确认事实(joint fact finding)是冲突解决中一种常用的方法,但需要以各方力量接近为前提,参见:McCreary, S. T., Gamman, J. K. & Brooks, B. Refining and Testing Joint Fact-Finding for Environmental Dispute Resolution: Ten Years of Success. Conflict Resolution Quarterly (formerly Mediation Quarterly), 2001, 18(4): 329-348; Andrews, C. J. Humble Analysis: The Practice of Joint Fact-Finding. Westport, CT: Praeger Publishers, 2002.

表达、博弈和协调的专业能力,因此需要为其提供专业团队,使局中人各方都能够得到综合集成的专业支持。相对于协商式规章制定和协作式政策制定,政策实验参与者的角色划分有着鲜明的层次性,政策问题的价值分析和事实分析也是相分离的。

三、实施过程

无论是协商式规章制定还是协作式政策制定,都没有对抗性的环节。这在西方社会有其道理,因为政策情景中的利益表达通常已经比较充分,各方观点彼此心知肚明,因此无需博弈,直接展开协商即可。而且,这样的安排有利于节省成本和避免激化矛盾。

但中国则不同,由于社会中制度化的利益表达渠道匮乏,有时利益冲突虽很激烈,但是很少能够公开化和表面化,政策制定中各利益群体的观点和证据缺乏深入系统的交锋平台。如果不安排"利益表达和博弈"环节,利益冲突就难以充分暴露,那么,协商什么,如何协商,从何处开始协商,都难以明确,更难协商出有价值的结果。

因此,政策实验方法的一大特色是把"利益博弈"和"利益协调"看似矛盾的两个环节统一起来,它更为强调"利益博弈"和"利益协调"两者的互补与整合,即首先通过对抗性的证据博弈与利益博弈,使证据冲突和利益冲突表面化,以此确认需要协商的要点,使得后续的协商共识更为有的放矢,因而更富有成效。

第十一章
政策分析的新范式

政策实验方法,实际上可视为一种后实证主义政策分析方法。本章首先介绍实证主义政策分析范式所面临的挑战及近年来兴起的后实证主义政策分析范式,然后从范式"转向"的角度来讨论政策实验方法及政策实验室的理论价值和实践意义,最后简要地展望政策实验方法的未来发展。

11.1 政策分析的范式转向

政策分析的范式转向是政策分析学科发展的一个焦点问题,第五章已略有涉及,本节详细地展开讨论。

一、实证主义政策分析范式的误区

政策科学发展的早期,拉斯维尔(Harold D. Lasswell)等开创者曾设想将民主与科学有机地统一起来,由"民主的政策科学家"[①]创建一门"民主的政策科学"[②]。为此,拉斯维尔确定了政策科学三个要素:跨学科性、情景性以及明确的规范性。然而,政策科学和政策分析没有按照拉斯维尔设想的轨道发展[③]。

从跨学科的特征看,政策科学的早期开创者试图在多学科知识的基础上建立一门统一的社会科学。但是,事与愿违,经济学家和运筹学家最早进入这个几近空白的领域,并掌握了学术"霸权"。"一时间,数字和定量分析技术大量充斥于各种政策研究报告和学术文献中,系统分析方法几乎成为政策分析的同义语……成本效益分析、系统分析和定量分析模型几乎成为当时政策分析的一张通行证。"[④]

在情景性方面,政策的对象是活生生的人,研究政策问题必须要考虑相关的背景,即政策问题所处的政治、经济、社会和文化环境,以及人们对环境的判断和理解。但现实中,定量分析方法的大量应用,使得政策分析专家的主要精力用于推算、预测和评估,政策的情景、人们的关切也就淡出了研究者的视野。

从规范性方面看,主流的政策分析强调将价值和事实相分离[⑤]。多数学者认为,规范或价值问题超出了政策分析的范畴,或者认为价值是决策者应当考虑的,政策分析人员只应做出专业判断。回避价值研究、采取

[①] Farr, J., Hacker, J. S. & Kazee, N. The Policy Scientist of Democracy: The Discipline of Harold D. Lasswell. American Political Science Review, 2006, 100(4): 579 – 587.

[②] Lasswell, H. D. The Policy Orientation. The Policy Sciences: Recent Developments in Scope and Method (Lerner, D. & Lasswell, H. D. eds.). Stanford: Stanford University Press, 1951: 3 – 15.

[③] 周超,林丽丽. 从证明到解释:政策科学的民主回归. 学术研究,2005(1):84 – 89。

[④] 同上。

[⑤] Fischer, F. Beyond Empiricism: Policy Analysis and Deliberative Practice. Deliberative Policy Analysis: Understanding Governance in the Network Society (Hajer, M. & Wagenaar, H. eds.). Cambridge: Cambridge University Press, 2003: 209 – 227.

价值中立的立场反而被视为恰当的职业规范①。

这就是实证主义政策分析范式,也是长期以来政策分析的主流。概括地说,实证主义政策分析范式的特点包括:以逻辑实证主义为哲学指导,以经济学和系统分析为主要学科基础,强调定量分析和科学方法的运用,将政策研究视为专业活动,通过科学性和技术理性来提高政策的效率,增进政策的合法性。

勿庸置疑,经过几十年的发展,实证主义政策分析取得了不少成绩。但是,这样的一枝独大的发展模式也带来了诸多问题。实证主义政策分析越来越与民主价值观念相冲突,"逐渐成为少数狭隘利益集团的政策鼓吹工具,它已经背离了以民主理念为基础,服务于公众利益的政策研究传统。"②同时,政策制定的精英化倾向严重,经常可以看到,政策分析专家非但不能合理解决社会中的利益分歧,反而由于强化了权力精英的地位而使政策更偏离公正。专家角色很难受到社会的制约,有的时候,专业知识的运用忽略或超越了价值冲突,还有的时候,专家肆意利用自己的知识优势去解释价值冲突,为价值冲突开出自己的药方,这也就是所谓的"专家暴政"③。政策科学离民主不是越来越近,而是越来越远。

二、后实证主义政策分析范式的兴起

实证主义政策分析在其发展的早期就受到挑战。例如,林德布洛姆批判了理性政策制定模型,提出了政策制定的渐进模型④,沃尔多批判了

---

① 周超. 当代西方政策科学方法论的范式转向. 武汉大学学报(哲学社会科学版),2005, 58(4):529-534。
② 林丽丽,周超. 参与性政策分析与政策科学的民主回归. 广东行政学院学报,2004, 16(2):26-30。
③ Lieberman, J. Tyranny of Expertise. New York: Walker, 1981.
④ Lindblom, C. E. The Science of "Muddling Through". Public Administration Review, 1959, 19(2):79-88.

公共行政中的技术理性和专业主义,呼吁重新注入民主的价值[1]。然而,早期对实证主义政策分析的批判虽然比较尖锐,但替代性的新范式并不清晰。直到 1980 年代,后实证主义政策分析范式才渐次显现,并在 1990 年代逐渐成形[2]。

一些学者提出了不同的政策分析理念,如协商式政策分析(deliberative policy analysis)[3]、解释型政策分析(interpretive policy analysis)[4]或参与式政策分析(participatory policy analysis)[5]。在理论和实践上,它们各有侧重,但其政策分析范式相通,即都是后实证主义的。下面就对该新范式展开讨论。

第一,在研究取向上,后实证主义政策分析开始从实证向解释转变。这一范式反思了先前政策研究对价值问题的忽视,它认为政策具有多重意义(multi-significance)[6],各个主体和利益相关者对政策可能有不同的解释,这些解释应该得到承认和尊重,政策研究必须直接面对这种价值差异。

第二,后实证主义政策分析更强调沟通理性和协作理性。相对于以经验证明和数据支持为特征的技术理性,沟通理性观认为,只要满足一定的条件,理性就会产生于主体之间的讨论和沟通之中。协作理性更是建

---

[1] 颜昌武. 沃尔多行政思想评述. 公共管理研究, 2008, 6: 114 – 134。

[2] 较系统的论述,例如:Fischer, F. & Forester, J. (eds.) The Argumentative Turn in Policy Analysis and Planning. Durham, NC: Duke University Press, 1993; Yanow, D. Practices of Policy Interpretation. Policy Sciences, 1995, 28(2): 111 – 126.

[3] Hajer, M. & Wagenaar, H. (eds.) Deliberative Policy Analysis: Understanding Governance in the Network Society. Cambridge: Cambridge University Press, 2003; Fischer, F. Reframing Public Policy: Discursive Politics and Deliberative Practices. Oxford: Oxford University Press, 2003.

[4] Yanow, D. Conducting Interpretive Policy Analysis. Sage University Paper Series on Qualitative Research Methods 47. Thousand Oaks, CA: Sage, 2000.

[5] 例如:Geurts, J. L. A. & Joldersma, C. Methodology for Participatory Policy Analysis. European Journal of Operational Research, 2001, 128: 300 – 310.

[6] Hajer, M. Three Dimensions of Deliberative Policy Analysis: Analysing Governance Networks in Rebuilding Ground Zero. Working Paper of Universiteit van Amsterdam, 2004.

立在沟通理性之上。如果政策的相关方能够面对面地开展对话,将其观点摆在桌面上进行论辩,而且参与各方均可得到相应的信息,能够表达其观点,能够被倾听,这样的过程就是协作理性的[1]。后实证主义政策分析追求的是建立在沟通理性和协作理性基础上的共识。

第三,后实证主义政策分析将"对话"和"论辩"视为政策分析的基本单元。其理念是,价值问题和不同的观点只有在对话的过程中才能得到明晰,在论辩的基础上,才能做出民主的决策。当然一个重要的前提是,对话必须是真诚的,即各方要真实地表达自己的利益和关切,不能像传统的政策分析中经常看到的那样,大家将真实意图掩盖在冠冕堂皇的表面理由之后。真诚的对话能够促进"学习",促使各方重新审视问题和自己的利益,从而更有条件形成共识。

第四,后实证主义政策分析重新定位了政策分析专家的作用,它强调政策分析专家需要开展政策探究(policy inquiry)[2]。除了对政策制定者的支持外,政策分析专家还要为利益相关者提供支持,协助创建对话环境和条件,协助利益相关者建立信任关系,帮助他们参与对话和论辩。政策分析专家的作用不再是直接给出问题解决方案,而是提升公民和利益相关者进行民主协商、共同寻求问题解决的能力。

第五,在知识运用方面,后实证主义政策分析从强调专家的专业知识转向强调利益相关者自身的知识运用。因为,关于政策的价值解读和政策的影响,往往是利益相关者更有深刻的认识,更有发言权。对于政策制定而言,这也是一种宝贵的知识,是政策分析专家的专业知识所无法替代的,政策分析过程中必须强化对利益相关者知识的采集和运用。

后实证主义政策分析是协作治理时代以及社会网络化的产物。社会

---

[1] Innes, J. E. & Booher, D. E. Planning with Complexity: An Introduction to Collaborative Rationality for Public Policy. London: Routledge, 2010: 6.

[2] Paris, D. C. & Reynolds, J. F. The Logic of Policy Inquiry. New York: Longman, 1983.

价值越来越多元,政策制定则日益多中心化,人们对政策制定合法性、公开性和参与性的期待也越来越高。后实证主义政策分析以价值为中心,以参与和对话为渠道,打破了官僚和专家对政策制定的"独裁",实现了政策分析向民主的回归。

后实证主义政策分析也倡导一些特定工具的运用,如话语分析和Q-方法论。话语(discourse)是"将社会意义赋予社会或自然关系的观念和概念的整体"[1]。不同的组织或主体可能持有不同的话语。话语不一定以经验事实为基础,很多时候是依靠"解释",甚至带有一定的"情绪"。话语分析的主要任务就是,通过行为主体说什么来分析其观点和立场,分析主体所言如何被传播或维系的组织和过程,还有分析话语联盟以及由于联盟所导致的政策变迁或政策学习。话语分析的解释功能,可以很好地与后实证主义政策分析相匹配。

Q方法论为系统地研究主观性提供了基础,这里主观性是指人的观点、看法、信念、态度等。Q方法论研究中,首先针对某一议题建立一组陈述(称为Q集合),将它们提交给一组回答者(称为P集合)并要求其根据个人偏好、判断或直觉对这组陈述进行排序(称为Q排序)。Q排序可以揭示个人对某一政策议题所持有的观点。在此基础上,对个人的偏好进行统计分析,通过分析人们观点的异同以及主导观点,能够得出对一组人群观点的整体描述[2]。在政策分析中,Q方法论可以用于:认定(某种价值或观点的)重要的内部和外部支持者;界定参与者的观点及其对问题的感知;深入理解参与者的未来偏好;识别参与者心目中的重要准则;明确

---

[1] Fischer, F. Reframing Public Policy: Discursive Politics and Deliberative Practices. Oxford: Oxford University Press, 2003: 90.

[2] Van Exel, N. J. A, De Graaf, G. Q Methodology: A Sneak Preview, 2005. Available at http://www.jobvanexel.nl.

存在共识和冲突的领域;寻求对政策议题的共同见解①。Q 方法论的出现,为研究参与者的政策偏好和价值取向提供了基础,填补了后实证主义政策分析在理念和具体方法之间的一些空白②。

11.2 政策实验:一种后实证主义政策分析方法

政策实验方法的产生和发展,最初是基于中国特殊的政策情景而自成体系的,并未自觉地和后实证主义政策分析相联系。但是,如今回顾政策实验方法的基本思路和理念,却不难发现它恰恰是契合了后实证主义政策分析的理念,完全可以被视为一种后实证主义政策分析方法。

一、政策实验方法的范式解读

为直观起见,不妨将政策实验方法的特点与前节所述的后实证主义政策分析的五个特征相对照。

首先,政策实验方法是直接针对利益分析的,并且由利益分析统领实证分析。它将利益看做分析政策问题的基点,尊重各利益群体的利益诉求,尊重其对政策情景和政策问题的解读,并围绕利益的表达、博弈和协调开展政策分析。显然,政策实验方法的根本研究取向是解释而非实证。

其次,政策实验方法将政策研究建立在沟通理性和协作理性基础上。以实验室中的讨论式博弈为形式的利益表达和沟通,其本意正是促进各方的对话和辩论,而利益协调阶段,则旨在促进形成沟通基础上的创造性共识。沟通理性的前提条件,如各方的公平对话、拥有相关的信息、具有

---

① Steelman, T. A. & Maguire, L. A. Understanding Participant Perspectives: Q-Methodology in National Forest Management. Journal of Policy Analysis and Management, 1999, 18(3): 361-388.
② Durning, D. The Transition from Traditional to Postpositivist Policy Analysis: A Role for Q-Methodology. Journal of Policy Analysis and Management, 1999, 18(3): 389-410.

参与对话的能力等,正是政策实验方法所倡导的,并通过为局中人提供综合集成的专业支持而加以保障的。

再次,政策实验方法将利益表达、博弈和协调作为政策分析的基本单元,这是一种特殊形式的"对话"和"论辩"。政策实验方法强调真实的利益表达和基于利益的协商,"利益"在这里是中性的,真实的利益诉求得到鼓励并作为协商的起点,通过利益博弈和协商,各方共同"学习",重构对政策的"解释",从而实现共赢。

此外,政策实验方法也重新审视了政策分析者的作用。传统的政策分析专家在政策实验方法中被区分为两种角色——政策研究者和政策分析师,而且他们都有了新的定位:政策研究者作为政策实验的组织者和观察者,主要负责创建对话环境和保障公平对话的条件,这是沟通理性和协作理性的前提;政策分析师为利益相关者提供支持,侧重提升其参与对话的能力。显然,无论是政策研究者还是政策分析师,服务的对象都不再仅仅是政策制定者。

最后,在政策实验方法中,利益相关者的作用更加突出。来自各个利益群体的局中人直接参与政策分析。他们通过利益表达和博弈,贡献他们对政策情景和政策问题的感知,与其他各方分享各自的利益关切,这都是只有利益相关者才能拥有的"本地"知识。最终建议的共赢方案,也不再是政策分析专家的一厢情愿或主观判断,而是得到利益相关者认可的共识。专业人士已不是政策分析的唯一主角,利益相关者的参与变得不可或缺。

综上所述,政策实验方法具有鲜明的后实证主义特征,将其看作一种后实证主义政策分析方法是比较恰当的。

与此同时,政策实验方法也展现了自己的特色。第一个特色是,政策实验方法更强调后实证主义政策分析和实证主义政策分析的融合。价值(利益)研究和实证(事实)研究是可以统一的。一方面,关注价值问题不能仅靠言语的论辩或空洞的说教,而是需要采用科学的方法来开展研究。与话语分析和 Q 方法论等后实证主义工具相比,政策实验方法以讨论式博弈和综合集成支持为工具,试图科学、理性、规范、可操作地揭示利益冲突和寻求解决方案。另一方面,价值或利益主张很多时候需要证据的支持。"真诚的利益表达"是后实证主义政策分析的一个前提要求,但如何确保"真诚"?除了需要参与者的主观意愿和政策研究者的积极引导外,还需要制度的保障。因为,利益相关者常常具有夸大自身利益诉求的主观动机,提供不切合实际的假设和证据,讨论式博弈和综合集成支持在一定程度上能够排除或过滤这些"不真诚"的表达,从而为实现沟通理性和协作理性提供保证。在讨论式博弈和综合集成支持过程中,传统的实证主义政策分析方法和技术可以大有所为。由此,实现了实证主义和后实证主义政策分析的统一。

政策实验方法的第二个特色是它有针对性地采取了一些措施以促进公平参与。这些举措虽然是针对中国特定的政策环境提出的,但实际上具有普适意义。现实中,无论是中国还是在其他国家,利益群体的力量不均衡是客观存在的,不同的地方只是有程度上的区别。后实证主义政策分析强调公平参与是重要的前提,也提出政策分析专家需要为此提供保障,但具体的方法设计仍比较薄弱。政策实验方法吸收了解放系统思想①,通过构建政策实验室,邀请局中人参与政策实验,以及为其提供均等的专业支持,使得这种现实中的不平等在人工的对话空间中被弱化。此外,参与者如何获得相应的信息,具备相应的参与能力,也是后实证主义政策分析所关注的,政策实验方法以综合集成支持的形式为此提供了一个新颖的思路。

政策实验方法的第三个特色是适用的政策领域大为扩展。一般的后

---

① 参见第九章。

实证主义政策分析,依赖现实世界中的参与渠道以及实体对话论坛,这就限制了其应用范围——基本上用于地方政策或地方事务领域,如规划、资源分配等。超出这一范围,后实证主义政策分析就面临公共参与的合法性不足或组织难度太大等困扰。政策实验方法以政策实验室为分析平台,以局中人利益诉求和观点的"典型性"替代了对参与者"代表性"的要求,弱化了参与条件,降低了应用门槛。虽然这是出于中国的实际不得已而为之,但客观上也带来了额外的好处,就是适用的政策领域明显拓宽:除了地方政策议题,具有全局性的国家重大政策也完全可以在政策实验室中展开研究和探讨。

二、政策实验室:后实证主义政策分析的新平台

与实证主义政策分析相适应的是传统的政策分析机构和组织模式。例如,二战后兴起的智库在实证主义政策分析的发展中起到了重要的推动作用,智库里的政策专家接受的是传统的政策研究训练,他们通过分工协作,收集政策情景的相关信息,开展调研,采用定量分析技术进行分析和预测,然后比较政策方案优劣,最后提出政策建议。

后实证主义政策分析之所以不能撼动实证主义政策分析的主导地位,除了政策研究教育仍倾向传统模式,以及适合于新政策研究思维的研究方法有待开发之外,一个重要的原因是目前仍欠缺成熟的适合后实证主义政策分析的组织模式[①]。

新的政策分析范式要求政策分析机构以及组织模式的变革。政策分析过程必须由先前的以技术运用为中心转变为以面向价值的对话和论证为中心,政策分析必须对公众开放,吸引公众的参与,政策分析机构应当为此提供支持。

---

① Hajer, M. & Wagnaar, H. Deliberative Policy Analysis: Understanding Governance in the Network Society. Cambridge: Cambridge University Press, 2003: xiv.

政策实验室为实践后实证主义政策分析提供了一个解决方案。未来的政策分析机构可以引入政策实验室，作为一种新的政策分析组织模式。在面临一个待研究的政策问题时，如果通过评估认为适合采用协商式或参与式政策分析，就可以将政策实验室作为政策论证的载体或平台，通过政策实验开展价值研究和利益研究。至于传统的政策分析模式、方法和技术，则可以在综合集成支持过程中发挥作用。这样，政策分析机构就具备了开展后实证主义政策分析的途径和能力。

11.3　政策实验方法的未来

透过后实证主义政策分析的视角，更能凸显政策实验方法的理论价值和实践意义。它已经超越了中国的问题情景，有潜力成为一种通用的后实证主义政策分析方法。本章的最后一节，就来简要地探讨政策实验方法未来的发展思路。

首先，政策实验方法需要进一步吸收相关理论和方法的优点，在形式和技术上更加开放与灵活。讨论式博弈和综合集成支持的形式和效果都很好，也适合中国的需要，但当政策实验方法走出中国时，就有必要吸收冲突解决、协商民主的一些方法和技术，如公民陪审团、公民调查、联合确认事实、专家作证等，以丰富政策实验方法的实施形式，并配备可选择的"工具箱"，为应用者根据问题情景的需求灵活选用提供方便。

其次，需要继续探讨政策实验室作为智库的组织模式，以及在政策咨询中的运用方式。特别是要研究以下几个问题：政策实验室如何与传统智库有机融合，政策实验室如何在民主体制中发挥作用，新型智库的形式以及政策分析专家的能力要求，等等。政策实验室如能在智库中得到采纳，就能够架起后实证主义政策分析从理论到实践的桥梁。

最后也是最重要的，是大力开展政策实验方法的实践。实践是推进方法发展的最为有效的途径。实证主义政策分析当初之所以很快成为主流,归根到底是由于其早期的广泛实践,促进了范式的发展和成熟,尽管对于实践到底是否"成功"还存有很多争议。但相比起来,后实证主义政策分析的应用可谓凤毛麟角,政策实验方法的实践也很薄弱。今后,在行政立法、公共参与等领域继续进行实践探索,将是发展和完善政策实验方法的主要途径。

在结束本书之际,再让我们回到全书的起点,即政策实验方法产生的中国问题情景:当前中国的政策制定存在一些体制性的挑战,然而体制是"慢变量",制度化的利益表达、沟通与协调机制非短期内能系统地建立。在这一背景下,政策实验方法试图在现有的体制基础上,通过问题解决的技术层面的创新来"缓解"问题。也就是说,通过政策研究方法的创新,部分地承担本应由体制改革担负的使命。

眼前的问题解决总是情景性的,必须考虑当前面临的政治、经济、文化等环境制约。然而从长远看来,体制才是最有意义的"战略变量",其中蕴涵着改变问题解决环境的巨大能量。在中国的问题情景中,政策实验方法只是一剂短期的"药方"。无论方法发展得多么精巧,无论它在未来的实践中多么有效,都不应使我们遗忘更根本的目标:进行制度的创新!建立根植于制度层面的利益表达、博弈和协调机制!

参考文献

陈阿江,施国庆,吴宗法. 非志愿移民的社会整合研究. 江苏社会科学,2000(6):81-85

陈俊,夏维力,江一. 对软系统方法论(SSM)的探讨. 管理工程学报,1990,4(4):41-47

陈晓舒,刘炎迅. 南水北调再调查. 中国新闻周刊,转引自 http://news.ifeng.com/society/5/200910/1014_2579_1387066.shtml,2009-10-14

陈振明. 政策科学——公共政策分析导论(第二版). 北京:中国人民大学出版社,2003

陈振明,薛澜. 中国公共管理理论研究的重点领域和主题. 中国社会科学,2007(3):140-152

陈潭,程瑛. Seminar 教学法、案例教学法及其课堂教学模型构建. 湖南师范大学教育科学学报,2004,3(4):57-59

程浩,黄卫平,汪永成. 中国社会利益集团研究. 战略与管理,2003(4):63-74

成思危. 论软科学研究中的综合集成方法. 软科学研究,1997(3):72-75

〔美〕戴维·杜鲁门 著. 陈尧 译. 政治过程——政治利益与公共舆论. 天津:天津人民出版社,2005

邓小平文选(第二卷). 北京:人民出版社,1994

丁学良. 利益集团绑架国家政策. FT 中文网, http://www.ftchinese.com/story/

001022530,2008-10-17

董京泉.社科研究与理论创新.北京:社会科学文献出版社,2003

杜弋鹏.北京机动车增长太快有隐忧.光明日报,2009-12-24

堵在北京(专题),财经,2004(2)

冯雯.基于互联网的公共政策实验研究.北京理工大学硕士学位论文,2007

付俊文,赵红.利益相关者理论综述.首都经济贸易大学学报,2006(2):16-21

顾基发,唐锡晋.综合集成方法的理论及应用.系统辩证学学报,2005,13(4):1-7

顾基发,唐锡晋.从古代系统思想到现代东方系统方法论.系统工程理论与实践,2000,20(1):89-92

顾基发,王浣尘,唐锡晋 等.综合集成方法体系与系统学研究.北京:科学出版社,2007

顾俊礼.德国的利益集团.德国研究,2000,15(1):7-13

国家发展和改革委员会.政府制定价格听证办法,2008

国家人口发展战略研究课题组.国家人口发展战略研究报告,2007

国务院南水北调工程建设委员会办公室.南水北调工程规划.http://www.nsbd.gov.cn/zx/gcgh,2009-3-12

国务院学位委员会办公室,全国MPA教育指导委员会.中国高校公共管理硕士(MPA)专业学位教学合格评估方案(修订版),2009

郭庆汉.南水北调:水源区利益不应忽视.武汉交通职业学院学报,2004(4):1-3,8

〔德〕韩博天(Heilmann,S.).中国异乎常规的政策制定过程:不确定情况下反复试验.开放时代,2009(7):41-48

郝寿义.国家综合配套改革试验的意义、政策设计和动力机制.城市,2008(6):6-8

何包钢.协商民主:理论、方法和实践.北京:中国社会科学出版社,2008

侯一麟.政府职能、事权事责与财权财力:1978年以来我国财政体制改革中财

权事权划分的理论分析. 公共行政评论, 2009(2): 36-72

胡锦涛. 在中共中央政治局第二十次集体学习时的讲话. 2005-2-21

胡晓峰 等. 战争模拟引论. 北京: 国防大学出版社, 2004

胡远志, 夏雨. 新国标将部分电动车归为机动车或引发破产风潮. http://news. sohu.com/20091204/n268664285.shtml, 2009-12-4

黄华斌. 探查1.8的总和生育率证据. 光明网, http://guancha.gmw.cn/show. aspx?id=4470, 2007-4-13

黄洁萍, 李亚. 综合集成技术支持下的模拟利益博弈: 一种新的政策实验方法. 云南行政学院学报, 2008(5): 90-94

黄秀兰. 论改革开放进程中的政策试验. 探索, 2000(3): 66-69

黄振中 等. 中国可持续发展系统动力学仿真模型. 计算机仿真, 1997, 14(4): 3-7

贾生华, 陈宏辉. 利益相关者的界定方法述评. 外国经济与管理, 2002, 24(5): 13-18

蒋满元. 区际关系协调与资源的理性开发利用——基于对南水北调、西气东送等问题的分析. 贵州社会科学, 2007(2): 134-138

〔美〕卡尔·帕顿, 大卫·沙维奇. 政策规划与分析的初步方法. 北京: 华夏出版社, 2001

康晓光, 韩恒. 分类控制: 当前中国大陆国家与社会关系研究. 社会学研究, 2005(6): 73-89

柯水发, 赵铁珍. 退耕还林工程利益相关者行为动态博弈分析. 林业经济问题, 2008, 28(1): 47-50, 60

雷安军. Seminar源流及对当前法学教育的意义. 福建论坛, 2007(2): 18-21

李道揆. 美国政府和美国政治. 北京: 商务印书馆, 1999

李富成. 制止听证的"假戏假做". 法人, 2006(8), 转引自: http://article.chinalawinfo.com/Article_Detail.asp?ArticleId=35929, 2008-10-19

李建新. 论生育政策与中国人口老龄化. 人口研究, 2000(2): 9-15

李俊奎. 当代中国社会利益结构变迁研究. 南京师范大学博士学位论文, 2004

李强. 从"整体型社会聚合体"到"碎片化"的利益群体——改革开放30年与我国社会群体特征的变化. 新视野, 2008(5): 15-17

李习彬. 系统工程——理论、思想、程序与方法. 石家庄: 河北教育出版社, 1991

李习彬. 共赢组织与共赢环境建设——和谐社会建构的微观途径. 新视野, 2008(4): 50-52

李习彬. 系统工程的困境与出路. 决策科学理论与创新(中国系统工程学会决策科学专业委员会 编). 北京: 海洋出版社, 2007: 456-462

李习彬. 共赢——和谐社会建设的理念基础与行为准则. 中国系统工程学会第15届学术年会论文集(陈光亚 主编). 香港: 上海系统科学出版社(香港). 2008: 52-56

李习彬, 李亚. 共赢思维: 当代领导思维新模式. 中国行政管理, 2001(8): 9-12

李习彬, 李亚. 政府管理创新与系统思维. 北京: 北京大学出版社, 2002

李小平. 论中国人口的百年战略与对策——生育控制与农村社会经济问题的综合治理. 战略与管理, 2004(3): 35-47

李亚. 人-机决策系统研究及其在综合集成研讨厅中的应用. 国防科技大学博士学位论文, 1999

李亚. 从工程系统复杂性到社会系统复杂性. Well-off Society Strategies and Systems Engineering (Chen, G. ed.). Hong Kong: Global-Link Publisher, 2004: 309-314

李亚. 首次公共政策实验总结报告. 北京理工大学, 2005

李亚. 基于讨论式博弈和综合集成技术的模拟听证: 完善现行价格听证制度的一种途径. 中国行政管理, 2006(7): 92-96

李亚. 好制度如何落到实处: 关于价格听证的几点思考. 价格听证理论、方法与实践研讨会. 北京理工大学, 2007

李亚. 基于利益博弈和综合基础的政策实验方法——和谐社会政策制定的一种途径. 中国系统工程学会第15届学术年会论文集(陈光亚 主编). 香港: 上海系统科学出版社(香港), 2008: 79-83

李亚. 一种面向利益分析的政策研究方法. 中国行政管理, 2011(4): 113-118

李亚, 冯雯. 关于网上价格听证的几点思考. 北京行政学院学报, 2007(5): 58-61

李亚, 韩培培. 政策制定中的电子参与: 质量、满意度和效率. 北京行政学院学报, 2010(2): 33-37

李亚, 康健, 李习彬. 政策实验室: 政策执行环境的模拟系统. 西部开发与系统工程(顾基发 主编). 北京: 海洋出版社, 2002: 608-612

李亚, 李富成. 价格听证指南. 北京: 中国经济出版社, 2010

李亚, 李习彬. 公共政策实验室: 21世纪的综合政策分析环境. 中国行政管理, 2004(5): 70-75

李亚, 李习彬. 多元利益共赢方法论: 和谐社会中利益协调的解决之道. 中国行政管理, 2009(8): 115-120

林丽丽, 周超. 参与性政策分析与政策科学的民主回归. 广东行政学院学报, 2004, 16(2): 26-30

刘恩东. 中美利益集团与政府决策的比较研究. 中共中央党校博士学位论文, 2008

刘强. 协商式规章制定: 综述与评析. 北京理工大学本科毕业论文, 2007

刘求实, 王名. 改革开放以来我国民间组织的发展及其社会基础. 公共行政评论, 2009(3): 150-170

刘世昕. 专家称圆明园并不缺水, 搞防渗意在建水上公园. 中国青年报, 2005-4-19. 转引自: http://news.sina.com.cn/c/2005-04-20/06476436796.shtml

刘伟忠, 张宇. 化解利益集团政策参与困境的政府视角. 贵州社会科学, 2009(1): 50-55

刘钊, 万松钱, 黄战凤. 论公共管理实践中的"试点"方法. 东北大学学报(社会科学版), 2006, 8(4): 280-283

陆学艺 主编. 中国当代社会阶层研究报告. 北京: 社会科学文献出版社, 2002

马名驹. 现代战略与决策的实验室——系统动力学的兴起和发展. 科学-经济-社会, 1987, 5(3): 179-182

马宗国. "Seminar"在管理类课程中的应用研究. 中国大学教学, 2006(7):

26-27

民政部. 2006 民政事业发展统计报告, 2007

彭宗超, 薛澜, 阙珂. 听证制度——透明决策与公共治理. 北京: 清华大学出版社, 2004

钱学森 等. 论系统工程. 长沙: 湖南科学技术出版社, 1982

钱学森 等. 论系统工程(新世纪版). 上海: 上海交通大学出版社, 2007

钱学森, 于景元, 戴汝为. 一个科学新领域——开放复杂巨系统及其方法论. 自然杂志, 1990(1): 3-10

全国人大常委会. 中华人民共和国价格法, 2007

陕西省委党校课题组. 南水北调中线工程水源保护区利益补偿机制研究. 理论导刊, 2006(11): 97-101

沈忱. 协作式政策制定研究. 北京理工大学本科学位论文, 2009

沈岿. 关于美国协商制定规章程序的分析. 法商研究, 1999(2): 83-91

沈文捷, 朱强. Seminar 教学法: 研究生教学的新模式. 学位与研究生教育, 2002(7-8): 43-47

盛昭瀚, 游庆仲, 李迁. 大型复杂工程管理的方法论和方法: 综合集成管理——以苏通大桥为例. 科技进步与对策, 2008, 25(10): 193-197

[美] 施密特, 谢利, 巴迪斯 著. 梅然 译. 美国政府与政治. 北京: 北京大学出版社, 2005

司光亚. 战略决策综合集成研讨与模拟环境研究与实现. 国防大学博士学位论文, 2000

宋力. 价格听证问题分析与理论实践完善. 价格听证理论、方法与实践研讨会. 北京理工大学, 2007

孙立平. 断裂——20世纪90年代以来的中国社会. 北京: 社会科学文献出版社, 2003

孙立平. 中国进入利益博弈时代. 经济研究参考, 2005(68): 2-4, 13

孙立平. 博弈——断裂社会的利益冲突与和谐. 北京: 社会科学文献出版社, 2006

孙立平. 公车改革的启示. 经济观察报, 2008-3-17

孙哲. 左右未来——美国国会的制度创新和决策行为. 上海: 复旦大学出版社, 2001

陶然, 杨大利. 财政收入需要与地方政府在中国转轨和增长中的作用. 公共行政评论, 2008(5): 6-40

〔美〕托马斯·帕特森 著. 顾肃, 吕建高 译. 美国政治文化. 北京: 东方出版社, 2007

皖河. 利益集团、改革路径与合法性问题. 战略与管理, 2002(2): 1-8

万里. 决策民主化和科学化是政治体制改革的一个重要课题. 人民日报, 1986-8-15

王爱华, 程恩富. 我国"一胎化"生育政策的成本-效益测度. 重庆社会科学, 2008(7): 50-57

王建新. 北京六大景点: 门票涨价四大疑问. 人民日报, 2004-12-1

王其藩. 系统动力学的历史现状与未来. 系统工程, 1987, 5(3): 26-31

王寿云. 国防系统分析的综合集成——挑战、机遇、对策. 复杂巨系统理论·方法·应用. 北京: 科学技术文献出版社, 1994: 33-41

王寿云 等. 开放的复杂巨系统. 杭州: 浙江科学技术出版社, 1996

王锡锌. 行政过程中公众参与的制度实践. 北京: 中国法制出版社, 2008

王锡锌. 公众参与和中国新公共运动的兴起. 北京: 中国法制出版社, 2008

王锡锌, 章永乐. 专家、大众与知识的运用——行政规则制定过程的一个分析框架. 中国社会科学, 2003(3): 113-127

汪孝宗. 人口政策大争鸣: "一胎化"还是"放开二胎". 中国经济周刊, 2009(11): 34-38

魏铭言, 郭少峰. 艾滋病防治模拟立法听证会举行. 新京报, 2005-11-27

吴晶.《国家中长期教育改革和发展规划纲要》第一轮公开征求意见工作顺利结束. 光明日报, 2009-3-3

武宏志. 论证的图尔敏模式——兼评国内若干论证的误释. 华南师范大学学报(社会科学版), 2003(5): 23-27

〔美〕小劳伦斯·E·列恩. 公共管理案例教学指南. 北京：中国人民大学出版社，2001

谢炜. 中国公共政策执行过程中的利益博弈. 华东师范大学博士学位论文，2007

徐家良. 利益表达机制与危机状态下社会团体的作用——江山养蜂协会个案研究. 公共管理评论，2005，3：73-82

徐玖平，卢毅. 地震灾后重建系统工程的综合集成模式. 系统工程理论与实践，2008，28(7)：1-16

徐君，李程伟. 试析我国软科学视域中的公共政策研究. 北京行政学院学报，2002(1)：25-28

徐俊新，施国庆，郑瑞强. 水电移民安置利益相关者及其活动分析. 安徽农业科学，2008，36(25)：11102-11104，11131

徐湘林. 中国政策科学的理论困境及其本土化出路. 公共管理学报，2004，1(1)：22-27

徐学文，王寿云. 现代作战模拟. 北京：科学出版社，2001

徐云鹏，张旭昆. 美国的价格听证制度及其启示. 社会科学战线，2008(12)：229-232

许光清，邹骥. 系统动力学方法：原理、特点与最新进展. 哈尔滨工业大学学报（社会科学版），2006，8(4)：72-77

许耀桐. 利益集团和利益群体的区别. 党政干部文摘，2007(2)：31

颜昌武. 沃尔多行政思想评述. 公共管理研究，2008，6：114-134

闫威，夏振坤. 利益集团视角的中国"三农"问题. 当代财经，2003(5)：46-56

阎晓明，王建新. 北京市科学应对合理安排，冷静面对400万辆机动车. 人民日报海外版，http://www.gov.cn/jrzg/2009-12/22/content_1493307.htm，2009-12-22

杨建梅. 对软系统方法论的一点思考. 系统工程理论与实践，1998，18(8)：91-95

杨淑媛. 软科学研究方法述评. 湖南大学社会科学学报，1992，6(2)：105-109

杨云彦. 南水北调工程与中部地区经济社会协调发展. 中南财经政法大学学报，

2007(3):3-9

杨云彦,石智雷.南水北调工程水源区与受水区地方政府行为博弈分析——基于利益补偿机制的建立.贵州社会科学,2008(1):102-107

杨峥.政策制定中多元利益共赢的博弈-协商程序——基于协商式规章制定的研究.北京理工大学硕士学位论文,2010

叶静.试析公共政策执行中的"上有政策,下有对策"现象.党政干部论坛,2004(3):29-30

俞可平.中国智库:八个问题,四项建议.南方周末,http://www.infzm.com/content/41770,2010-2-24

于景元.软科学研究及其方法论.软科学研究,1997(6):68-71

于景元,涂元季.从定性到定量的综合集成方法——案例研究.系统工程理论与实践,2002,22(5):8-11

余向荣.公共政策评估的社会实验方法:理论综述.经济评论,2006(2):73-79

袁琳,谭金可.我国价格听证制度:问题与改革——兼论《政府价格决策听证办法》的不足与完善.研究与探索,2008(9):52-55

〔美〕约翰·克莱顿·托马斯 著.孙柏瑛 译.公共决策中的公民参与:公共管理者的新技能与新策略.北京:中国人民大学出版社,2005

曾毅.试论二孩晚育政策软着陆的必要性与可行性.中国社会科学,2006(2):93-109

张国伍.交通复杂系统研究方法创新与应用:综合集成研讨厅与人工交通系统.交通运输系统工程与信息,2006,6(4):1-8

张力波,方志耕.系统动力学及其应用研究中的几个问题.南京航空航天大学学报(社会科学版),2008,10(3):43-48

张梦中,〔美〕马克·霍哲.案例研究方法论.中国行政管理,2002(1):43-46

张顺,霍有光.跨流域调水利益补偿问题的经济学分析.生态经济,2006(3):60-63

张占仓.我国软科学研究的发展与创新.河南科学,2003,21(1):113-117

赵刚,孙相东,王志清.发展中的中国软科学——中国软科学发展的回顾和展

望.中国软科学,2005(2):96-104

赵小剑,田启林.治本北京交通.财经,2004(2),http://magazine.caijing.com.cn/2004-01-20/110063935.html,2004-5-26

中国战略与管理研究会社会结构转型课题组.中国社会结构转型的中近期趋势与隐患.战略与管理,1998(5):1-17

钟永光,钱颖,于庆东,杜文泉.系统动力学在国内外的发展历程与未来发展方向.河南科技大学学报(自然科学版),2006,27(4):101-104

周超.当代西方政策科学方法论的范式转向.武汉大学学报(哲学社会科学版),2005,58(4):529-534

周超,林丽丽.从证明到解释:政策科学的民主回归.学术研究,2005(1):84-89

周超,易洪涛.政策论证中的共识构建:实践逻辑与方法论工具.武汉大学学报(哲学社会科学版),2007,60(6):913-920

周金堂.哈佛公共行政管理案例教学的特点与启示.江西行政学院学报,2008,10(3):72-76

朱志昌.当代西方系统运动.系统科学与工程研究(许国志 主编).上海:上海科技教育出版社,2001:592-612

左青林,何芳.北京交通新政将出,或实施车牌限量发放.21世纪经济报道,http://www1.21cbh.com/HTML/2008-9-29/HTML_XGQSKB1FE4A5.html,2008-9-29

Ackoff, R. L. Re-creating the Corporation: A Design of Organizations for the 21st Century. New York: Oxford University Press, 1999

Administrative Dispute Resolution Act of 1996, 5 U.S.C. § 571(3)

Administrative Procedure Act of 1970, 5 U.S.C. § 551(4)

Agricultural Policy Analysis Center. Freedom to Farm: An Agricultural Price Response Experiment: What Have We Learned in Four Years? Policy Matters, 2000, 5(4): 1-4

Ambruster, A. Collaborative versus Technocratic Policymaking: California's Statewide Water Plan. Center for Collaborative Policy, California State University, Sacramento, 2008

Amir, O. et al. Psychology, Behavioral Economics, and Public Policy. Marketing Letters, 2005, 16(3/4): 443-454

Andersen Consulting. The Public Policy Laboratory: Taking a Fresh Approach to Policy Implementation and Securing Policy Outcomes. http://www.netnexus.org/library/papers/andersen.htm, 2005-1-24

Andrews, C. J. Humble Analysis: The Practice of Joint Fact-Finding. Westport, CT: Praeger Publishers, 2002

Baker, W. H., Addams, H. L. & Davis, B. Critical Factors for Enhancing Municipal Public Hearings. Public Administration Review, 2005, 65(4): 490-499

Bardach, E. The Implementation Game: What Happens after a Bill Becomes a Law. Cambridge, MA: MIT Press, 1977

Beechinor, J. R. Negotiated Rulemaking: A Study of State Agency Use and Public Administrators' Opinions. Texas State University-San Marcos, 1998

Beer, S. Beyond Dispute: The Invention of Team Syntegrity. Chichester: John Wiley & Sons, 1994

Bloomfield, L. P. & Padelford, N. J. Three Experiments in Political Gaming. American Political Science Review, 1959, 53(4): 1105-1115

Botterman, M. et al. Cyber Trust and Crime Prevention: Gaining Insight from Three Different Futures. RAND Europe Report, 2004

Bowman, C. C. Role-Playing and the Development of Insight. Social Forces, 1949, 28(2): 195-199

Brams, S. J. & Taylor, A. D. The Win-Win Solution: Guaranteeing Fair Shares to Everyone. New York: W. W. Norton, 1999

Breger, M. J. The APA: An Administrative Conference Perspective. Virginia Law Review, 1986, 72(2): 337-361

Brudnick, I. A. The Congressional Research Service and the American Legislative Process. CRS Report for Congress, 2008

Brugha, R. & Varvasovszky, Z. Stakeholder Analysis: A Review. Health Policy and

Planning, 2000, 15(3): 239-246

Brunner, R. D. Teaching the Policy Sciences: Reflections on a Graduate Seminar. Policy Sciences, 1997, 30(4): 217-231

Burby, R. J. Making Plans That Matter: Citizen Involvement and Government Action. Journal of the American Planning Association, 2003, 69(1): 33-49

Burtless, G. The Case for Randomized Field Trials in Economic and Policy Research. Journal of Economic Perspectives, 1995, 9(2): 63-84

Carleton, F. et al. Educating Towards the 21st Century: Active Learning in American Government and Politics. http://teachpol.tcnj.edu/conference_papers/_manuscripts/cfr96a.pdf, 2005-3-12

Center for Collaborative Policy. Five Stages of Collaborative Decision Making on Public Issues. http://www.csus.edu/ccp/collaborative/stages.stm, 2005-5-7

Center for Collaborative Policy. Conditions Favorable to Initiate a Collaborative Process. http://www.csus.edu/ccp/collaborative/initiate.stm, 2010-3-1

Center for Collaborative Policy. What Is Collaborative Policy Making? http://www.csus.edu/ccp/collaborative, 2010-3-1

Center for Public Policy Dispute Resolution. Texas Negotiated Rulemaking Deskbook. Texas: University of the Texas School of Law, 1996

Checkland, P. Systems Thinking, Systems Practice. Chichester: John Wiley & Sons, 1981

Checkland, P. Soft Systems Methodology: A Thirty Year Retrospective. Systems Research and Behavioral Science, 2000, 17(S1): S11-S58

Clarkson, M. B. E. A Stakeholder Framework for Analyzing and Evaluating Corporate Social Performance. Academy of Management Review, 1995, 20(1): 92-117

Coglianese, C. Assessing the Advocacy of Negotiated Rulemaking: A Response to Philip Harter. Regulatory Policy Program Working Paper RPP-2001-08. Cambridge, MA: Center for Business and Government, John F. Kennedy School of Government, Harvard University, 2001

Coglianese, C. Does Consensus Work? A Pragmatic Approach to Public Participation in the Regulatory Process. Renascent Pragmatism: Studies in Law and Social Science (Morales, A. ed.). Aldershot: Ashgate, 2003: 180 – 194

Cohen, B. C. Political Gaming in the Classroom. Journal of Politics, 1962, 24(2): 367 – 381

Cole, R. L. & Caputo, D. A. The Public Hearing as an Effective Citizen Participation Mechanism: A Case Study of the General Revenue Sharing Program. American Political Science Review, 1984, 78(2): 404 – 416

Cook, T. D. & Shadish, W. R. Social Experiments: Some Developments over the Past Fifteen Years. Annual Review of Psychology, 1994, 45: 545 – 580

Copeland, C. W. The Federal Rulemaking Process: An Overview. CRS Report for Congress, 2005

Coutu, W. Role-Playing vs. Role-Taking: An Appeal for Clarification. American Sociological Review, 1951, 16(2): 180 – 187

Cutcher-Gershenfeld, J. & Kochan, T. Taking Stock: Collective Bargaining at the Turn of the Century. Industrial and Labor Relations Review, 2004, 58(1): 3 – 26

Davis, E. A. Use of Seminar Gaming to Specify and Validate Simulation Models. Proceedings of the 18th Conference on Winter Simulation (Wilson, J. R., Henriksen, J. O. & Roberts, S. D. eds.). New York: ACM, 1986: 242 – 247

Dolbear, F. T., Attiyeh, R. Jr. & Brainard, W. C. A Simulation Policy Game for Teaching Macroeconomics. American Economic Review, 1968, 58(2): 458 – 468

Dunlop, J. T. The Limits of Legal Compulsion. Labor Law Journal, 1976, 27 (2): 67 – 74

Durning, D. The Transition from Traditional to Postpositivist Policy Analysis: A Role for Q-Methodology. Journal of Policy Analysis and Management, 1999, 18(3): 389 – 410

Dye, T. R. Understanding Public Policy (12th edition). Upper Saddle River, New Jersey: Prentice Hall, 2007

Easton, D. The Political System: An Inquiry into the State of Political Science.

Knopf: New York, 1953

Eden, C. Using Cognitive Mapping for Strategic Options Development. Rational Analysis for a Problematic World (Rosenhead, J. ed.). Chichester: John Wiley & Sons, 1989: 21-42

E-PARCC. http://sites.maxwell.syr.edu/parc/eparc/default.asp, 2010-3-30

Farr, J., Hacker, J. S. & Kazee, N. The Policy Scientist of Democracy: The Discipline of Harold D. Lasswell. American Political Science Review, 2006, 100(4): 579-587

Ferber, R. & Hirsch, W. Z. Social Experimentation and Economic Policy: A Survey. Journal of Economic Literature, 1978, 16(4): 1379-1414

Fink-Hafner, D. Organized Interests in the Policy-making Process in Slovenia1. Journal of European Public Policy, 1998, 5(2): 285-302

Fischer, F. Beyond Empiricism: Policy Analysis and Deliberative Practice. Deliberative Policy Analysis: Understanding Governance in the Network Society (Hajer, M. & Wagenaar, H. eds.). Cambridge: Cambridge University Press, 2003: 209-227

Fischer, F. Reframing Public Policy: Discursive Politics and Deliberative Practices. Oxford: Oxford University Press, 2003

Fischer, F. & Forester, J. (eds.) The Argumentative Turn in Policy Analysis and Planning. Durham, NC: Duke University Press, 1993

Fisher, R., Ury, W., Patton, B. Getting to Yes: Negotiating Agreement without Giving in (2nd edition). New York: Penguin Books, 1991

Flood, R. L. & Jackson, M. C. Creative Problem Solving: Total Systems Intervention. Chichester: John Wiley & Sons, 1991

Forrester, J. W. Industrial Dynamics: A Breakthrough for Decision Makers. Harvard Business Review, 1958, 36(4): 37-66

Forrester, J. W. Industrial Dynamics. Cambridge, MA: Productivity Press, 1961

Forrester, J. W. The Beginning of System Dynamics. Banquet Talk at the International Meeting of the System Dynamics Society, 1989-7-13

Forrester, J. W. System Dynamics and the Lessons of 35 Years. The Systemic Basis of Policy Making in the 1990s (De Greene, K. B. ed.). Cambridge, MA: MIT Press, 1991. Available at http://sysdyn.clexchange.org/sdep/papers/D-4224-4.pdf, 2007-4-7

Freeman, R. E. Strategic Management: A Stakeholder Approach. Boston, MA: Pitman, 1984

Freeman, J. & Langbein, L. I. Regulatory Negotiation and the Legitimacy Benefit. New York University Environmental Law Journal, 2000, 9: 60 – 151

Funk, W. Bargaining toward the New Millennium: Regulatory Negotiation and the Subversion of the Public Interest. Duke Law Journal, 1997, 46(6): 1351 – 1388

Geurts, J. L. A. & Joldersma, C. Methodology for Participatory Policy Analysis. European Journal of Operational Research, 2001, 128: 300 – 310

Gingras, R. E. APL's Warfare Analysis Laboratory: Applications and Accomplishments. Johns Hopkins APL Technical Digest, 2000, 21(2): 217 – 224

Goldhamer, H & Speier, H. Some Observations on Political Gaming. World Politics, 1959, 12(1): 71 – 83

Gorvine, H. Teaching History through Role Playing. History Teacher, 1970, 3(4): 7 – 20

Greenberg, D., Linksz, D. & Mandell, M. Social Experimentation and Public Policymaking. Washington, D.C.: Urban Institute Press, 2003

Greenberg, D. & Robins, P. K. The Changing Role of Social Experiments in Policy Analysis. Journal of Policy Analysis and Management, 1986, 5(2): 340 – 362

Greenberg, D. & Shroder, M. The Digest of Social Experiments (3rd edition). Washington, D.C.: Urban Institute Press, 2004

Greenbreg, D., Shroder, M. & Onstott, M. The Social Experiment Market. Journal of Economic Perspectives, 1999, 13(3): 157 – 172

Gu, J. & Tang, X. Some Developments in the Studies of Meta-synthesis System Approach. Journal of Systems Science and Systems Engineering, 2003, 12(2): 171 – 180

Gu, J. & Tang, X. Meta-synthesis Approach to Complex System Modeling. European

Journal of Operational Research, 2005, 166: 597 – 614

Guetzkow, H., Alger, C. F., Brody, R. A., Noel, R. C. & Snyder, R. C. Simulation in International Relations: Developments for Research and Teaching. Englewood, NJ: Prentice Hall, Inc., 1963

Gullahorn, J. T. Teaching by the Case Method. School Review, 1959, 67(4): 448 – 460

Habermas, J. The Theory of Communicative Action: Reason and the Rationalization of Society. Boston, MA: Beacon Press, 1981

Hajer, M. Three Dimensions of Deliberative Policy Analysis: Analysing Governance Networks in Rebuilding Ground Zero. Working Paper of Universiteit van Amsterdam, 2004

Hajer, M. & Wagenaar, H. (eds.) Deliberative Policy Analysis: Understanding Governance in the Network Society. Cambridge: Cambridge University Press, 2003

Hamilton, R. W. Procedures for the Adoption of Rules of General Applicability: The Need for Procedural Innovation in Administrative Rulemaking. California Law Review, 1972, 60(5): 1276 – 1337

Harter, P. J. Negotiating Regulations: A Care for Malaise. Georgetown Law Journal, 1982, 71: 1 – 118

Harter, P. J. Assessing the Assessors: The Actual Performance of Negotiated Rulemaking. New York University Environmental Law Journal, 2000, 9: 32 – 59

Heckman, J. J. & Smith, J. A. Assessing the Case for Social Experiments. Journal of Economic Perspectives, 1995, 9(2): 85 – 110

Holyoke, T. T. Choosing Battlegrounds: Interest Group Lobbying across Multiple Venues. Political Research Quarterly, 2003, 56(3): 325 – 336

Holyoke, T. T. Exploring Competition and Bargaining among Interest Group Lobbyists in Washington. PS: Political Science and Politics, 2005, 38(4): 811

Hu, X. & Li, Y. (李亚). Hall for Workshop of Meta-synthetic Engineering: Design Issues and an Example. Proceedings of the ICSSSE'98 (Gu, J. ed.). Beijing: Scientific and Technical Documents Publishing House, 1998: 234 – 239

Hudspith, R. Using a Consensus Conference to Learn about Public Participation in Policymaking in Areas of Technical Controversy. PS: Political Science and Politics, 2001, 34(2): 313–317

Innes, J. E. & Booher, D. E. Reframing Public Participation: Strategies for the 21st Century. Planning Theory & Practice, 2004, 5(4): 419–436

Innes, J. E. & Booher, D. E. Planning with Complexity: An Introduction to Collaborative Rationality for Public Policy. London: Routledge, 2010

Innes, J. E., Connick, S., Kaplan, L. & Booher, D. E. Collaborative Governance in the CALFED Program: Adaptive Policy Making for California Water. Working Paper 2006-01. Institute of Urban and Regional Development, University of California, Berkeley & Center for Collaborative Policy, California State University, Sacramento, 2006

Jackson, M. C. Systems Thinking: Creative Holism for Managers. Chichester: John Wiley & Sons, 2003

Joint Committee on the Organization of Congress. Organization of the Congress, 1993. http://www.rules.house.gov/archives/jcoc2.htm, 2010-1-15

Jones, W. M. On the Adapting of Political-military Games for Various Purposes. RAND Report (N-2413-AF/A), 1986

Joseph, M. L. Role Playing in Teaching Economics. American Economic Review, 1965, 55(1/2): 556–565

Kahan, J. P. et al. A Seminar Game to Analyze Regional Governance Options for Portugal. RAND Report (MR-1031-RE/FLAD), 1999

Kahan, J. P. et al. Vision of the Future of Scientific Research: Focal Points for Policy. RAND Report (MR1433.3), 2002

Katz, N. H. Interest-Based Negotiations: Increasing Satisfaction Levels among Critical Stakeholders. Government Financial Review, 2006, 22(5): 49–52

Kay, L. W. Role-Playing as a Teaching Aid. Sociometry, 1946, 9(2/3): 263–274

Keidel, A. The Economic Basis for Social Unrest in China. Carnegie Endowment Report, 2005

Keller, C. W. Role Playing and Simulation in History Classes. History Teacher, 1975, 8(4): 573-581

Kernaghan, K. Evolving Patterns of Administrative Responsiveness to the Public. International Review of Administrative Sciences, 1986, 52(1): 7-16

King, C. S., Feltey, K. M. & Susle, B. O. The Question of Participation: Toward Authentic Public Participation in Public Administration. Public Administration Review, 1998, 58(4): 317-326

Kochan, T. A., Katz, H. C. & Mckersie, R. B. The Transformation of American Industrial Relations. New York: Basic Books, Inc., 1986

Kriesberg, L. The Evolution of Conflict Resolution. The Sage Handbook of Conflict Resolution (Bercovith, J., Kremenyuk, V. & Zartman, I. W. eds.). Thousand Oaks, CA: Sage, 2008: 15-32.

Lando, T. The Public Hearing Process: A Tool for Citizen Participation, or a Path Toward Citizen Alienation. National Civic Review, 2003, 92(1), 73-82

Lasswell, H. D. The Policy Orientation. The Policy Sciences: Recent Developments in Scope and Method (Lerner, D. & Lasswell, H. D. eds.). Stanford: Stanford University Press, 1951: 3-15

Lasswell, H. D. Technique of Decision Seminars. Midwest Journal of Political Science, 1960, 4(3): 213-236

Leach, W. D., Pelkey, N. W. & Sabatier, P. A. Stakeholder Partnerships as Collaborative Policymaking: Evaluation Criteria Applied to Watershed Management in California and Washington. Journal of Policy Analysis and Management, 2002, 21(4): 645-670

Leone, R. A. Teaching Management without Cases. Journal of Policy Analysis and Management, 1989, 8(4): 704-711

Levine, R. A. et al. A Retrospective on the Negative Income Tax Experiments: Looking back at the Most Innovative Field Studies in Social Policy. The Ethics And Economics of the Basic Income Guarantee (Widerquist, K., Lewis, M. A. & Pressman, S. eds.).

Aldershot: Ashgate Publishing, 2005, 95 – 106

Leyden, K. M. Interest Group Resources and Testimony at Congressional Hearings. Legislative Studies Quarterly, 1995, 20(3): 431 – 439

Li, Y. (李亚). Exploring Public Policy Issues in Laboratory: A Seminar Gaming Based and Meta-synthesis Supported Experimental Policy Research Methodology. 2006 APPAM Fall Conference, http://www.appam.org/conferences/fall/madison2006/sessions/downloads/41431.doc, 2006

Li, Y. (李亚). Experimental Policy Research Methodology: Exploring China's Policy Issues Adversarially in Laboratory. Systems Research and Behavioral Science, 2010, 27(2): 224 – 239

Li, Y. (李亚) & Li, X. Public Policy Laboratory: Concept, Methodology and Its Significance. Proceedings of the 2nd Sino-US International Conference "Public Administration in the Changing World" (Holzer, M. et al eds.). Joint published by New York: United Nations Public Administration Network & Washington, D. C.: America Society for Public Administration, 2004: 261 – 269

Li, Y. (李亚) & Zhu, Z. Systems Thinking and Social Problems Solving: What Happen in China? Working Paper, 2010

Lieberman, J. Tyranny of Expertise. New York: Walker, 1981

Lindblom, C. E. The Science of "Muddling Through". Public Administration Review, 1959, 19(2): 79 – 88

Lloyd, J. W. Role Playing, Collective Bargaining, and the Measurement of Attitude Change. Journal of Economic Education, 1970, 1(2): 104 – 110

London Cycling Campaign, http://www.lcc.org.uk

Loranger, T. & Hewitt, L. Managing Interest Group Participation in Regulatory Reform. State & Local Government Review, 1998, 30(1): 65 – 70

Lukensmeyer, C. J. & Torres, L. H. Public Deliberation: A Manager's Guide to Citizen Engagement. IBM Center for the Business of Government, 2006: 24 – 25

Lum, T. Social Unrest in China. CRS Report for Congress, 2006

Lyon, D. W. The Public Policy Institute of California: A Think Tank for the 21st Century. Public Policy Institute of California, 2003

MacAskill, E. US Election Candidates Prepare for Make-or-break Presidential Debates. The Guardian, 2008-9-22

Majchrzak, A. Methods for Policy Research. Newbury Park, CA: Sage Publications, Inc., 1984

Mason, R. O. A Dialectical Approach to Strategic Planning. Management Science, 1969, 15(8): B403 - B414

Mason, R. O. & Mitroff, I. I. Challenging Strategic Planning Assumptions: Theory, Cases and Techniques. New York: John Wiley & Sons, 1981

McCreary, S. T., Gamman, J. K. & Brooks, B. Refining and Testing Joint Fact-Finding for Environmental Dispute Resolution: Ten Years of Success. Conflict Resolution Quarterly (formerly Mediation Quarterly), 2001, 18(4): 329 - 348

McFarland, A. S. Cooperative Pluralism: The National Coal Policy Experiment. Lawrence: University of Kansas Press, 1993

McGann, J. G. The Global "Go-to Think Tanks": The Leading Public Policy Research Organizations in the World. University of Pennsylvania, 2010

Meadows, D. H., Meadows, D. L. & Randers, J. The Limits to Growth. New York: Universe Books, 1972

Midgley, G. Systemic Intervention: Philosophy, Methodology, and Practice. New York: Kluwer Academic/Plenum Publishers, 2000

Midgley, G. & Wilby, J. (eds.). Systems Methodologies: Possibilities for Cross-cultural Learning and Integration. Kingston upon Hull, UK: University of Hull, 1995

Midgley, G. & Wilby, J. Systems Practice in China: New Developments and Cross-cultural Collaborations. Systemic Practice and Action Research, 2000, 13(1): 3 - 9

Military Simulation. Wikipedia. http://en.wikipedia.org/wiki/Military_simulation, 2009-12-12

Miner, N. R. Simulation and Role-Playing in the Teaching of East Asian History.

History Teacher, 1977, 10(2): 221-228

Mingers, J. Multi-paradigm Methodology. Multimethodology: The Theory and Practice of Combining Management Science Methodologies. (Mingers, J. & Gill, A. eds.). Chichester: John Wiley & Sons, 1997: 1-20

Mingers, J. An Idea Ahead of Its Time: The History and Development of Soft Systems Methodology. Systemic Practice and Action Research, 2000, 13(6): 733-755

Mingers, J. Taming Hard Problems with Soft O. R. OR/MS Today, 2009, 36(2): 48-53

Mingers, J. & Brocklesby, J. Multimethodology: Towards a Framework for Mixing Methodologies. Omega, 1997, 25(5): 489-509

Mitchell, R. K., Agle, B. R. & Wood, D. J. Toward a Theory of Stakeholder Identification and Salience: Defining the Principle of Who and What Really Counts. Academy of Management Review, 1997, 22(4): 853-886

Mitroff, I., Emshoff, J. R. & Kilmann, R. H. Assumptional Analysis: A Methodology for Strategic Problem Solving. Management Science, 1979, 25(6): 583-593

Moffitt, R. A. The Idea of a Negative Income Tax: Past, Present, and Future. Focus, 2004, 23(2): 1-8

Naill, R. F. A System Dynamics Model for National Energy Policy Planning. System Dynamics Review, 1992, 8(1): 1-19

Negotiated Rulemaking Act of 1996, 5 U.S.C. § 565 (a)

Neville, B. A. & Menguc, B. Stakeholder Multiplicity: Toward an Understanding of the Interactions between Stakeholders. Journal of Business Ethics, 2006, 66: 377-391

Newmann, W. W. & and Twigg, J. L. Active Engagement of the Intro IR Student: A Simulation Approach. PS: Political Science and Politics, 2000, 33(4): 835-842

Nownes, A. J. & Freeman, P. Interest Group Activity in the States. Journal of Politics, 1998, 60(1): 86-112

Oakley, A. Public Policy Experimentation: Lessons from America. Policy Studies, 1998, 19(2): 93-114

O'Leary, R. & Bingham, L. B. A Manager's Guide to Resolving Conflicts in Collaborative Networks. IBM Center for the Business of Government, 2007

Orr, L. L. Social Experiments: Evaluating Public Programs with Experimental Methods. Thousand Oaks, CA: Sage Publications, 1998

Osborn, A. F. Applied Imagination: The Principles and Problems of Creative Thinking. New York: Charles Scribner's Sons, 1953

Overseas Development Administration of United Kingdom. Guidance Note on How to Do Stakeholder Analysis of Aid Projects and Programmes. Social Development Department, Overseas Development Administrati-on, 1995

Pace, D. K. & Gingras, R. E. A Retrospective on Warfare Analysis at APL. Johns Hopkins APL Technical Digest, 2000, 21(2): 192 – 202

Paris, D. C. & Reynolds, J. F. The Logic of Policy Inquiry. New York: Longman, 1983

Parsons, W. Public Policy: An Introduction to the Theory and Practice of Policy Analysis. Aldershot, UK: Edward Elgar, 1995

Patton, B. M. On Teaching Negotiation. Teaching Negotiation: Ideas and Innovations. (Wheeler, M. ed.). Cambridge, MA: Program on Negotiation at Harvard Law School, 2000: 7 – 61

Peng, X. Population Policy and Program in China: Challenge and Prospective. Texas International Law Journal, 2000, 35: 51 – 63

Perritt, Jr., H. H. Negotiated Rulemaking in Practice. Journal of Policy Analysis and Management, 1986, 5(3): 482 – 495

Pierre, G. A Framework for Active Labour Market Policy Evaluation. Employment and Training Department of International Labour Office Geneva, 1999.

Pontius, J, Dwyer, P. & Bullock, F. Legislative Branch Employment 1960 – 1995. Congressional Research Service Report, 1995

Quade, E. S. (revised by Carter, G. M.). Analysis for Public Decisions (3rd edition). New York: North-Holland, 1989

Raiffa, H. The Art and Science of Negotiation. Cambridge: Belknap Press, 2005

Ramirez, R. Stakeholder Analysis and Conflict Management. Cultivating Peace: Conflict and Collaboration in Natural Resource Management (Buckles, D. ed.). Ottawa: International Development Research Center & Washington, D. C.: World Bank Institute, 1999: 101 – 126

Riecken, H. W. & Boruch, R. F. Social Experiments. Annual Review of Sociology, 1978, 4: 511 – 532

Rose-Ackerman, S. Consensus versus Incentives: A Skeptical Look at Regulatory Negotiation. Duke Law Journal, 1994, 43(6): 1206 – 1220

Rosenhead, J. Into the Swamp: the Analysis of Social Issues. Journal of the Operational Research Society, 1992, 43 (4): 293 – 305

Rowley, T. J. Moving Beyond Dyadic Ties: A Network Theory of Stakeholder Influences. Academy of Management Review, 1997, 22(4): 887 – 910

Rubery, A. & Levy, D. Congressional Committee Simulation: An Active Learning Experiment. PS: Political Science and Politics, 2000, 33(4): 847 – 851

Sabatier, P. A. An Advocacy Coalition Model of Policy Change and the Role of Policy-Oriented Learning Therein. Policy Sciences, 1988, 21 (2 – 3): 129 – 168

Sabatier, P. A. and Jenkins-Smith, H. C. Policy Change and Learning: An Advocacy Coalition Approach. Boulder: Westview Press, 1993

Sargeson, S. Reworking China's Proletariat. New York: St. Martin's Press. 1999

Saaty, T. L. Decision Making for Leaders: The Analytical Hierarchy Process for Decisions in a Complex World. Belmont, CA: Wadsworth, 1982

Saunders, D. & Severn, J. (eds.). Simulation Gaming for Strategy and Policy Making, The International Simulation and Gaming Research Yearbook (Vol. 7). London: Kogan Page, 1999

Schecter, D. Participatory Research: An Emancipatory Methodology for Systems Practice. Systems Thinking in Europe (Jackson, M. C. et al. eds.). New York: Plenum Press, 1991: 391 – 396

Schlozman, K. L. & Tierney, J. T. More of the Same: Washington Pressure Group Activity in a Decade of Change. Journal of Politics, 1983, 45: 351 – 377

Schuman, S. P. Reaching Consensus on Consensus. http://www.csus.edu/ccp/collaborative/CCP_Reaching_Consensus_on_Consensus.pdf, 2010-3-1

Schwarz, R. The Skilled Facilitator: Practical Wisdom for Developing Effective Groups. San Francisco: Jossey-Bass Publishers, Inc., 1994

Shlapak, D. A., Orletsky, D. T. & Wilson, B. A. Dire Strait? Military Aspects of the China-Taiwan Confrontation and Options for U.S. Policy. RAND Report (MR-1217-SRF/AF), 2000

Sisk, T. D. et al. Democracy at the Local Level: The International IDEA Handbook on Participation, Representation, Conflict Management, and Governance. International Institute for Democracy and Electoral Assistance (International IDEA), 2001

Smith, T. B. The Policy Implementation Process. Policy Sciences, 1973, 4(2): 197 – 209

Steelman, T. A. & Maguire, L. A. Understanding Participant Perspectives: Q-Methodology in National Forest Management. Journal of Policy Analysis and Management, 1999, 18(3): 361 – 388

Susskind, L. & Cruikshank, J. Breaking the Impasse. New York: Basic Books, 1987

Susskind, L. & Field, P. Dealing with an Angry Public: The Mutual Gains Approach to Resolving Disputes. New York: Free Press, 1996

Susskind, L., McKearnan, S., Thomas-Larmer. J. (eds). Consensus Building Handbook: A Comprehensive Guide to Reaching Agreement. Thousand Oaks, CA: Sage Publications, 1999.

Tawileh, A., Almagwashi, H. & McIntosh, S. A System Dynamics Approach to Assessing Policies to Tackle Alcohol Misuse. Proceedings of the 26th International Conference of the System Dynamics Society (Dangerfield, B. C. ed.), 2008. Available at http://systemdynamics.org/conferences/2008/proceed/papers/TAWIL185.pdf, 2009-5-5

Tenbensel, T. Does More Evidence Lead to Better Policy? The Implications of Explicit Priority-Setting in New Zealand's Health Policy for Evidence-Based Policy. Policy Studies, 2004, 25(3): 189 – 207

The White House. Memorandum for Executive Departments and Selected Agencies Administrator of the Office of Information and Regulatory Affairs, 1993-9-30

The White House. Memorandum on Agency Use of Alternate Means of Dispute Resolution and Negotiated Rulemaking, 1998-5-1

Toulmin, S. E. The Uses of Argument (2nd edition). Cambridge: Cambridge University Press, 2003

Toulmin, S., Rieke, R. & Janik, A. An Introduction to Reasoning (2nd Edition). New York: Macmillan, 1984

Ulrich, W. Critical Heuristics of Social Planning. Bern: Haupt, 1983

Ulrich, W. Beyond Methodology Choice: Critical Systems Thinking as Critically Systemic Discourse. Journal of the Operational Research Society, 2003, 54(4): 325 – 342

Ury, W. Getting Past No: Negotiating with Difficult People. New York: Bantam Books, 1991

Ury, W. L., Brett, J. M. & Goldberg, S. B. Getting Disputes Resolved: Designing Systems to Cut the Costs of Conflict. San Francisco, CA: Jossey-Bass Publishing, 1989

U. S. Congress, Office of Technology Assessment. Distributed Interactive Simulation of Combat, OTA Background Paper (OTA-BP-ISS-151). Washington, D. C.: U. S. Government Printing Office, 1995

Van Exel, N. J. A, De Graaf, G. Q Methodology: A Sneak Preview, 2005. Available at http://www.jobvanexel.nl

Velenchik, A. D. The Case Method as a Strategy for Teaching Policy Analysis to Undergraduates. Journal of Economic Education, 1995, 26(1): 29 – 38

Walker, W. E. Generating and Screening Alternatives. Handbook of Systems Analysis Vol. 2: Craft Issues and Procedural Choices (Miser, H. J. & Quade, E. S. eds.). Chichester: John Wiley & Sons, 1988: 210 – 226

Watson, R. P. Public Administration: Cases in Managerial Role Playing. New York: Longman, 2002

Westerville, E. C. Role Playing: An Educational Technique. Marriage and Family Living, 1958, 20(1): 78-80

Wheeler, M. Teaching Negotiation: Ideas and Innovations. Cambridge. MA: PON Books, 2000

Wilby, J. (ed.) Systems Methodology II: Possibilities for Cross-Cultural Learning and Integration. Kingston upon Hull, UK: University of Hull, 1996

Williamson, A. & Fung, A. Public Deliberation: Where We Are and Where Can We Go? National Civic Review, 2004, 93(4): 3-15

Yang, K. & Schachter, H. L. Assessing China's Public Price Hearings: Symbolic Aspects. International Journal of Public Administration, 2003, 26(5): 497-524

Yanow, D. Practices of Policy Interpretation. Policy Sciences, 1995, 28(2): 111-126

Yanow, D. Conducting Interpretive Policy Analysis. Sage University Paper Series on Qualitative Research Methods 47. Thousand Oaks, CA: Sage, 2000

Zhu, Z. Confucianism in Action: Recent Developments in Oriental Systems Methodology. Systems Research and Behavioral Science, 1998, 15: 111-130